HISTOIRE ou LEGENDE...?

JEAN TAULER

ET LE

«MEISTERS/BUOCH»

HISTOIRE ou LÉGENDE...?

JEAN TAULER

ET LE

« MEISTERS/BUOCH »

MÉMOIRE PRÉSENTÉ A LA FACULTÉ DES LETTRES DE PARIS
POUR LE DIPLÔME D'ÉTUDES SUPÉRIEURES DE LANGUES VIVANTES

PAR

A. CHIQUOT

DOCTEUR EN THÉOLOGIE
LAURÉAT DES FACULTÉS CATHOLIQUES DE LYON (DROIT CANONIQUE)
LICENCIÉ ÈS-LETTRES LANGUES CLASSIQUES
LICENCIÉ ÈS-LETTRES LANGUES VIVANTES
DIPLÔMÉ D'ALLEMAND DE L'UNIVERSITÉ DE PARIS

STRASBOURG
A. VIX & Cie, 31, Place de la Cathédrale

PARIS
E. CHAMPION, 5, Quai Malaquais, VIe.

1922

Imprimerie Alsacienne, Strasbourg

A Monsieur Henri LICHTENBERGER

HOMMAGE

DE RESPECTUEUSE GRATITUDE

BIBLIOGRAPHIE

I

Manuscrits consultés.

1. — BIBLIOTHÈQUE UNIVERSITAIRE ET RÉGIONALE DE STRASBOURG.

L als 96 a. « *Grand Mémorial Allemand* ». Le titre ancien était:
« *Eines von den dreyen Vrkund-Büchern von unserem Stifter Rûlman
Merswin.* » 280 feuilles, parchemin. — (K. Rieder[1] en a donné la des-
cription très détaillée.)

L. als 96. Premier « *Mémorial Latin* », dans la traduction allemande qu'en a faite Gœtzmann au XVIIIe s., et copie du « *Pflegermemorial* ». 399 feuilles, papier.

Le titre, f. 1, porte :
« *1 Tom. Abschrift und Übersetzung desz sich bey der Custorey
befindlichen in alt Teütsch beschribenen Memorial- oder Vrkundbuches
von*

*dem Ursprung, anfang und Übergebung des Klosters zum Grünen
werde zu Straszburc an den Ritterlichen St. Johann Ordens endlich
gekommen, sagend,*

---

[1] *Der Gottesfreund vom Oberland. Eine Erfindung des Straßburger Johanniterbruders Nikolaus von Loewen, mit 12 Schrifttafeln in Lichtdruck,* Innsbruck
(Wagner), 1905, pp. 15, 27.

auch einiger Kapitlen ausz dem bey obgemelter Custorey auch sich befindlichen Lateinischen Memorial- oder Vrkundbuch von obangezogener Matery handlend deren Matery sich in dem obgesagten teutschen nicht befinden und doch merkwürdig seind

zum Unterricht und erbauung aller gegenwärtig und künftigen Konventual Priestern diszes Hauses St. Johanns Ordens in Straszburc mit einem Zusatz alles dessen, was sich hernach vom Luthertumb her bisz auf dasz jahr 1717 mit demselben Hausz weiters zugetragen, abgeschriben, übersetzt, beschriben von F. Franç. Joseph Ignatius Goetzman Custoden dises Hauses, und vollendet in der Wochen vor Allerheiligen 1745. »

2. — ARCHIVES DE LA VILLE DE STRASBOURG.

Ms. *B 54 (V D G 68).* Copie du « *Pflegermemorial* », du XVIIIe s., sur papier, in-4º. Identique au ms. *H 2190* des « Archives du Bas-Rhin ».

Il est intitulé: « Fundation des Johanniter hauses Zum Grünen Wörth, dessen Ordnung und Gebrüder Geschichte. »

— 18 Liasses relatives aux « Dominicains », aux « Augustins », aux « Ordres mendiants », aux « Béguines et Beghards de Strasbourg ». Fonds des Archives de St-Thomas. — Cataloguées: « *Hist. Eccl., I, II, III et IV.* » *(« Thom. Arch. ».)*.

II

Éditions de Tauler consultées.

1re Recension.

1498, *Leyptzyk.* « Sermon des grosz gelarten, in gnaden erlauchte doctoris Johannis Thauleri prediger ordens. » Fol. CCLXXXI, « Gedruckt in der furstlichen stat Leyptzyk durch Cunradus Kacheloven. »

1508. Augspurg. « Sermones des hoch geleerten in gnaden erleüchten doctoris Johannis Thaulerii sannt dominici ordens die da weiszend auff den nächesten waren weg im geist zu wandern durch überswebendenn syn. » — Fol. CCXXI: « Gedruckt in der keiserlichñ stat Augspurg, durch Maister Hanssen Otmar in kostñ des fürsichtigen, weiszen herrn Johañ Ryñman von Oeringen. »

1521, *Basel.* « Johannis Tauleri des heiligē lerers Predig / fast fruchtbar zu eim recht christlichen leben. » — Fol. CCCXVIII: « Nüwlich durch angebüg desz fürsichtigen weiszen herrn Johañ Ryñman / gedrückt und volendet in der loblichen Stadt Basel durch Adam Petri. »   *2ᵉ Recension.*

1522, Basel. (Réédition de la précédente). fol. I-CCCVIII.

1523, Halberstadt. « Joannis Tauleri des hilligē lerers Predige faste fruchtbar im nutzlick to eine rechte christlyken leuende. » Fol. CCLXXV.

1543, *Cöllen.* « Des erleuchten D. Joannis Tauleri / von eym waren Euangelischen leben / Götliche Predig / Leren / Epistolen / Prophetien. » « Gedrückt bey Jaspar von Gennep. » — Fol. CCCCXXXVII.   *3ᵉ Recension.*

1548, *Coloniae.* « D. Johannis Thauleri praeclarissimi viri, sublimisque theologi, tam de Tempore quam de Sanctis *Conciones* plane piissimae, ceteraqq (que quidem in nostras peruenere manus) opera oñia, diu a doctis vehementer desiderata, et nunc primum ex Germanico idiomate in Latinū transfusa..., interprete Laurentio Surio Lubecensi, Carthusiae Coloniensis alumno. » (Ex officina Joannis Quentel). — Fol. CXVII.   *Surius.*   *Versions.*

1553, Coloniae. (réédition de la précédente). (Ex officina Haeredum Joannis Quentel). 695 pp.   *XVIᵉ s.*

1557, Lugduni. « Homiliae seu Sermones in Evangelia, tam de Tempore quam de Sanctis, cumque pluribus aliis in calce additis per D. Joannem Thaulerum, clarissimum theologum, à D. Laurentio Surio egregie docto, summa curà recogniti. » 777 pp.

1593, Antwerpen. « Gheestelycke Predicatien des verlichten Doctor Joannis Thauleri, Bewysende den rechten grondt des warachtigen Christen levens / van de welcke an deel nien genonden. » « Door M. Barthol. François ... by Hieronimus Verdusen. »

1614, Rouen. « Les Institutions Divines et salutaires Enseignemens du Révérend Père F. Jean Thaulere, grand Docteur contemplatif, en son vivant Religieux de l'ordre de S. Dominique..., avec la Vie et Epistres dudit autheur, et quelques excellens Sermons qu'il fit devant et incontinent après sa conversion, le tout nouvellement traduit du Latin en François par les Pères Minimes, de l'Oratoire nostre Dame de vie-   *XVIIᵉ s.*

Saine. »   (« Chez Jacques Besongne, rue aux Juifs, devant la Gallere. ») 496 pp.

1621, Franckfurt-am-Main. « Des Hocherleuchten und Weitberümbten Lehrers Johannis Thauleri Predigten. Auf alle Sonn- und Feyertage durch's gantze Jahr. »   (Edition Luthérienne, avec Préface par Joh. Arndt). Ier. Theil, 308 pp.; II^{er}. Theil, 246 pp.

1660, Cölln. « Des Hoch-Erleuchten / vor etlichen hundert Jahren weltberümbten Catholischen Lehrers Joannis Thauleri Ordinis Fratrum Praedicatorum S. Dominici Lehr- und Geistreiche / zur anstellung und fortsetzung eines Gott gefälligen geistlichen Lebens / nutz- / und sehr dienliche *Predigten*. Auff alle Sonn- und Feyrtäge durchs gantze Jahr /... nach dem Catholischen zu Cölln am Rhein 1603 gedruckten lateinischen Exemplar R. P. Laurentii Surii Carthusiani..., durch den Ehrw. P. Carolum à s. Anastasio unser Lieben Frawen Brüder oder Carmeliter-Ordens Priester (in Verlag Peter Muchers). »   926 pp.

1681, Franckfurt-am-Main. (Réédition de celle de 1621.) « Gedruckt und verlegt von Philipp Fievet. »

1693, Paris. « Exercices du très-pieux Dom Jean Thaulère sur la Vie et sur la Passion de N. S-J. C., mis de l'Allemand en Latin par le P. Laurent Surius, de l'Ordre des Chartreux à Colongne... traduit en François par le P. Jacques Talon, Prestre de l'Oratoire de J. C.-N. S. », 3me. édit. — (Chez Jean Villette, rue St. Jacques, à la Croix d'Or.) 600 pp.

XVIIIe s.   **1703, Franckfurt-am-Mayn und Leipzig.** « Des hocherleuchten Lehrers D. Joh. Tauleri Predigten / Auff alle Sonn- und Feyertage durchs gantze Jahr / Sammt dessen übrigen geistreichen Schriften /. Ingleichen auch D. Martins Luthers / Philipp Melanchthons / Johann Arndts und anderer gottseliger Lehrer Zeugnisse von solchen Predigten und Schriften. » 1529 pp.

1720, Franckfurt-am-Mayn und Leipzig. (réédition de l'édition protestante de 1703).

1720, Cölln. (Réédition de l'édition de Surius par le P. Charles de S. Anastase, de 1660.)

XIXe s.   **1826, Franckfurt-am-Main.** « Johann Tauler's Predigten. Nach den besten Ausgaben und in unverändertem Text in die jetzige Schriftsprache übertragen. » Theil I, II, III.

1841-1842, Berlin, « Johann Tauler's Predigten. Nach den Ausgaben von Joh. Arndt und Philipp-Jacob Spener auf's Neue herausgegeben von Pred. Ed. Kuntze und Dr. J. A. R. Biesenthal. » Theil I, II, III.

1855, Paris. « Sermons de Jean Tauler le Docteur illuminé traduits de l'allemand par M. Charles Sainte-Foi. » 2 vol. (Vve. Poussielgue-Rustaud). 519 pp.

1857, London. « The History and Life of the Reverend Doctor John Tauler of Strasbourg : with twenty-five of his Sermons (temp. 1340). Translated from the German, with Additional Notices of Tauler's Life and Times, by Susanna *Winkworth*... and a Preface by the Rev. Charles *Kingsley*. » XL-415 pp.

1864, Frankfurt-am-Main, « Johann Tauler's Predigten nach den besten Ausgaben in die jetzige Schriftsprache übertragen », 2te. Aufl. (Remaniement de l'édition de 1826 par Dr. *Jul. Hamberger*). Theil. I, II, III.

1892, Leipzig, « Ausgewählte Predigten Johann Taulers. Mit einer einleitenden Monographie von W.-Chr. *von Langsdorff*. » 139 pp. (« Die Predigt der Kirche, Klassiker-Bibliothek der christlichen Predigtlitteratur, herausgegeben von Gustav Leonhardi », Bd. XVI).

1910, Berlin (Weidmann). « Die Predigten Taulers aus der Engelberger und der Freiburger Handschrift sowie aus Schmidt's Abschriften der ehemaligen Straszburger Handschriften, herausgegeben von *Ferdinand Vetter*, mit 3 Tafeln in Lichtdruck ». (« Deutsche Texte des Mittelalters herausgegeben von der Königlich-Preuszischen Akademie der Wissenschaften », Bd. XI). (Seule édition critique). XVI-517 pp. *XX· s.*

1911-1913, Paris (Tralin). « Oeuvres Complètes de Jean Tauler, Religieux Dominicain du XIV me s. Traduction littérale de la Version Latine du Chartreux Surius par le P. E.-P. Noel, O. P. » 8 vol.

1913, Jena. « Johann Tauler Predigten, übertragen und eingeleitet von *Walter Lehmann* ». (Transcription en haut-allemand moderne de l'édition de F. Vetter, avec une bonne introduction). 2 vol.

1914, Bonn, « Ausgewählte Predigten Johann Taulers, herausgegeben von *Leopold Naumann* ». (« Kleine Texte für Vorlesungen und Uebungen, herausgegeben von Hans Lietzmann », 127). (Edition classique fragmentaire). 62 pp.

III

Ouvrages le plus fréquemment cités.

(En dehors de ceux qui sont cités au ch. 2, et qui sont les plus essentiels se rapportant à la question.)

D'Aygalliers Wauthier, « Vie de Rusbroek l'Admirable (1293-1381). Etude critique des sources ». (Thèse). Montauban-Cahors, 1909.

Denifle H.-S., O. P., « Quellen zur Gelehrtengeschichte des Predigerordens im 13. und 14. Jahrhundert ». (« Archiv für Litteratur und Kirchengeschichte des Mittelalters », II). Berlin. 1886.

—. « Meister Eckehardts lateinische Schriften und die Grundanschauung seiner Lehre. » (« Archiv », II). Berlin, 1886.

Glöckler L.-G., « Geschichte des Bisthums Straszburg enthaltend in 2 Theilen : 1) Die Geschichte der Bischöfe; — 2) Eine geschichtliche Skizze der Klöster », 2 vol., Straszburg, 1879-1881.

Greith C., « Die deutsche Mystik im Prediger-Orden (von 1250-1350), nach ihren Grundlehren, Liedern und Lebensbildern aus handschriftlichen Quellen », Freiburg-i.-Br., 1861.

Haasz J.-B., « Die Convente in Köln und die Beghinen », Köln, 1860.

Hauviller Ernst, « Analecta Argentinensia. Vatikanische Akten und Regesten zur Geschichte des Bistums Straszburg im XIV. Jahrh. (Johann XXII, 1316-1334) und Beiträge zur Reichs- und Bistumsgeschichte. » Straszburg, 1900.

Hugueny R. P., O. P., « Vie de Ste. Catherine de Sienne par le Bienheureux Raymond de Capoue, Confesseur de la Sainte et Maître Général des Frères Prêcheurs. Traduction nouvelle sur les documents originaux. » 2me. éd. Paris, 1903.

Hurter P., S. J., « Nomenclator Literarius recentioris Theologiae Catholicae ». Ed. altera, Oeniponte, 1893.

Jostes Franz, « Meister Eckhart und seine Jünger. Ungedruckte Texte zur Geschichte der deutschen Mystik ». (« Collectanea Friburgensia », fasc. IV), Friburgi Helvetiorum, 1895.

Jundt A., « Histoire du Panthéisme Populaire au Moyen Age et au XVI me. s. », Paris, 1875.

—. « Die Zeit einiger Predigten Taulers » par W. Preger (« Annales de Bibliographie théologique »), Paris, 1888.

Kaufmann Alex., « Wunderbare und Denkwürdige Geschichten aus Werken des Caesarius von Heisterbach ausgewählt, übersetzt und erläutert ». (« Annalen des Historischen Vereins für den Niederrhein, insbesondere die alte Erzdiöcese Köln »), Köln, 1890.

Korth Leonard, « Köln im Mittelalter », Köln, 1890.

Kothe Wilhelm, « Kirchliche Zustände Straszburgs im 14. Jahrhundert. Ein Beitrag zur Stadt- und Kulturgeschichte des Mittelalters ». Freib.-i.-Br., 1903.

Ledos E.-G., art. « Ami de Dieu » (« Dictionnaire d'Histoire et de Géographie Ecclésiastique, publié sous la direction de Mgr Baudrillart »), Paris, 1914.

Lichtenberger H., « Le Mysticisme allemand. — La Vie de Suso ». (« Revue des Cours et Conférences »), Paris, années 1909-1910, 1910-1911.

Lochner Karl, « Leben und Gesichte der Christina Ebnerin, Klosterfrau zu Engelthal ». Nürnberg, 1872.

Löhr Gabriel, O. P., « Beiträge zur Geschichte des Kölner Dominikanerklosters im Mittelalter ». Th. I. « Darstellung ». (« Quellen und Forschungen zur Geschichte des Dominikanerordens in Deutschland, gegründet von Paul von Loë, herausgegeben von deutschen Dominikanern », XV. Heft), Leipzig (Harrassowitz), 1920.

Mehlhorn Paul, « Tauler's Leben ». (« Jahrbücher für protestantische Theologie herausgegeben von Hase, Lipsius, Pfleiderer, Schrader »), Leipzig, 1883.

Von Mering F. E. (Freiherr) und *Reischert Ludwig.* « Die Bischöfe und Erzbischöfe von Köln nach ihrer Reihenfolge, nebst Geschichte des Ursprungs, des Fortgangs und des Verfalles der Kirchen und Klöster innerhalb der Stadt Köln mit besonderer Bezugnahme auf die Kirchen und Klöster der Erzdiöcese », Köln, I, II Th., 1842-1844.

Pfeiffer Franz, « Deutsche Mystiker des 14. Jahrhunderts », 2. Bd., « Meister Eckhart ». Leipzig, 1857.

Preger Wilhelm, « Vorarbeiten zu einer Geschichte der deutschen Mystiker im 13. und 14. Jahrhundert » (« Illgen's und Niedner's Zeitschrift für die historische Theologie »). Leipzig, 1869.

—. art. « Tauler » (« Realencyklopädie für protestantische Theologie und Kirche », XV). Leipzig, 1885.

—. « Die Zeit einiger Predigten Taulers » (« Sitzung der philosophisch-historischen Klasse der Königlichen Bayerischen Akademie der Wissenschaften »), München, 1887.

—. art. « Tauler ». (« Allgemeine Deutsche Biographie »), 1894.

Reuss Rodolphe, « Rulman Merswin, Un banquier strasbourgeois et la Critique contemporaine ». (« Le Progrès Religieux, Journal des Eglises Protestantes ») Paris, 1890.

—. « Histoire de Strasbourg depuis ses Origines jusqu'à nos jours ». Paris (Fischbacher), 1922.

Sabatier A., « Rulman Merswin et l'Ami de Dieu de l'Oberland. Un problème de Psychologie religieuse, par A. Jundt ». (« Annales de Bibliographie Théologique »). Paris, 1890.

Schmidt Charles, « Rulman Merswin, le fondateur de la Maison de St. Jean de Strasbourg ». (« Revue d'Alsace »). Colmar, 1856.

—. « Die Straszburger Beghinenhäuser im Mittelalter », Mülhausen, 1859.

—. « Livres et Bibliothèques à Strasbourg au Moyen Age ». (« Revue d'Alsace »). Colmar, 1877.

—. « Livres et Bibliothèques à Strasbourg au Moyen Age ». (« Annales de l'Est »). Nancy, 1893.

Sdralek Max., « Die Straszburger Diözesansynoden », Freiburg-im-Breisgau, 1894.

Siedel Gottlob, « Die Mystik Taulers nebst einer Erörterung über den Begriff der Mystik », Leipzig, 1911.

Strauch Philipp, « Margaretha Ebner und Heinrich von Nördlingen. Ein Beitrag zur Geschichte der deutschen Mystik ». Freiburg-i.-Br. und Tübingen, 1882.

—. « Rulman Merswin und die Gottesfreunde ». (« Realencykl. f. pr. Th. u. K. », 3te. Aufl.), Leipzig, 1905.

Strauch Philipp, « Meister Eckhart Probleme », Rektoratsrede. Halle-Wittenberg, 1912.

Thérèse de Jésus (Sainte), « Oeuvres Complètes. Traduction nouvelle par les Carmélites du premier Monastère de Paris, avec la collaboration de Mgr. M.-M. Polit, évêque de Cuenca (Equateur), ancien Supérieur des Carmélites de Quito. » 6 vol. Paris, 1907-1910.

« *Urkundenbuch der Stadt Straszburg* ». 7 Bände. Straszburg, 1879-1900.

Vernet F., art. « Ste. Hildegarde ». (« Dictionnaire de Théologie Catholique de Vacant et Mangenot »). Paris, 1920.

Vetter F., « Ein Mystikerpaar des 14. Jahrhunderts, Schwester Elsbeth Stagel in Töss und Vater Amandus (Suso) in Konstanz ». Vertrag zu Bern. Basel, 1882.

Vogt-Terhorst Antoinette, « Der bildliche Ausdruck in den Predigten Johann Taulers ». (« Germanistische Abhandlungen », Heft 51). Breslau, 1920.

Abréviations le plus employées.

« *A. f. L. u. Kg. d. M.* » : « Archiv für Litteratur und Kirchengeschichte des Mittelalters » von H.-S. Denifle, O.-P. und Fr. Ehrle, S. J., Berlin.

« *B. v. d. 9 F.* »: « Buch von den Neun Felsen von dem Straszburger Bürger Rulman Merswin 1352, nach des Verfassers Autograph herausgegeben. Mit einem Facsimile von Merswins Handschrift », Von Karl Schmidt, Leipzig, 1859.

« *Gesch. d. d. M.* » : « Geschichte der deutschen Mystik im Mittelalter nach den Quellen untersucht und dargestellt » von Wilhelm Preger, I, II, III, Leipzig, 1874-1893.

« *H.-p. Bll.* » : « Historisch-politische Blätter », München.

« *M. B.* » : « Das Meisters Buoch ». Edition de Ch. Schmidt : « Nikolaus von Basel Bericht von der Bekehrung Taulers », Straszburg, 1875.

« *N. v. B.* » : « Nikolaus von Basel Leben und ausgewählte Schriften », Wien, 1866.

« *RE. f. pr. Th. u. K.* » : « Realencyklopädie für Protestantische Theologie und Kirche gegründet von J.-J. Herzog, herausgegeben von Albert Hauck ». Leipzig.

« *Str. U.-B.* » : « Urkundenbuch der Stadt Straszburg », 7 Bände, Straszburg, 1879-1900.

« *Ztsch. f. d. Alt.* » : « Zeitschrift für deutsches Alterthum und deutsche Litteratur unter Mitwirkung von Karl Müllenhof und Wilh. Scherer, herausgegeben von Elias Steinmeyer. » Berlin.

« *Ztsch. f. d. hist. Th.* » : « Illgen's und Niedner's Zeitschrift für die historische Theologie », Leipzig.

HISTOIRE ou LÉGENDE...?

JEAN TAULER

et le

« MEISTERS/BUOCH »

INTRODUCTION

L'Ile Verte. — Rulman Merswin. Nicolas de Louvain. — La Commanderie de St-Jean de « l'Ile Verte ». Le « *Grand Mémorial Allemand* ». — Le « *Meisters Buoch* ». Résumé de l'Histoire de la Conversion du *Maître de la Sainte Écriture*. Etat général de la question. Division du sujet.

Sur les bords de l'Ill, à Strasbourg, derrière le quartier pittoresque des Vieux-Moulins et des Tanneries, on aperçoit encore, en amont de l'ancienne enceinte fortifiée des « Ponts Couverts », les gros murs d'un vioux cloître devenu aujourd'hui la Prison départementale. C'est là que, en une île basse et longtemps déserte, nommée l' « Ile Verte » (« daz Grüne Woerth »), peut-être à cause des saulaies qui la recouvraient en partie [1]), s'élevaient, au XIVe siècle, une église et son petit couvent de

---

[1]) M. Gérock, le savant Directeur du département des Alsatiques à la Bibliothèque Universitaire et Régionale de Strasbourg, dont la compétence est connue en matière d'histoire locale et de topographie des régions alsaciennes, estime, non sans raison, que cette dénomination de « *Grüne Wörth* », puis d'« *Ile Verte* », vient probablement d'une corruption d'un terme primitif, qui dut être plutôt « *Grien-Wörth* », de même qu'on dut appeler jadis « *Grien-Berg* » le « *Grüne Berg* » d'aujourd'hui, ce faubourg strasbourgeois si agréable, que nous appelons la « *Montagne Verte* ». Pendant des siècles, avant qu'ils fussent canalisés, les bras de l'Ill, en amont surtout de Strasbourg, déposaient sur leurs rives des bancs de cailloux ou de grève. Lorsqu'on construisit, il y a quelques années, à l'Est de la place Kléber, le Café de l'Odéon et les immeubles adjacents, les travaux de fondations permirent de découvrir encore une sorte de lit de cailloux ou de grève : là passait, en effet, le *Rindsütergraben*, l'un de ces multiples fossés dérivés de l'Ill qui sillonnaient Strasbourg, celui-là contournant un peu plus loin, au Nord-Est, le couvent de Tauer ou des Prêcheurs. — C'est donc l'« *Ile de Grève* » qu'il faudrait plus exactement dire, de même qu'à Paris, derrière Notre-Dame et la place de l'Hôtel-de-Ville, descendant vers la Seine, l'on avait la fameuse « Place de Grève ». — « Grien » (Krièn) est un substantif neutre commun aux dialectes alsacien, helvétique, souabe et bavarois, que Martin et Lienhart traduisent précisément

1*

la Trinité, bâtis deux siècles auparavant, en 1150, par Werner de Hune-
bourg, maréchal de l'évêque, et passé depuis des mains des moines Augustins et des chanoines réguliers de St. Arbogast entre celles des Bénédictins d'Altdorf.

Eglise et couvent tombaient en ruines, alors qu'en 1346 vivait à
Strasbourg un banquier appartenant à l'une des familles les plus considérées du patriciat, *Rulman Merswin*. Marié en secondes noces à la fille
d'un noble chevalier, Gertrude de Bietenheim, Merswin, quoique à la tête
d'une fortune considérable, avait pris le monde en aversion. Frappé des
désordres et des vices de ses contemporains, hanté par l'appréhension de
châtiments inexorables, il prit, n'ayant pas d'enfants, d'un commun
accord avec sa femme, vers l'automne de 1347, la résolution de renoncer
aux affaires et de vivre uniquement pour Dieu. Les ardentes prédications de son compatriote, le Dominicain strasbourgeois *Jean Tauler*,
l'avaient entraîné sans doute, non moins que sa nature sentimentale et
rêveuse, dans ce courant mystique qui emportait alors tant d'âmes. Dès
1348, il prenait Tauler pour confesseur. Celui-ci dut bientôt imposer un
terme aux macérations exagérées de son pénitent.

Cependant Rulman, décidé à consacrer toute sa fortune à Dieu et
à ouvrir aux portes de la cité une retraite accessible à toutes les âmes
avides de repos, laïques et ecclésiastiques, désireuses de se consacrer à
Dieu en dehors de toute règle monastique, acheta aux moines d'Altdorf,
en 1367, pour une somme de 510 marcs d'argent, bâtiments et terrains
de l'Ile Verte. Il restaura l'église et le couvent et y installa, le 2 décembre
1368, du consentement de l'évêque Jean III de Ligny et du pape
Urbain V, quatre chapelains séculiers.

C'était, entre autres, avec Nicolas Zorn-Lappe (« bruder Clawes
Lapp ») et Henri d'Andlau (« bruder Heintze von Andelo »), *Nicolas
de Louvain* [2]), lequel nous a laissé lui-même, à la fin du « Livre Epistolaire » de l'Ile Verte, son autobiographie. Né à Louvain, dans le Brabant, le 19 mai 1339, il entra à vingt ans comme commis drapier chez

---

par: 1) *« grober Kies »*, *« Steine zum Wegausbessern »* ; — 2) *« Kiesgrube, Sandbank »* ;
— 3) *« Kies im Rhein »* (l'historien Hertzog l'emploie dans ce dernier sens, IV, 102).
— Cf. *« Wörterbuch der elsässischen Mundarten bearbeitet von E. Martin und
H. Lienhart »*, *Str.* 1897, t. I, p. 275. — M. Gérock voudra bien agréer, ici, l'expression
de ma gratitude pour les encouragements et les conseils dont il a bien voulu en-
tourer ce modeste travail, revu et corrigé aimablement par lui-même.

²) Et non de « Laufen ». Il s'appelle partout Nicolas « von Löwen », « Claus
von Lofene », ou en latin « Nicolaus de Lovania ».

Henri Blankhart, de Louvain, émigré à Strasbourg, « unter dem Touchloube vor dem Münster », à la suite d'un meurtre. Il lui servit de secrétaire pendant sept ans, et, le 17 octobre 1366, il s'attacha, au même titre, au service du riche commerçant Rulman Merswin, et il entra bientôt dans les Ordres. Acolyte le 13 décembre 1366, sous-diacre six jours après, diacre le 12 juin 1367, il était ordonné prêtre le 18 septembre suivant et célébrait sa première messe le lendemain dans l'église des Chartreux. Jusqu'à sa mort (3 avril 1402), sa vie fut intimement mêlée à celle de Merswin et aux destinées du couvent de l'Ile Verte, car peu après son ordination il devait se faire Johannite.

La désunion s'étant glissée, en effet, parmi ces prêtres séculiers, Rulman Merswin les remplaça en 1371 par les Chevaliers de St. Jean de Jérusalem, qui avaient déjà plusieurs maisons florissantes en Alsace [3]). Ses offres furent acceptées à Rhodes et scellées de la bulle de plomb du Grand-Maître de l'Ordre Raymond Béranger, le 20 octobre 1370. La nouvelle Commanderie de Strasbourg était créée; et le Grand Prieur d'Allemagne, Conrad de Brunsberg, venait de nommer comme premier Commandeur Henri de Wolfach, qu'assisteraient dans sa gestion trois administrateurs laïques, le chevalier Henri Wetzel, le burgrave Jean Merswin et le fondateur lui-même. A la mort de sa femme, survenue le 6 décembre 1371, Merswin quitta la maison qu'il possédait en ville et se retira à l'Ile Verte. Il y vécut désormais au milieu de ses compagnons de solitude, uniquement préoccupé de leur bien matériel et spirituel. Et il mourut à leurs côtés, le 18 juillet 1382, n'ayant cessé de les édifier par ses exemples et par un certain nombre de traités ascétiques, qu'il aurait, d'après leur suscription, composés lui-même ou reçus d'un mystérieux inconnu qu'il nomme « le Grand Ami de Dieu de l'Oberland » [4]). Du pied des Alpes, c'est cet étrange personnage qui inspire toutes les exhortations morales de Merswin, bien que son nom et sa demeure restent soigneusement cachés, même vis-à-vis des familiers de Merswin.

En 1378, pressé par une sorte de contrainte divine, Merswin s'était senti poussé à communiquer au petit cercle mystique de l'Ile Verte quelques-uns de ces traités qu'il tenait secrets depuis une trentaine d'années. Il les transcrivit lui-même sur des tablettes de cire en suppri-

---

[3]) A Dorlisheim, Schlettstadt, Colmar, Soultz et Soultzmatt.

[4]) Adoptons ce *terme* d'« *Oberland* », puisqu'il a été, comme celui de « Grüne Wœrth », consacré par l'usage, mais en prévenant tout de suite le lecteur que pour utiliser la terminologie mystique, nous nous gardons bien toutefois d'identifier ce lieu de légende avec un Oberland géographique quelconque.

mant tous les noms de personnes et de localités ; puis il brûla les originaux.

Quatre jours après sa mort, ses compagnons découvrirent, en un petit coffret scellé dans sa chambre, un certain nombre de lettres de l'Ami de Dieu de l'Oberland adressées à divers personnages et toute une série de traités mystiques attribués soit à Merswin, soit à l'Ami de Dieu de l'Oberland. Henri de Wolfach fit copier toutes ces pièces par Nicolas de Louvain et lui demanda de rédiger, au moyen des documents, bulles et chartes relatives au « Grüne Wörth », l'histoire de la maison. Le tout forme le « Grand Mémorial allemand de l'Ile Verte », dont on fit une traduction latine à l'usage « des savants n'ayant pas de goût pour les livres de langue allemande », et enfin un extrait pour chacun des trois administrateurs laïques, celui-ci ne renfermant que ce qu'il leur importait de connaître sur la fondation et la dignité de la maison.

S'il est permis d'être plus que sceptique sur l'histoire et l'existence même du mystérieux correspondant de l'Oberland, sur le personnage joué par Merswin et son secrétaire Nicolas de Louvain, du moins il est un fait devant lequel le plus sceptique doit s'incliner, c'est l'existence de ces vénérables documents de l'Ile Verte, sortes de chartes ou de legs spirituels, transmis à travers cinq siècles grâce à la sollicitude des Johannites, des administrateurs laïques et du Grand Prieur d'Allemagne. Ces témoins d'un passé lointain peuvent être consultés par tous dans nos Archives et Bibliothèques publiques, à Strasbourg.

La Bibliothèque Universitaire et Régionale de Strasbourg possède l'original même du « Grand Mémorial Allemand ». C'est un recueil de 42 traités et autres menues pièces accessoires.

Entre autres traités mystiques, il en est un, le 36e, fol. 229 a.-262 b., qui est intitulé « *Meisters Buoch* », le « *Livre du Maître* ».

Ce livre raconte l'histoire de la Conversion d'un « *Maître de la Sainte-Ecriture* » par l' « *Ami bien-aimé de Dieu de l'Oberland* », compagnon « secret de notre fondateur *Merswin* ». D'après la rubrique d'introduction, c'est l'Ami de Dieu qui l'a « écrit sur papier de sa propre main » et l'a adressé, avec une lettre d'envoi, aux frères de l'Ile Verte, à l'époque où les prêtres séculiers desservaient l'église de la Trinité, l'an 1369, huit ans après la mort de Tauler († 1361).

Voici, en résumé, l'histoire de cette conversion.

En 1346, vivait dans une ville située à plus de trente milles de la résidence de l'Ami de Dieu un Maître de la Ste. Ecriture, à la prédication fort goûtée, et dont la renommée s'était répandue très au loin. Un laïque rempli de la grâce divine en eut connaissance. Sur l'ordre d'une voix divine qui, à plusieurs reprises pendant son sommeil, lui enjoignit de se rendre auprès du célèbre prédicateur, l'Ami de Dieu de l'Oberland se mit en route. Il entendit dans la ville même du Maître plusieurs de ses sermons, se confessa à lui et communia plusieurs fois de sa main. Il reconnut aussitôt que c'était « un homme doux, bienveillant et d'une grande bonté de cœur, mais que son âme était encore obscure et dépourvue de la lumière de la grâce ». Au bout de douze semaines, le pieux laïque alla trouver le Maître et lui dit : « Il m'a été beaucoup parlé chez moi de votre enseignement. J'ai entendu jusqu'à présent cinq de vos discours, et je voudrais vous prier de faire, pour l'amour de Dieu, un sermon sur la manière la plus rapide de parvenir au degré le plus élevé de la vie spirituelle. »

Après quelques hésitations, le Maître céda à ses instances et donna dans un des couvents de femmes de la ville le sermon demandé, énumérant 24 qualités nécessaires à l'homme qui veut parvenir à l'union la plus étroite avec Dieu, à la contemplation de la lumière divine.

Ce sermon terminé, l'étranger rentra dans son hôtellerie et le rédigea de mémoire, « mot pour mot », tel que le Maître l'avait prononcé. Puis il alla en donner lecture au Maître, qui en fut émerveillé et qui déclara qu'il eût été incapable, lui, d'en faire autant et de retrouver ses propres expressions. Comme cet homme faisait semblant de vouloir prendre congé de lui, le docteur le retint, lui promettant de faire prochainement encore un autre sermon sur la perfection de la vie spirituelle.

Alors le laïque de lui répondre qu'il n'était pas venu précisément pour ses sermons, mais dans l'espoir de pouvoir faire, avec la grâce de Dieu, un peu de bien. Si le Maître le lui permettait, il aurait grande envie de lui dire quelque chose qu'il redoutait de ne pas lui voir accepter.

Ses sermons sont remplis des principes les plus excellents, mais il ne prend pas soin, lui, prêtre, de les exprimer dans sa vie. « Ni vos sermons, ni toutes les paroles extérieures que l'on peut dire en ce monde, ne sont de nature à me faire grand bien. Toutes les fois que le Christ est venu à moi, il m'a plus appris dans l'espace d'une petite heure que vous n'êtes capables de m'en apprendre, vous, Maître, et tous les docteurs de la terre jusqu'au jour du jugement. »

Le cœur du Maître n'est pas pur, mais plein d'orgueil, sans qu'il y paraisse ; plongé dans l'étude des Lettres, mais aussi dans les ténèbres et la nuit ; se fiant à sa grande science et fier de son titre de docteur ;

se recherchant lui-même uniquement ainsi que les faveurs des créatures, celles d'une personne en particulier, vers laquelle se tournent souvent ses regards. Aussi n'est-il qu'un vase vide et impur; ses excellentes paroles sortent de ses lèvres comme le vin pur sort de la lie; et il en est très peu qui reçoivent les lumières surnaturelles de la grâce à la suite de ses discours. En un mot, il n'est qu'un pharisien : il impose à ses auditeurs un sermon en vingt-quatre points, et à ces 24 points il touche à peine lui-même.

Le Maître, ému d'abord de se voir arrivé à son âge pour s'entendre parler si durement, pria presque aussitôt son « cher fils » d'accepter de devenir son père spirituel.

« Maître, vous renversez l'ordre, répondit le laïque, et si vous continuez de parler ainsi contre toute raison, je rentrerai immédiatement dans mon pays. »

Cependant le Maître se déclarait déterminé à se convertir et à s'améliorer suivant ses conseils : qu'il commande, et il fera tout ce que son pieux interlocuteur lui dira : « Je suis prêtre, et tu n'es qu'un laïque. Je suis affligé, je l'avoue, de ce que je doive être instruit par toi. » Et il le supplia de lui dire comment il était parvenu à un si haut degré de vie spirituelle.

« Maître, s'il me fallait raconter toutes les merveilles que Dieu a opérées en moi depuis sept ans, il ne se trouverait nulle part de livre assez grand pour les contenir. » Dieu a trouvé en lui une humilité sincère, absolue et pleine d'abandon : c'est ce qui lui a ouvert les portes de la vie spirituelle, après la lecture d'un livre allemand racontant la vie des saints. Il se mit alors à en imiter toutes les austérités; mais, après une nuit de mortifications excessives, il se sentit un jour tellement exténué et malade que, sur l'appel d'une voix au-dedans de lui-même, il alla consulter dans une forêt voisine un vieil ermite; et, selon les sages avis qu'il en reçut, il renonça à ses rudes macérations comme à des suggestions diaboliques, pour s'abandonner tout entier à Dieu.

« Je vous dirai, Maître, que je ne manquais pas naturellement d'esprit; j'avais, comme vous, une intelligence bien formée et pénétrante, encore que privé de votre connaissance des Ecritures; et je me sentais l'esprit si vif que, toutes les fois que je me recueillais en moi-même, je trouvais de grandes et belles pensées. » Un matin donc, il lui prit un grand désir de connaître quelque chose de divin. Mais déjà il se flagellait à coups redoublés de sa témérité, quand soudain sa cellule se remplit d'une lumière éclatante : il tomba en extase et, pendant une heure, fut privé complètement de ses sens et de sa raison; mais, dans cette petite heure, la vérité lui était apparue plus lumineuse, plus claire, plus distincte que ne pourraient la lui montrer « le Maître et tous les docteurs du monde jusqu'à la consommation des siècles ».

Pour prouver au Maître comment le St-Esprit manifeste encore aujourd'hui sa puissance, le pieux laïque lui raconte comment il convertit un païen demeurant dans un pays lointain, au moyen d'une lettre que ce païen put lire et à laquelle il sut répondre en bon allemand. Sans doute il n'est qu'un laïque. Mais Ste. Catherine d'Alexandrie, à peine âgée de quatorze ans, n'a-t-elle pas convaincu quinze des meilleurs docteurs de son temps? Le St-Esprit n'a-t-il pas daigné parler par Caïphe?

A partir de ce moment, le Maître, résolu à renoncer aux illusions de son ancienne vie, à la vaine curiosité de son esprit, se mit, malgré ses cinquante ans, à l'école de l'Ami de Dieu, qui consentit à rester auprès de lui.

Pour commencer, comme on fait aux enfants, il reçut un alphabet spirituel composé d'autant de maximes qu'il y a de lettres: les conseils pour la réforme de la vie s'y succèdent sans la moindre cohésion. Le Docteur apprit assez vite ce règlement, non sans s'être infligé plus de coups de verges qu'il ne l'avait fait durant toute sa vie d'études.

Au bout de six semaines, il fit venir le laïque et le pria de lui enseigner une voie plus courte et plus élevée pour avancer vers Dieu. C'est alors que l'Ami de Dieu le soumit à une dure retraite de deux ans, dans le secret de sa cellule, au milieu des plus pénibles pratiques ascétiques, afin de vaincre sa nature. En dépit des contrariétés et des vexations, il devra demeurer toujours obéissant à ses Supérieurs et à son Ordre; il renoncera à sa science subtile et prétentieuse de l'Ecriture : plus d'études ou de lectures, plus de sermons; plus de confessions, plus de direction spirituelle, avant d'avoir appris à se bien conseiller lui-même. Il persévèrera seulement dans la fidélité à la sainte messe chaque matin, à la récitation des Heures au Chœur ou en particulier, mais surtout à la méditation de la vie et de la Passion du Christ, aux réflexions sur sa vie passée et ses années perdues.

Le Maître se conforma aux instructions du laïque. Mais, avant la fin de la première année, il était aussi méprisé dans son couvent qu'il était auparavant estimé. Ses amis intimes, ses pénitents se détournèrent de lui. Ce lui fut un sujet de profonde tristesse. Sa tête commença à faiblir, et il fut pris de terreur à la pensée de devenir fou. Il fit donc venir encore une fois l'Ami de Dieu auprès de lui. Celui-ci lui ordonna de réparer ses forces en prenant une nourriture meilleure : mais ses intérêts étaient en bonne posture et ils iraient encore en s'affermissant à l'avenir. Le laïque s'excusa de ne pouvoir rester plus longtemps et il prit congé de lui : une affaire grave le rappelait dans son pays.

Une deuxième année se passa pour le Maître dans les épreuves les plus dures, au milieu du mépris et du dénuement le plus absolu. Une maladie le réduisit même à toute extrémité. La nuit qui précède la fête de la Conversion de St-Paul (25 janvier), il fut tellement accablé par une effroyable tentation qu'il ne put descendre au Chœur pour Matines. Il demeura assis dans sa cellule, s'abandonnant à Dieu avec une sincère humilité. Et il méditait la Passion du Christ dans les sentiments d'une grande contrition, quand il entendit une voix lui annonçant sa guérison, non seulement du corps, mais de l'âme; et il fut ravi en extase et perdit l'usage de ses sens et de sa raison. Revenu à lui-même, il sentit dans tout son être une force telle qu'il ne s'était pas senti de toute sa vie aussi bien, et il retrouva sa raison remplie de lumières jusqu'alors inconnues.

Plein d'admiration devant une aussi rapide transformation de tout lui-même, il convoqua le laïque, qui, de son pays, se rendit à son invitation et constata l'illumination du St. Esprit par la plénitude de la grâce qui venait de se répandre dans l'âme de son dirigé. Maintenant il pouvait reprendre ses livres, étudier et se remettre à prêcher. Un seul de ses sermons dorénavant serait plus fructueux que cent autres jadis, parce que ses paroles sortiraient « d'un vase pur » : aussi serait-il plus aimable, plus aimé et plus estimé qu'il ne l'avait jamais été, et les multitudes se presseraient pour l'entendre.

Il racheta ses livres qui avaient été vendus, et il fit annoncer que, dans trois jours, il donnerait un sermon.

Une foule immense accourut. Le Maître était à peine en chaire qu'un torrent de larmes sans fin jaillit de ses yeux. Le peuple, finalement impatienté, sortit en murmurant et le laissa au milieu de ses sanglots. Ses frères lui interdirent rigoureusement toute prédication.

Sur les conseils du laïque, qui vit dans cette humiliation une dernière épreuve et un grand don de Dieu, après cinq jours de silence, le Docteur converti alla trouver le Prieur et obtint de lui la permission de faire une conférence spirituelle aux Frères de son couvent. Cette conférence fut si sublime que le Chapitre l'autorisa de nouveau à prêcher dans un couvent de religieuses.

Devant les Religieuses et les fidèles admis dans leur chapelle, il donna donc le fameux sermon extatique sur la péricope de St-Mathieu, XXV, 6 : « Voici venir l'Epoux, allez à sa rencontre. » Le Christ est le véritable époux de l'âme; l'âme doit le suivre, humble et modeste, dans une patiente résignation; car le Christ éprouve l'âme avant de la recevoir dans son intimité. Quelqu'un de la foule tomba comme mort, ravi en extase, au cours de ce sermon. Quand il fut terminé, plus de quarante personnes restaient là, immobiles, ravies en esprit. Un sermon dans la bouche d'un saint fait plus de fruit que cent autres dans la bouche d'un prédicateur ordinaire.

Obéissant toujours aux conseils du pieux laïque, le Maître annonça qu'il prêcherait le samedi suivant, fête de Ste-Gertrude, pour les séculiers; car ils avaient grand besoin d'être corrigés de leurs défauts et leurs vices.

C'est le sermon sur l'Evangile de la Femme adultère et la péricope de St-Jean, VIII, 7 : « Que celui qui est sans péché lui jette la première pierre! » Confesseurs, prédicateurs, évêques, religieux, prêtres séculiers, juges et magistrats y sont pris violemment à partie.

Après ce sermon, les Frères, réunis en chapitre, décidèrent unanimement d'interdire à ce brouillon toute prédication et de l'envoyer dans un autre couvent. Grâce à l'intervention du Magistrat, cette défense fut retirée. Et, le dimanche suivant, qui était celui de « Judica » ou de la Passion, il continua sur ce texte de l'Evangile du jour : « Qui de vous me convaincra de péché? » (Jean, VIII, 46). Il s'adressait cette fois aux gens du peuple, aux femmes impudiques, aux soldats, aux marchands, aux usuriers.

Pendant la Semaine Sainte, il prêcha encore sur la Sainte Eucharistie.

Enfin, un peu plus tard, il prononça un autre sermon dans un béguinage habité par cinq recluses, sur le verset de saint Paul aux Corinthiens : « Scio hominem in Christo ante annos quatuordecim... » (II. Cor., XII. 2).

Le pieux laïque avait assisté à toutes ces prédications et s'en était retourné ensuite dans son pays, jugeant son œuvre terminée.

Le Maître alla toujours progressant dans sa vie humble et ses vertus extraordinaires, donnant partout et à tous dans la ville ses conseils recherchés et toujours obéis, prêchant une quantité de sermons et grandissant dans l'estime et l'affection universelles. Cette vie nouvelle, si fructueuse, dura encore neuf ans. Alors il tomba malade; pendant vingt semaines il resta couché par la paralysie dans des douleurs atroces. Sentant sa fin venir, il fit appel à l'Ami de Dieu qui se rendit aussitôt à ses côtés; et il le pria d'accepter quelques feuilles de parchemin, où il trouverait notés tous les rapports qu'ils avaient eus ensemble, avec le récit du grand miracle que Dieu avait opéré en lui : il en ferait un petit livre.

Le laïque lui demanda d'y insérer six discours du Maître, les six sermons dont il a été parlé, qu'il avait écrits tels qu'il les avait entendus de sa bouche. Le Maître y consentit, à la condition que son nom ne serait pas prononcé et que ce livre ne serait communiqué à personne de sa ville, de peur qu'on ne remarquât qu'il s'agissait de lui.

Le Maître s'entretint encore pendant onze jours avec le laïque, et il mourut dans les affres d'une agonie terrible, où on le vit se débattre avec des gestes épouvantables et horribles, ce qui impressionna et désola grandement ses Frères et toutes les personnes présentes.

Plusieurs habitants de la ville, reconnaissant dans le pieux laïque l'ami intime du Maître, l'invitèrent à partager leur repas. Pour échapper à toutes ces sollicitations, celui-ci s'enfuit dans son pays.

Il voyageait depuis trois jours, quand la nuit le surprit dans un village avec son serviteur. Vers minuit, il entendit auprès de lui « une faible voix » qu'il reconnut être celle du Maître. Suivant une promesse qu'il lui avait faite avant de mourir, le Maître venait le rassurer sur son agonie : Dieu avait permis pour lui une fin si agitée afin que son âme, immédiatement à la sortie du corps, sans passer par le Purgatoire, fût reçue par les anges, qui l'ont effectivement protégée contre les démons et accompagnée au Paradis; là, il avait cinq jours à attendre, sans crainte ni souffrances, et son âme toute pure serait ensuite associée à la gloire des esprits célestes.

Au petit jour, le pieux laïque prit la plume et raconta dans une lettre au Prieur et aux Frères du Maître défunt l'entretien qu'il venait d'avoir avec son âme.

Telle est la « *Merveilleuse Histoire* » de la « *Conversion du Maître de la Sainte Ecriture* ».

Elle aurait été envoyée dès 1369 aux chapelains séculiers du couvent de l'Ile Verte, sous le nom de « *Meisters Buoch* ». Le copiste qui rédigea le « Grand Mémorial Allemand » a ajouté presque partout à la dénomination de « l'homme », sous laquelle était désigné le laïque, celle de l' « Ami de Dieu de l'Oberland, le compagnon secret de Rulman Merswin, notre fondateur ». Le rôle actif dans cette histoire était ainsi attribué au mystérieux Ami de Dieu de l'Oberland. Vers la fin du XVe siècle, on prétendit reconnaître dans le Maître de la Sainte Ecriture le célèbre prédicateur *Jean Tauler*. A partir de la première édition des Sermons de Tauler (1498), il n'est pas une seule des éditions de ses œuvres qui ne renferme la légende de la Conversion de Tauler par le grand Ami de Dieu de l'Oberland.

Cette légende fut acceptée pendant cinq siècles, jusqu'à ce que la critique contemporaine, vers le dernier tiers du XIXe siècle, en la personne du P. Denifle, O. P., puis, au début du XXe siècle, en la personne de K. Rieder, souleva enfin la question de l'authenticité de ce récit.

Sommes-nous donc ici en présence d'un fait d'histoire ou d'une légende? Telle est la question primordiale qui se pose à quiconque veut aujourd'hui s'attacher à reconstituer les traits précis de la physionomie de l'illustre prédicateur que fut Tauler.

La méthode la plus directe pour aboutir à une solution sûre du problème, c'est d'envisager d'abord les données exactes des manuscrits qui nous sont restés du « Meisterbuch », de les collationner entre elles et d'examiner le processus de la tradition jusqu'à nous.

Il sera utile de jeter un coup d'œil rétrospectif ensuite sur le travail de la critique et d'en confronter les résultats les plus récents.

Après quoi seulement, envisageant sous ses deux aspects principaux l'état de la question, en fonction des deux personnages qui en sont les acteurs essentiels, nous devrons examiner :

d'une part, si l'on peut encore parler d'une identification de Tauler avec le Maître de la Sainte-Ecriture;

d'autre part, qui pouvait bien être ce laïque, ce mystérieux Ami de Dieu de l'Oberland, qui convertit le Maître.

Etait-ce une pure création fictive de Rulman Merswin ou de Nicolas de Louvain?

Cette discussion une fois tranchée, il devra être facile de déterminer la nature exacte de notre récit, de décider si le « Meisterbuch » doit être encore tenu pour une chronique authentique ou pour une « nouvelle » religieuse, une pieuse légende mystique.

Et, à la lumière de ces précisions, il sera peut-être possible de remonter jusqu'à ses origines premières et d'en démêler les tendances les plus certaines.

Chapitre premier.

Comment naît et progresse une Légende?

Manuscrits, Éditions, Versions du « Meisterbuch ».

§ 1. Manuscrits du « *Meisterbuch* ». Variantes des Manuscrits. — Les Manuscrits autres que celui de Strasbourg, — Le Manuscrit *A* de Strasbourg: « *Grand Mémorial Allemand* », — « *Petit Mémorial Allemand* », — « *Mémorial latin* ».

§ 2. Editions du « *Meisterbuch* ». Editions: de Leipzig (1498); — de Bâle (1521, 1522); — de Cologne (1543). — Versions. Version de Surius (1546, 1552). Premières versions françaises. Versions du XVIIe, du XVIIIe, du XIXe ss. Tracts de propagande. Versions françaises les plus récentes.

Sur quels témoignages et d'après quelles sources en est-on venu à désigner Tauler comme le héros de cette histoire?

C'est une tradition qui remonte à la seconde moitié du XVe siècle, cent ans environ après la mort de l'éloquent prédicateur.

La trouve-t-on suffisamment fondée? Se relie-t-elle de quelque façon à la personne de Tauler? Dix, vingt ans après sa mort, que pensait-on de lui, et quelle était l'opinion des milieux où il avait vécu? Que savait-on de sa prétendue conversion?

Avant d'en discuter le récit, il importe de savoir quelle en fut l'origine générale, de consulter les *Manuscrits* existants et d'en examiner la valeur et le contenu.

§ 1.

Le P. Denifle, dans un écrit retentissant [1], a énuméré *douze* Manuscrits du « Meisters Buoch », appartenant à la fin du XIVᵉ siècle ou au XVᵉ siècle, tous sur papier, sauf un, le plus ancien, qui est sur parchemin, et plus ou moins apparentés entre eux [2].

Le plus ancien et le plus important, le seul d'ailleurs qui soit du XIVᵉ siècle, est le manuscrit *A* de *Strasbourg,* qui contient le texte original du « Grand Mémorial Allemand ». Charles Schmidt a publié d'après lui, avec un titre de sa composition, son « Histoire de la Conversion de Tauler » [3]. Ce manuscrit mérite une attention particulière et sera examiné en dernier lieu.

Les onze autres peuvent se grouper en trois catégories :

1°) Manuscrits qui touchent de plus près au Manuscrit de Strasbourg :

B, Cod. Vindobon. 3022 (1ʳᵉ moitié du XVᵉ siècle),

C, Ms. 80 de St. Georges, in-4°, à la Bibliothèque de Karlsruhe (1425).

2°) Manuscrits qui diffèrent davantage de celui de Strasbourg :

D, Ms. 17, de Wolfenbüttel, in-4° (1436),

E, Cod. theol. et phil. 283, de Stuttgart, fol. (1445) et cinq Manuscrits de l'ancienne Bibliothèque Royale de Munich, provenant des couvents bavarois d'Augsbourg, Tegernsee, Gars, Rebdorf [4], etc.;

F, Cgm 372 (seconde moitié du XVᵉ siècle) ;

G, Cgm 373 (id.) ;

H, Cgm 627 (1458) ;

J, Cgm 628 (1468) ;

K, Cgm 410 (seconde moitié du XVᵉ siècle).

---

[1] *Taulers Bekehrung kritisch untersucht* (« *Quellen und Forschungen zur Sprach- und Kulturgeschichte der Germanischen Völker* » XXXVI), Strasbourg, 1879, p. 97—109.

[2] Il n'y a pas à tenir compte des Manuscrits postérieurs aux premières éditions imprimées, dont ils dépendent, tels que *Ms. germ. 242, 243, 246,* de Berlin, les **deux** premiers de 1550, et le troisième de 1533.

[3] « *Nikolaus von Basel, Bericht von der Bekehrung Taulers* », Strasbourg, 1875.

[4] J. Hamberger signale jusqu'à 12 Manuscrits provenant de divers couvents bavarois, « *Johannes Taulers Predigten* », Frankf. a./M., 1864, Introd., t. I. p. IX.

3°) Manuscrits les plus récents:

L, Ms. 559, in-4°, à la Bibliothèque de l'Université de Leipzig, (1486) ;

M, Manuscrit privé de Gratz (seconde moitié du XVe siècle).

On peut rattacher à ce dernier, parce qu'il présente les mêmes caractères, un Manuscrit qui appartenait primitivement au monastère Dominicain de Medlingen, récemment découvert à Londres et mentionné par Priebsch [5]).

Dans ces divers Manuscrits, le texte présente de nombreuses variantes.

1. *B* et *C* portent le titre primitif : « Des meisters buoch » et concordent pour le sermon aux cinq Recluses. Ils omettent pareillement l'anecdote de la Femme adultère.

Le premier et le dernier feuillets, arrachés dans *C,* manquent, de même que le sermon sur le Fiancé de l'âme.

B contient le sermon sur le St. Sacrement. *A* et *C* ne l'ont pas.

2. *D* et *G* ont à la table des matières cette suscription : « *Dis büchlein seit zü dem ersten ein gutte nutze ler von einem grossen meister sant dominicus orden, des namen geschriben statt in dem lebendigen büch, wie den goll gezogen hat durch ainon gottliebenden man zü ainem einleidenden gelassen abgescheiden andechtigen ledigen leben.* » Ils contiennent tous les sermons. De même, *E* et *F*.

H est intitulé : « *Von einem lerer der heiligen geschrift und von eim leyen ein schön legent* » et renferme tous les sermons.

J a tous les sermons, et comme titre : « *Von ainem lerer der heyligen geschrifft.* »

K ne renferme que le sermon de l'Epoux et celui aux cinq Recluses, lequel commence ainsi, fol. 327 b. : « *Es beschach zü ainen zitten das diser bewerten maister von der hailgen geschrifft und auch ain hailger bewerter man von leben gieng zü einer clausen.* »

En somme, *D, E, F, G, H, J, K,* sont tous plus ou moins dépendants les uns des autres. Sauf *F*, ils séparent tous le sermon aux cinq Recluses de l'Histoire à proprement parler de la Conversion, et ils ne diffèrent que par quelques variantes et un certain nombre d'interpolations.

---

[5]) « *Deutsche Handschriften in England* », II, 124, n. 146. Cf. K. Rieder, p. 99, n. 1.

D, E, G, renferment d'autres pièces, par ex. le traité « *Von
vier Bekorungen* », qui suit le sermon aux Recluses, tandis que, dans
H et *J,* ce traité précède.

Dans tous ces manuscrits, l'anecdote de l'adultère, que Surius a
rapportée très en détail, est abrégée.

3. *L, M* et le manuscrit de Medlingen présentent le récit écourté
de la première édition imprimée. Les deux sermons justement surnommés
sermons de « tapage » (« *Polterpredigten* ») sur les vices de la chrétienté et le sermon sur le St. Sacrement y ont une forme réduite.

. *L* seul, au début, indique l'année 1340 au lieu de l'année 1346 :
« *In dem jare als man zalte nach gottis geburth tusent dreihundirt und
virtzigk jar, in dem selbigen jare geschach is* »; seul aussi, il compte
huit années au lieu de neuf dans la vie nouvelle du Maître; seul enfin,
de même que la première édition, il parle de onze, et non pas de sept
années de merveilles que Dieu a accomplies « en son pauvre serviteur ».
Sa recension est en tout celle de la première édition, et c'est ce qui en
fait l'importance, à cause des indications extrêmement précieuses que
cette ressemblance autorise. Autant, en effet, *L* se rapproche de la première édition imprimée, autant il s'éloigne des anciens manuscrits, qu'il
abrège fortement, p. ex. dans la seconde partie du sermon aux Recluses.

Tant et de si nombreuses divergences et de si importantes
variantes entre les Manuscrits démontrent la nécessité de les collationner
entre eux très attentivement avant de songer à publier une édition critique du « Meisterbuch ». Une telle édition, capable de satisfaire les
justes exigences de la critique moderne, reste encore à établir. Celle
qu'en a donnée Ch. Schmidt d'après le seul Manuscrit de Strasbourg, *A,*
est devenue notoirement insuffisante, puisqu'elle n'a pas tenu compte
des autres Manuscrits et qu'elle n'a pas reproduit toutes les rubriques
des divers Mémoriaux de l'Ile Verte relatives au « Livre du Maître » :
or ces rubriques sont d'une importance capitale par les indications
qu'elles fournissent relativement à l'identification du laïque qui convertit le Maître et à la question de l'authenticité de cette Histoire
elle-même.

* * *

Réservant donc l'étude de *A,* si instructif sous plus d'un rapport,
voyons d'abord ce que nous suggèrent les douze autres manuscrits par
rapport à *l'identification de Tauler avec le Maître de la Sainte-Ecriture.*

Voici les conclusions de Denifle, qui les a attentivement considérés [6]).

Pas un seul manuscrit, pendant les cent ans et plus qui suivirent la mort de Tauler (de 1389, date approximative de A, à 1486, date de *L*), pas même *L,* qui représente cependant la recension de l'édition la plus ancienne, ne nomme Tauler comme étant le héros de cette Histoire.

L'édition de *Leipzig,* 1498, est le premier document affirmatif dans ce sens. Elle a pour titre : « *Hier nach volget die hystorien des erwürdigen docters Johannis Thauleri* ».

Ce n'est qu'à partir du milieu du XVᵉ siècle que la « Merveilleuse Histoire » commence à se trouver adjointe, en un même volume, aux sermons de Tauler. Jusqu'en 1437, jamais cela ne s'était rencontré. Ainsi, les deux Manuscrits de Vienne *2739, 2744,* et les deux Manuscrits de Strasbourg *A 89, A 88* (brûlés au siège de Strasbourg en 1870), le Manuscrit de Berlin *68* in-8º, celui de Fribourg *41* (ces deux derniers, de la première moitié du XVᵉ siècle), le Manuscrit de Berlin *166* in-4º, celui de Nuremberg *Cent. IV. 9* (tous deux de 1435), n'ont que les sermons de Tauler, sans l'Histoire.

D les a bien réunis, mais sans identifier le Maître avec Tauler. La Table désigne ainsi l'Histoire de la Conversion : « *Von ainem grossen maister sant dominicus orden* »; et immédiatement après suivent les sermons de Tauler, avec cette suscription : « *Darnach sint etlich gut andechtig predigen des erluchten begnadeten lerers Johannes Tawelers von sant Dominici orden mit einer vorgender taffel* ». C'est le premier Manuscrit qui fasse du Maître un Dominicain, « *sant Dominici orden* ». Le Maître étant un prédicateur, placé sous les ordres d'un Prieur, et de plus Maître des Saintes Ecritures, on en avait conclu qu'il devait avoir été Dominicain. On en aurait tout aussi bien pu conclure qu'il avait été Carme, Chartreux ou moine Augustin. Mais, parce que le sermon aux 24 articles et le sermon aux Recluses renferment des dées mystiques, parce que le Maître est représenté comme un prédicateur célèbre, on songea à joindre la « Merveilleuse Histoire » aux sermons de Tauler, lequel réunissait ces trois qualités.

C'était un premier pas.

D fut bientôt imité. *G* n'en est qu'une copie, ou une autre recension. *E, H, J,* de même. Ces cinq manuscrits sont les seuls qui ren-

---

[6]) « *Tauler's Bekehrung kritisch untersucht* », p. 102—109.

ferment et l'Histoire du Maître et les Sermons de Tauler. Mais aucun d'eux n'identifie davantage le Maître avec Tauler.

Avec eux cependant un deuxième pas est fait.

H, J, en effet, font déjà de Tauler un « Maître » ou Docteur.

A la fin des Sermons, dans *H,* fol. 227, on lit : « *Hie hat meister Johannes tauler prediger ordens ler ein ende* ». Après quoi vient le Traité « *Von vier bekorungen* » et le récit de la Conversion : « *In cristo Jesu, Historie* ».

Dès lors (*H* est de 1458), Tauler apparaît dans les Manuscrits avec l'épithète de Maître, et non plus seulement de « prédicateur ». Les copistes prennent l'épithète de « lerer », prédicateur, pour l'équivalent de « meister » et remplacent indifféremment la première par la seconde.

J (1468) porte déjà comme suscription aux sermons de Tauler : « *Der ander tail der predig maister hanns Tauler prediger ordens* ».

De même, *H Cgm. 260,* manuscrit du couvent de Tegernsee de 1468, simple copie de *H,* se termine ainsi : « *Hie hat maister Johannes tauler prediger ordens lere ein end.* »

Puis, *Cgm. 748,* de la dernière moitié du XVᵉ siècle, prend encore pour titre : « *Predigen oder sermones maister hansen tauler prediger ordens* » ; et, au dernier feuillet, 322 a., on lit : « *Diez büch hat gemacht der groz lerer brüder Johann tauller prediger ordens, meister der heiligen geschrift und ein bewerter leszmeister in der heilgen stat Cölen off an dem rein und bürtig von Stroszburg und ist diez büch ouch genant der Tauller* ».

Enfin, le Manuscrit *293* de Donaueschingen (de 1484) et *Cgm 748* font de Tauler un grand prédicateur (« grossen Lehrer ») et un Maître.

Il ne restait plus qu'un pas à faire.

Qui pouvait bien avoir été ce Maître de la Sainte Ecriture, sinon Tauler, le grand prédicateur de l'Ordre de Saint-Dominique, et, d'après les manuscrits les plus récents et les plus défectueux, lui-même Maître de la Sainte-Ecriture ?

Le calcul était faux. Mais il fut fait. Et *L,* le dernier en date des manuscrits (1486), nous le montre réalisé. On y lit, en effet, fol. 39 a : « *Es ist zü wyssenn das nach innhaldungen der vorgezeichenten historien Ein meister der heiligen schrifft von dem Orden der Prediger in einer statt predigett, dem zü einer getzeyt durch dy ewige vorsichtigkeit gottis durch anweiszunge des heiligen geystes eines einfeldigen leyenn entdeckt wart der rechte wege der volkomnen warheit, und ist mildigklichen zů gleuben, daz diezer ist geweszen der begnad und irleucht lerer Brüder Johannes Tauler, des Sermon hirinne in dissem bůch ordentlich betzeychnent nachfolgende beschriben sein* ».

Avant l'histoire de la Conversion, qu'il désigne sous le nom de « *Doctrina layca* », *L* rapporte un court récit en latin, où il est dit que cette histoire a déjà été traduite en latin jadis, et qui l'analyse, en mentionnant, en dehors du sermon en 24 points, quatre autres sermons : « Quorum primus et ultimus admodum spirituales perutilesque valde religiosis et aeterni, medii vero sunt duo populares et magis ad saeculares pertinent quam ad claustrales. Quapropter hac ut existimo ex causa hujus historiae compositor hic eos omiserit ».

Ainsi, le Manuscrit de Leipzig est le premier qui tente d'identifier Tauler avec le Maître de la Sainte-Ecriture.

Sur quels motifs se base-t-il?

Sur trois motifs sans valeur, énumérés dans une sorte d'Appendice à l'encre rouge, de la même écriture et de la même date que le récit lui-même.

Pour le rédacteur de cette notice, Tauler s'est appelé Maître lui-même : « *Wan er sich selber gibeth getzencknusz in seinem sermon das er ist geweszen ein meister* ». — Ce qui est faux. Tauler se nomme sans doute prédicateur, « lerer ». Mais c'est *L* qui donne à ce terme de « lerer » une signification équivalente à celui de « meister » ou « doctor ». Et c'est en partant de là que la Table des Sermons, qui suit, dans le manuscrit, le récit de la conversion (dans la première édition de Leipzig, cette Table précède), s'exprime ainsi : « Incipit Registrum sequentium praedicacionum vulgarium Illuminatissimi viri et *doctoris patris* ac fratris Johannis Tauleri ordinis predicatorum. »

Le Maître de la « Merveilleuse Histoire » est un Dominicain, et Tauler aussi : « *Und in vil örtern der nachfolgenden sermon von sich selber spricht ein bekenner und ein professor sant Dominicus orden zu sein.* » — Mais de cette raison comme de la précédente on ne pourrait rien conclure, à moins que Tauler n'ait donc été le seul docteur alors et le seul prédicateur pour l'Allemagne, ce qui est également faux.

Pour le style comme pour le fond des sujets traités, le sermon de l'Epoux et celui aux cinq Recluses concordent avec les sermons de Tauler: « *Auch ist es scheinbarlich an den zweyen seinen sermon an dem ende diszer hystorienn, wan der selbige stilus adder satzung sich gantz und vhast vergleichet allen nachvolgenden Sermonen yn weysz und yn form stetis inblybende nach dem inwendigen menschen unabkehrlich, als den*

ein fleisziger leser des wol befinden wirt. » — Le copiste n'a pas pu se
rendre compte de la grande divergence de style : il ne possédait qu'une
mauvaise recension, et très incomplète, de l' « Histoire du Maître ».
Quant aux sujets traités, combien d'autres grands prédicateurs de la
même école mystique que Tauler n'ont-ils pas traité, et maintes fois, le
même thème !

Mais ces motifs seraient-ils recevables, qu'ils créeraient une simple
probabilité, et non pas une preuve convaincante de l'identité du Maître
de la Sainte-Ecriture et de Tauler : nous les examinerons plus en détail
dans un chapitre suivant. Et le copiste s'en est bien rendu compte lui-
même, témoin sa propre expression : « *Und ist mildigklichen zu gleuben* ».

En définitive, l'identification de Tauler et du Maître de la Sainte
Ecriture n'est basée sur aucun des 12 Manuscrits antérieurs au Manuscrit de Leipzig. Elle se présente à nous comme le résultat d'un faux
calcul de la part du rédacteur de *L,* et à titre de pure probabilité, de
simple hypothèse.

*   *   *

Le Manuscrit de Strasbourg *A,* le plus ancien en date, reproduit
dans ses lignes générales par *B* et *C,* et, avec plus ou moins de variantes,
en somme, par ceux de Wolfenbüttel, Stuttgart et Munich *(D-K),* n'a
tenté nulle part d'identifier le Maître de la Sainte Ecriture avec Tauler.
Mais, par contre, son mode particulier de rédaction est des plus sugges-
tifs relativement à la question de l'identité du laïque [7]).

Le « Meisterbuch » se présente, en réalité, en tout ou en partie,
dans trois des documents provenant de l'Ile Verte.

Le premier, le plus important et le plus complet, est l'original
même du « *Grand Mémorial Allemand* », ms. *L Als. 96 a.,* sur parchemin, de la Bibliothèque Régionale et Universitaire de Strasbourg. Il a
été rédigé à plusieurs reprises successives.

Une première partie, renfermant 16 Traités spirituels de Rulman
Merswin ou de l'Ami de Dieu de l'Oberland, date de 1382 à 1385, comme
le prouve la charte du Grand Prieur d'Allemagne, Conrad de Brunsberg,
datée du 21 janvier 1385, qui en constate l'existence : « *Wir bruoder*

---

[7]) Cf. K. Rieder, « *Der Gottesfreund vom Oberland. Eine Erfindung des
Strassburger Johanniterbruders Nikolaus von Lœwen* ». Mit 12 Schrifttafeln in Lichtdruck. Innsbruck, Wagner, 1905 (p. 92—98).

Conrat von Brunsberg... bekennent in disem briefe das mit unserme wille und wissende zuo latine und zuo tutsch in drie buoch geschriben est alle die loeffe alse wir vernommen... »

Une deuxième partie y fut ajoutée vers 1391. Elle comprend le Traité des « *Neuf Roches* » (130 b.-192 a.), les Livres des « *Deux Hommes* » (192 b.-229 a.) et le « *Meisterbuch* » (225 a.-262 b.) [8]).

Le « *Grand Mémorial Allemand* » signale l'existence simultanée d'un « *Mémorial Latin* » dont l'original malheureusement n'existe plus. Il ne nous reste qu'à travers un manuscrit allemand sur papier, du XVIIIe siècle, ms. *L als. 96,* de la Bibliothèque Régionale et Universitaire de Strasbourg, rédigé par Ignace Gœtzmann (né en 1693, profès dans l'Ordre des Chevaliers de St. Jean en 1712, mort le 13 août 1770) ; Gœtzmann s'est servi du « Mémorial Latin » pour le rédiger ; mais il a utilisé aussi d'autres chartes du couvent de l'Ile Verte ; et il a traduit le tout en allemand moderne, en y ajoutant ses propres notes et gloses personnelles. On ne peut, par conséquent, y recourir qu'avec circonspection. Quoi qu'il en soit, il donne, aux ch. 13 à 24, le « Meisterbuch » d'après la recension du « Mémorial Latin » très certainement (p. 59-105), avec la lettre d'envoi de 1369 (ch. 13) et le sermon sur le Saint-Sacrement (ch. 22), que ne contient pas le ms. *L als. 96 a.*

Le Mémorial Latin étant contemporain du Grand Mémorial Allemand, il date donc d'environ 1391.

A peu près vers le même temps parut le « *Petit Mémorial Allemand* », composé à l'usage des trois administrateurs laïques de l'Ile Verte. Il comprenait, comme supplément, au ch. 28, la lettre d'envoi du « Meisterbuch » et le sermon sur le Saint-Sacrement.

Il ne nous a pas été conservé non plus.

D'après les rubriques du Grand Mémorial Allemand, c'est l'Ami de Dieu de l'Oberland, « ami secret de Rulman Merswin », qui a envoyé en 1369 le « Meisterbuch », avec une lettre, aux prêtres séculiers de l'Ile Verte. Et cet Ami de Dieu est le laïque qui convertit le « Maître de la Sainte Ecriture ».

---

[8]) K. Rieder en a donné une analyse très minutieuse, ib., p. 15—27. — Il décrit également le Manuscrit de Gœtzmann, p. 44.

<table>
<tr><td>

1re Partie

*« Item das bûch, in dem die oberste zile geschriben stot, das der liebe gottes frûnt in Oberlant mit dem selben briefe den weltlichen priestern herabe sante, wanne er selber der leye was, der den grossen meister der heiligen geschrift wisete und lerte..., alse das selbe bûch seit, das **wir ôch zù tutsche hant, von worte zù worte noch dem latine**... »*

(K. Rieder, 18', 1, ss.)

</td><td>

2^e Partie

« Die dirte materie dis hindersten teiles des meisters bûchs mit dem a. b. c. der drie und zwentzig bûchstaben, das der liebe gottes frûnt in Oberlant *Rûlman Merswins geselle*, des selben meisters geistlicher sun und getruwer rotgebe, in eime bapire mit **sin** selbes hant geschriben herabe sante und ouch gar eine gnodenriche besserliche missive, einen sendebrief, den brûdern **zù** dem Grûnen werde in den ziten, do die weltlichen priestere die **kirche** besungent... do men zalte von gottes geburte dritzehenhundert iar sehtzig und nun iar... »

(K. Rieder, 42', 4.)

</td></tr>
</table>

Le « Meisterbuch », de même que les deux autres traités qui forment la deuxième partie du Grand Mémorial Allemand, les Livres des « Neuf Roches » et des « Deux Hommes », aurait présenté une triple recension. Traduit du latin en allemand d'après un « Mémorial Latin » primitif : *« Alse dasselbe bûch seit, das wir ôch zù tutsche hant von worte zù worte noch dem latine »* (l. c., 18', 6), il aurait formé primitivement un petit traité à part en allemand.

Il nous est malheureusement impossible de comparer ces trois recensions plus ou moins contemporaines. Il ne s'est pas conservé de traité séparé du « Meisterbuch » en allemand. Et nous n'avons donc plus, d'autre part, le texte du Mémorial Latin, nous ne l'avons plus qu'à travers la traduction de Gœtzmann. Nous ne pouvons, par conséquent, formuler un jugement que d'après la seconde recension allemande, telle qu'elle se présente dans la seconde partie du Grand Mémorial Allemand.

Toutefois, si l'on compare le texte de Gœtzmann à celui du Grand Mémorial Allemand, on constate entre eux la concordance la plus parfaite, sauf pour les rubriques, et exception faite de quelques surcharges au texte de ce dernier. Les suscriptions des chapitres sont bien les mêmes dans l'un et dans l'autre. Mais dans le texte allemand, presque chaque fois qu'il est question du laïque qui convertit le Maître de la Sainte Ecriture (rubriques des ch. 1, 2, 10), le copiste a ajouté que le laïque était « le secret ami de Rulmann. »

<table>
<tr><td>

Mémorial Latin

« *Im namen gottes, Amen. Im jar dreizehenhundert viertzig sechs ware in einer gewissen statt ein magister, der in selbiger statt predigte..., dessen ruhm auch bis zü einem gewissen weltlichen, weil von diser statt entlegen kame. Diser weltliche wurde drei nächt nacheinander hingehen sollte in diese statt, im schlaff ermahnt, disen prediger hören predigen.* »

(ib., 226', 11.)

</td><td>

Grand Mémorial

« In gottes namen, Amen. In dem jare do man zalte von gottes geburt dritzehenhundert iar viertzig und sehs iare, in demselben iare, do geschach es, das ein meister der heiligen geschrift in einer stat vil brediende was; und man horte in ouch gerne, also das man über vil milen von sinre lere seite. Des wart ein leye, ein gnadenricher men, der liebe gottes frúnt in Oberlant, *Rúlman Merswin, unsers stifters geselle, gewar.* »

(ib., 42', 28.)

</td></tr>
</table>

Tous les manuscrits autres que celui de Strasbourg sont unanimes, malgré leurs divergences, à exclure l'identification du pieux laïque avec le « secret ami de Merswin », expression qui ne se rencontre dans aucun d'eux. Aucun n'attribue au mystérieux Ami de Dieu de l'Oberland la paternité du « Meisterbuch », ni son envoi par lui aux prêtres séculiers de l'Ile Verte.

On peut se demander qui, du copiste du Grand Mémorial, ou de ceux des autres manuscrits, a suivi la recension première et la plus ancienne du Traité, et si le rédacteur du Grand Mémorial n'a pas puisé dans des documents antérieurs même à 1369.

La notice qui précède le sermon sur le Saint Sacrement dans l'édition de Gœtzmann, d'après le Mémorial Latin, dit que l'Ami de Dieu a envoyé ce sermon à un prêtre séculier de l'Ile Verte six mois après l'envoi du « Meisterbuch » lui-même [9]). Ce qui est le cas pour le sermon

---

[9]) « *Das 22 capitel im lateinischen handelt von einer predig, so oft gemelter magister gethan von dem heiligen sacrament des altars, welche der obangezogene weltliche, des magisters geistlicher son, rotgeber und freund gottes im Oberlant, einem weltlichen priester zum Grünenwert abgeschrieben überschickt ein halb jahr nach ankunfft und übersendung dises gegenwärtigen büchs mit dem a b c oder alphabet der 23 büchstaben.* »

du Saint Sacrement pourrait tout aussi bien avoir été celui du sermon aux Recluses. Mais alors le « Meisterbuch » ne serait donc qu'une simple compilation de pièces différentes et le texte du Grand Mémorial ne serait plus que l'un des récits nombreux peut-être de la Conversion d'un Maître de la Sainte Ecriture existant avant 1369. Ainsi s'expliquerait alors l'omission de quelques-uns des sermons ou encore leur abréviation dans plusieurs manuscrits.

Non moins suggestive est la comparaison des termes mêmes des deux lettres d'envoi qui accompagnèrent le « Meisterbuch » en 1369 et le « Livre des Cinq Hommes » en 1377, toutes deux adressées aux habitants de l'Ile Verte par l'Ami de Dieu de l'Oberland. Non seulement l'identité d'origine paraît ici certaine, mais encore l'évidence d'un but déterminé de la part d'un même auteur qui déguise mal son procédé littéraire.

Lettre 5 du Livre Epistolaire
(« Meisterbuch », 1369)

« Dis búchelin daz sendet man uch, und enpfohet es von der hant gottes und zwene guldin; do sullent ir einen guldin geben, daz man uch dis búchelin zù rehte schribe den andern guldin sollent ir haben zu einer pitancien. ich hette uch gerne daz alte búchelin gesant, so ist es wol halbes einer solichen frómden sprochen, di ir nit gelesen kundent, und ich übete mich selber darane vier tage und naht, umbe daz ich ez uch geschribe in uwerre Elsaszer sproche. »

(K. Rieder, 82', 20, s.)

Lettre accompagnant le
« Livre des Cinq Hommes » [10])
(1377)

« Vil lieben brûder, ich hette uch gerne gar alle ding in uwer sproche geschriben, alse ich öch wol kunde und wolte es geton haben, also vergas es mir gar vil und habe uwer sproche und unser sproche underenander geschriben, und darzû so ist die geschrift gar übele zû lesende : der es noch schriben sol, der mûs der sinne warnemen, mir waz not, ich schreip alle dise ding in fûnf dagen, wan ich muste Rûprecht hinweg senden, lieben brûder, und ist es nu, daz ir dise ding nit wol kunnent gelesen und noch uwerme dutsche anderwerbe abe geschriben, so befehlent ez brûder Nycolause de Lofene, daz er es abe schribe. »

(ib., 70', 7, s.)

---

[10]) Ecrit par l'Ami de Dieu vers la Pentecôte 1377 pour les Frères du Couvent de St-Jean. Publié par Ch. Schmidt, « N. v. B », p. 102—138, d'après l'auto-

De toutes ces considérations il résulte que les affirmations des rubriques dans le « Meisterbuch » du Grand Mémorial Allemand ne semblent guère mériter de créance et que les événements racontés dans cette Histoire, loin d'avoir rien d'historique, n'offrent vraisemblablement pas le moindre rapport avec le secret ami de Merswin, le mystérieux Ami de Dieu de l'Oberland, et ne peuvent l'avoir pour auteur.

Les indications des divers Mémoriaux de Strasbourg ont du moins pour nous le grand mérite de nous révéler comment a pu naître la légende de l'identification du Maître de la Sainte-Ecriture avec Tauler et celle du pieux laïque avec le mystérieux Ami de Dieu de l'Oberland.

II

Un raisonnement erroné, un calcul peut-être intéressé ont donné naissance à la légende de la Conversion de Tauler par le pieux Ami de Dieu de l'Oberland.

Le premier manuscrit en date *A 96 a.* (1391), de la Bibliothèque Universitaire de Strasbourg, donne ainsi la main au *ms. 559* de l'Université de Leipzig (1386). Toutes les éditions de Tauler, qui vont se succéder du XVe siècle au seuil du XXe siècle, emboîteront le pas derrière eux.

Elles peuvent se ramener à trois grandes recensions principales.

Dès les premiers temps de l'imprimerie, nous voyons éditer chez Conrad Kacheloven, dans le dialecte de Misnie, les sermons du « docteur Jean Tauler » : « *Sermon des grosz gelarten in gnaden erlauchten doctoris Johannis Thauleri prediger ordens* ». Cette première édition de Tauler (1498), celle qui se rapproche le plus des manuscrits les plus anciens, est un des plus beaux incunables allemands. L'index par lequel elle débute porte ces mots : « *Dis seindt etliche andechtige gute predige des erleuchtē begnadtē lerers doctoris Johañis Thauleri sant Dominici ordē.* »

A la suite des 83 sermons, collationnés sans doute d'après le manuscrit en question de Leipzig, vient, fol. CCLX b.-CCLXXXI, le récit de la Conversion, certainement reproduction de *L,* dont on voit reproduits jusqu'aux fautes, aux omissions, à la répartition, l'ordre et la table des matières.

---

graphe, qui se trouve dans le « Livre épistolaire », « Archives départementales du Bas-Rhin », fonds de St-Jean, *H. 2185.* Admirablement conservé.

Fol. CCLX b., on lit : « *Hier nach volget die hystorien des erwirdigē doctors Johañis Thauleri... In dem iare als man...* »

L'édition corrige seulement la lettre du texte par la substitution des formes du haut-allemand aux particularités dialectales du *cod. Lips. 559,* qui sont manifestement celles du moyen-allemand [11]) : a pour o ; — ô pour â ; — i en général dans les suffixes ; — e pour i ; — i pour ie ; — o pour e ; —ou pour ô, â ; — gh, lh, mh, nh ; — dd pour d ; — sz pour z, pour s ; — suppression de l'n à l'infinitif [12]). Elle se termine ainsi : « *Hie endet sich das búchlein von den andechtigen und gnadenreichen predigen und leren des beschawlichē lebens, Des begnadten vñ hochgelerten doctoris Johañis Thauleri Des heiligē ordens sancti Dominici* ».

La légende est créée.

Cette première recension imprimée sera suivie mot à mot par les éditions ultérieures qui vont la reproduire successivement : par celle d'Augsbourg, in-fol. de 1508, sortie des presses de Hans Otmar, dans le dialecte d'Augsbourg (fol. CCVIII-CCXXI).

On peut considérer comme une deuxième recension l'édition de Bâle, 1521 et 1522 (l'une et l'autre absolument identiques), imprimée par Adam Petri aux frais de Jean Rynmann d'Oeringen, qui avait déjà commandé celle d'Augsbourg.

L'histoire de la Conversion ne suit plus, mais précède les Sermons, immédiatement après l'Index, et sous ce titre nouveau, plus précis encore: « *Hystoria und Leben Doctor Joan. Tauleri. Eine schóne Predig die dieser Doctor thet nach seiner erleüchtung in einem Closter von Christo dem waren breütgam der sel.* »

Nul ne devra donc désormais se méprendre sur l'historicité et l'authenticité du Docteur converti : c'est le Docteur Jean Tauler, et c'est bien lui qui a donné le sermon sur l'Epoux spirituel.

Les signes avant-coureurs d'une grande perturbation dans les esprits rejettent alors les âmes sincères vers la mystique. Les éditions de Tauler se multiplient. Celle de *Halberstadt,* en dialecte bas-saxon (1523) ; plus tard, au XVIIe siècle, celle de *Hambourg,* avec préface de J. Arndt (1621), en dialecte de Misnie, reproduisent le texte de Bâle.

---

[11]) Weinhold, « Mittelhochdeutsche Grammatik ». §§ 28, 80, 21, 33, 40, 45, 125, 173, 187, 199.

[12]) Cf. Denifle, « *Taulers Bekehrung kritisch* », p. 109, n. 2.

Cependant vers le milieu du XVIᵉ siècle, *Pierre de Nimègue* (bienheureux Pierre Canisius), voulant reviser les ouvrages de Tauler déjà fortement altérés en passant de mains en mains, éditait à *Cologne,* en 1543, chez Gaspar von Gennep, un in-4°, ne tenant plus aucun compte des éditions déjà parues et basé sur les archives des communautés religieuses qui pouvaient détenir d'anciens manuscrits, en particulier sur un manuscrit de sainte Gertrude, le célèbre couvent de Dominicaines derrière l'église des Saints-Apôtres (aujourd'hui quartier Nord-Ouest du « Neumarkt »), où Tauler donna plusieurs sermons. Ce volume constitue une troisième recension, qui a été reproduite par toutes les éditions qui suivirent.

L'Histoire de la Conversion de Tauler y est racontée plus longuement que dans les deux premières recensions de Leipzig et de Bâle. C'est elle qu'on retrouve dans les versions protestantes en bas-allemand de *Francfort,* 1565, d'*Amsterdam,* 1588, et d'*Anvers,* 1593.

Cette édition débute, fol. I-VIII, par l'appendice d'un ouvrage du savant abbé du couvent Bénédictin de Sponheim, Jean Trithème (né à Trittenheim, sur la Moselle, en 1462 [13]), imprimé chez Quentel, et où Cologne est donné comme étant la ville où « Jean Tauler, le théologien sublime et illuminé, fut converti d'une manière merveilleuse à la perfection chrétienne » (1546) : « ... *in AGRIPPINENSI COLONIA ex vana vita sua ad miram sanctitatem miro quodam modo conversus.* »

Avec cette édition de Pierre de Nimègue commence la période des *Versions.*

L' « Histoire Merveilleuse » passe, cinq ans après, considérablement amplifiée, dans la version latine de Laurent *Surius,* religieux de la Chartreuse de Cologne, en réalité bien plutôt paraphrase que traduction, imprimée à Cologne, chez Jean Quentel. Elle paraît en tête des œuvres complètes, authentiques et apocryphes, de Jean Tauler, sous ce titre : « *D. Johannis Thauleri conversionis vitaeque historia, in qua pariter institutiones optimas et sermones aliquot non contemnendos reperies* » [14]).

---

[13]) Sur Trithème, cf. Jean Janssen, « *l'Allemagne et la réforme* », t. I, « *l'Allemagne à la fin du moyen âge* », traduit de l'allemand sur la 14ᵉ éd., Paris, 1887, p. 86—95.

[14]) « D. Joannis Thauleri praeclarissimi viri, sublimisque theologi: tam de Tempore quam de Sanctis conciones », f. IX.

Cette paraphrase eut tout de suite un énorme succès. Elle fut rééditée jusqu'à six fois dans le même siècle : à *Cologne*, en 1552, sous le nom de Gérard d'Haumont, prieur de la Chartreuse à laquelle appartenait Surius, puis en 1553, en 1572 ; à *Venise*, en 1556 ; à *Lyon*, en 1558 et 1572. Elle fut traduite en italien par Gaspar Sciotto, à *Plaisance*, en 1568.

Au XVIIᵉ siècle, elle fut reproduite sept fois : à *Cologne*, en 1602 (Jean Quentel), 1603 (Arnold Quentel), 1615 (ib.), 1690 (Nöth) ; en Italie, à *Margate*, en 1697 (Jac. Pannetti) et une autre fois sans indication de date.

Il en fut fait six traductions en haut-allemand : 4, par les protestants, avec préface de Jacques *Spener*, à *Francfort*, en 1621 (David Aubry), 1681 (Johannes Haasz) et 1692 (Ph. Fiévet) ; à *Nuremberg*, en 1688 (Andréas Otto) ; — et 2 par les catholiques, avec préface du P. *Charles de St. Anastase*, du couvent des Carmes, à *Cologne*, en 1660 (Pierre Mucher) et 1665 (Wilhelm Friessens).

Il en existe encore deux traductions hollandaises, catholiques, par Johann de Lixbonae, à *Thorne*, 1647 (Isaac Willems) et *Anvers*, 1685 (Hieronymus Verdussen).

Les *Minimes de l'Oratoire de Notre-Dame de Vie Saine* donnaient dès 1595 la première traduction française partielle de Surius : « *Les Institutions divines et salutaires Enseignemens du Révérend Père F. Jean Thaulère grand Docteur contemplatif* », regardées chez nous comme son ouvrage principal. Ce volume parut à *Arras*, en 1595. Il débute par le « Sommaire et Abrégé de la vie du R. P. Jean Thaulère, escrit par Trythémius et le Discours de la Vie admirable du Sublime et illuminé Théologien le R. P. Jean Thaulère, lequel fut jadis converty en la ville de Colongne d'une façon estrange, et parvint à une merveilleuse saincteté de vie. »

Les mêmes religieux le rééditèrent en 1614 et 1638, à *Rouen* (Jacques Besongne), de même que le P. Louis Chardon, Dominicain, en 1650, et les PP. Bernard de la Palisse et Vincent Baron, en 1665, à Paris (Ch. Savreux).

En 1696, le P. *Jacqes Talon*, de l'Oratoire, donnait à son tour en français les « *Exercices du très pieux Dom Jean Thaulère sur la Vie et sur la Passion de N. S. — J. C., mis de l'Allemand en latin par le* P. Laurent *Surius*. » Sa troisième édition, de 1693, à *Paris* (Jean Villette), après avoir cité les paroles « du Père Trithème » dans son appendice, termine son « Avis au Lecteur » par ces mots : « C'est tout ce que nous aurions de la vie de ce grand homme, si Dieu n'eust suscité un Solitaire pour nous donner quelques connaissances de ses dernières années. Ce fut par un soin paternel de sa divine majesté que ce bon Anachorète, qui par un mépris insigne de luy-mesme, a aussi voulu que son nom demeurast entièrement ignoré, mais dont les actions font bien voir qu'il estait rempli de la force et de la lumière du ciel, que nous avons quelque connaissance des rares vertus qui ont paru dans ce sujet, que Dieu avait élu pour sa gloire. Car il ne crut pas qu'il fust permis de celer au monde les choses qui s'estoient passées entre luy et le grand Thaulère : et Dieu véritablement produisit de si extraordinaires effets de sa bonté que cet homme si éclairé eust cru que c'estoit offenser l'auteur de ces grandes grâces de permettre qu'elles fussent ignorées. » Ce livre est revêtu, entre autres, de l'approbation de Bossuet, Doyen de l'Eglise de Metz, en date « du 4 May 1669».

La légende ne perd rien de sa force au siècle de l' « Aufklärung » et des philosophes.

Elle continue à se transmettre dans six versions de Surius en haut-allemand : dont 1 catholique, avec préface de Ch. de St. Anastase, à *Cologne*, 1720 (Johann. Schlebusch), et 5 protestantes, 3 de 1703, parues à *Erfurt et Leipzig, Francfort et Leipzig* (J. Fried. Gleditsch) et *Halle* (Waisenhaus), une à *Halle* en 1705, toutes 4 avec préface de J. Spener, et enfin une à *Francfort et Leipzig,* en 1720, cette dernière avec préface de *Daniel Herrenschmid.*

Au XIXe siècle, Tauler ne cesse pas de jouir de la faveur du public, et l'histoire de sa merveilleuse conversion contribue plutôt à lui donner un regain de succès.

Elle se transmet intégralement, avec ses 14 chapitres, précédant les sermons de Tauler, dans l'importante édition de *Francfort,* 1826, en 3 vol. (Hermann), rédigée en allemand moderne d'après les meilleures éditions (t. I, 1-45). L'auteur ne s'est pas laissé arrêter par le jugement de Quétif et Echard, qu'il cite textuellement dans sa préface [15]).

On la retrouve dans l'édition protestante d'*Ed. Kuntze* et *R. Biesenthal,* en 3 parties, *Berlin,* 1841-1842, simple réédition de celles du

---

[15]) Cf. Préface, I-VIII. « Bey dem Dunkel, das über Taulers äuszeres Leben so lange noch schwebt, bis dasz in irgend einer Handschrift unerwartet mehr Aufschlusz über dasselbe entdeckt werden sollte, schien es zweckmäszig, uns die vorstehende Lebensbeschreibung, weil sie am reichhaltigsten ist, mitzuteilen », p. VIII.

XVIIᵉ et du XVIIIᵉ siècle, parues sous le patronage de J. Arndt et de J. Spener [16]) ; dans celle de *Jul. Hamberger,* également en 3 volumes, *Francfort,* 1864, revision pure et simple de l'édition de 1826, rééditée elle-même à *Prague* (Temsky), 1872 [17]). Hamberger s'est engagé sur les traces de Ch. Schmidt, dont il admet, dans sa préface, l'identification du pieux laïque avec Nicolas de Bâle.

Mais, avec le nom de Ch. Schmidt, nous venons déjà de citer le savant Strasbourgeois à qui revient l'honneur d'avoir frayé la voie à la critique contemporaine dans son examen d'un si grand nombre de points restés obscurs sur le domaine de la mystique allemande au XIVᵉ siècle. Nous allons bientôt y revenir dans un chapitre spécial. Ses investigations sur l'origine du « Meisterbuch » ont été, en effet, le point de départ de la critique moderne.

La merveilleuse histoire fit enfin l'objet fréquent des lectures d'édification dans les milieux religieux ou piétistes, catholiques et reformés, sans distinction de confession : acceptée, embellie parfois par les uns, exploitée par les autres. Et elle se répandit sous forme de petits livres de piété, de tracts même, de feuilles de propagande religieuse, d'un bout à l'autre de l'Allemagne, du XVIᵉ au XXᵉ siècle.

En 1553, c'est, à *Wittemberg,* une brochure de Matthias *Lauterwald,* qui a pour titre : « *Ein bedencken: Was zu halten sey von des erleuchten Herrn Doctor Johannis Tauler (seliger Gedechtnis) Offenbarung, entzückung und erleuchtung.* »

En 1689, à *Lunebourg,* c'est un livret anonyme, intitulé : « *Der Neu-belebtc Gotteslehrer, Das ist: Die sonderbare ehedessen Weltbekannte Historie des theuren und hoch-erleuchten Mannes Johannis Tauleri.* » (p. 3-69).

En 1750, Joh. Heinr. Reitz l'insère dans son « *Historie der Wiedergeborenen* », 7ᵉ partie, p. 1-70, sous ce titre : « *Erste Historie des berühmten und hocherleuchteten D. Johannis Tauleri* » (Francfort et Leipzig).

Au XIXᵉ siècle, l' « Histoire de la Conversion » faisait déjà en 1806 l'objet d'un tract religieux de 32 pages. En 1849, elle constituait la troisième livraison de la collection de « Bibliographie Chrétienne » de *A. G. Riedelbach,* imprimée à *Leipzig* (p. 217-224 : cf. 237).

---

[16]) t. I, pp. XIII— LVIII.
[17]) Francfort, Hermann, 1864, t. I. p. 1—39.

Le fonds Heitz de la riche collection d' « Alsatiques » de la Bibliothèque Universitaire de Strasbourg comprend également un tract de
8 pages intitulé : *« Johannes Tauler's Bekehrung »*, sans date d'impression, publié à *Brême* par une Société de l'Eglise Méthodiste Episcopalienne. Ce tract fut réimprimé textuellement en 1895 à *Bâle* (Jaeger
& Kober) et, avec quelques amplifications, en 1904, à *Dinglingen*
(Bade), sous forme d'une brochure de 35 pages.

En 1892, *Wilh. von Langsdorff,* pasteur saxon, rééditait encore
la légende dans son anthologie des sermons de Tauler qui forme le fascicule XVI de la collection *« Die Predigt der Kirche »* de *G. Leonhardi*
(p. V, IX-XIII).

Dans cette énumération d'opuscules tous en allemand, je ne cite
pas les quelques vingt autres brochures qui, à partir de la seconde
moitié du XIXe siècle, dans les différents pays de langue allemande
ou même parmi les colonies d'émigrés nord- ou sud-américaines, ont
présenté aux croyants de toutes les confessions protestantes l'histoire
merveilleuse de Tauler comme un objet d'édification, un exemple
d'action immédiate de l'Esprit sanctificateur sur l'âme humaine mise
en communication directe avec lui.

En Angleterre, la « High Church » possédait dès 1857 son *« History and Life of the Reverend Doctor John Tauler of Strasbourg, with
twenty-five of his Sermons (temp. 1340) »*, traduction de *Suzanne
Winkworth,* avec préface du Rév. Charles *Kingsley,* chanoine de
Middleham* [18]).

En 1887, l'Eglise Réformée de Suisse publiait à *Genève* la *« Merveilleuse Histoire du Révérend Père Jean Tauler, traduite de l'allemand
par M. H. »* [19]). Sur la foi de Ch. Schmidt, le pieux laïque est identifié
avec Nicolas de Bâle.

En France, au XIXe siècle, la traduction catholique parue en
2 volumes des sermons de Tauler dans la *« Bibliothèque Dominicaine »*
par les soins de *Charles Sainte-Foi,* rééditait, en 1855, à *Paris* (Poussielgue-Rustaud), la *« Notice Abrégée sur la Vie du Théologien sublime
et illuminé Jean Tauler »* (t. I, p. 5-64), d'après la traduction de
Surius par les Minimes de N.-D. de Vie Saine.

---

[18]) London, Smith, cf. spécialement p. 1—71, 103—125, 144—145. — Nouv.
éd., London (Allenson) 1905.

[19]) Genève, impr. J. G. Fick, XII — 85 p., cf. p. XI.

La tradition compte enfin pour son dernier partisan fidèle l'auteur de l'élégante « *Traduction littérale de la Version latine du Chartreux Surius* », le *P. Noel,* O. P., qui a fait éditer, de 1911 à 1913, à *Paris,* à la librairie A. Tralin, en 7 volumes, les « *Œuvres complètes de Jean Tauler* ». L' « Histoire de la Conversion » y paraît en bonne place (t. I, p. 105-227). Ici, le but poursuivi est encore un but d'édification : l'auteur se défend de vouloir faire œuvre d'érudition ; il se contente simplement de présenter les arguments de la critique sans s'engager à les discuter à fond (p. 6-33) [20]).

Nous venons de voir comment est née la légende, par suite de quels rapprochements, sous l'effet de quelles pures conjectures. L'hypothèse du début est devenue très vite vérité incontestée, acceptée de tous ou presque tous. Le manuscrit suggestionne le livre, et le livre fait souche : il se propage, se multiplie, envahit non seulement les centres mystiques, les milieux dévots, par la brochure et le tract même, mais impressionne encore la susceptibilité des savants et des érudits et fausse leur jugement.

Une tradition peut avoir un faux point de départ ; elle subit aussi ses vicissitudes. Elle peut arriver à des heures de crise, décroître et enfin s'évanouir complètement sur le sol inconsistant où elle a pris pied.

---

[20]) Nous ne possédons pas encore d'édition critique de Tauler en français. Un confrère du P. Noel, et de J. Tauler par le fait, y travaille présentement, sur la base des manuscrits allemands authentiques et de l'édition critique allemande de F. Vetter. Un travail aussi désiré, aussi précieux, ne peut qu'être favorablement accueilli par tous ceux qui s'occupent de mystique allemande et déplorent la pauvreté des résultats jusqu'ici réalisés pour restaurer la physionomie exacte, autant que faire se peut, du célèbre prédicateur alsacien. — Cf. A.-L. Corin, art.: « A propos de la Traduction française des Sermons de Tauler par le P. Hugueny, O. P. « *Muget et iuncfrŏwe* » (« Revue de Philosophie et d'Histoire ». Rec. trimestr. publié par la Soc. pour le Progrès des Etudes philologiques et historiques », t. I, nᵒ 1, Bruxelles, Janv. 1922, p. 51—58).

Chapitre deuxième.

Comment s'effrite et s'évanouit une Légende.

Positions de la Critique.

Les Précurseurs de Denifle. Quétif et Echard.
  1º Charles Schmidt: son hypothèse sur Nicolas de Bâle. — Hypothèse d'Aug.
    Jundt: Jean de Coire.
  2º Denifle: le « *Meisterbuch* », invention de Merswin. — Nouvelle hypothèse
    d'Aug. Jundt: dédoublement de la personalité en Merswin. — Preger, dernier
    tenant de l'opinion traditionnelle. — Partisans de Denifle.
  3º L'hypothèse de K. Rieder; Nicolas de Louvain, auteur de toute la Littérature
    mystique des Mémoriaux de l'Ile Verte. — Adversaires de cette dernière
    hypothèse: Ph. Strauch.
    Etat actuel de la question.

Si Ch. Schmidt a eu le grand mérite d'exciter le premier l'intérêt
pour la Mystique Allemande au XIVᵉ siècle, c'est au *P. Denifle*, O. P.,
que revient celui d'avoir tracé à la critique contemporaine, par l'autorité et la sûreté de sa méthode, le sentier à suivre dans la recherche de
la vérité, parmi un si grand nombre d'obscurités longtemps restées
épaisses et impénétrables.

Avant lui cependant, quatre érudits, Quétif et Echard, Pischon
et Kerker, avaient reconnu l'invraisemblance de la légende sanctionnée

par une tradition contre laquelle ils eurent le courage d'élever les premiers doutes.

Dans un article de Revue Berlinoise, *Pischon* s'est contenté, il est vrai, d'énoncer que cette histoire était dépourvue de tout indice de crédibilité, mais sans prouver son assertion [1]).

Kerker, dans son article du « *Kirchenlexikon* » de Wetzer et Welte (X, 688, f.), paraît surtout avoir refusé de souscrire à la légende, parce qu'il identifiait, à la suite de Schmidt, le laïque avec Nicolas de Bâle et refusait de croire à l'influence d'un hérétique notoire sur Tauler.

Seuls, au XVIIIe siècle, *Jac. Quétif* et *Jac. Echard* († 1698, † 1724), tous deux Dominicains du couvent de l'Annonciation de *Paris,* firent les premiers réellement œuvre de critiques. Dans leur recueil encore aujourd'hui très estimé, « *Scriptores ordinis praedicatorum recensiti, Notisque historicis et criticis illustrati* » [2]), (Lutetiae Parisiorum, 1719 et 1721), ils s'attachèrent avant tout à corriger les jugements erronés sur la vie et les œuvres des écrivains de leur Ordre, à faire le départ, au moyen des meilleurs éditions et des manuscrits activement recherchés partout, entre les écrits authentiques et les écrits douteux, étrangers ou certainement apocryphes [3]). Ils relevèrent avec soin l'addition de Surius au titre même de son récit de la Conversion, dont Cologne, d'après lui, aurait été le théâtre; la contradiction des données chronologiques de Surius rapportant l'événement à l'année 1346 [4]) avec celles de l'édition de 1543 de Pierre de Nimègue et des éditions allemandes

---

[1]) « *Ueber Johannes Tauler* », dans le « *Neues Jahrbuch der Berliner Gesellschaft für deutsche Sprache und Alterthumskunde* » de Von der Hagen, 1836, I, 277.

[2]) On lit comme sous-titre de l'ouvrage cet énoncé qui vaut tout un programme: « *Opus* quo singulorum Vita, praeclareque gesta referuntur, Chronologia insuper, seu tempus quo quisque floruit certo statuitur; fabulae exploduntur; scripta genuina, dubia, supposititia expenduntur; Recentiorum de iis judicium aut probatur, aut emendatur; Codices Manuscripti, variaeque e typis editiones, et ubi habeantur, judicantur; alumni Dominicani, quos alieni rapuerant, vindicantur; Dubii, et extranei, falsoque ascripti ad cujusque seculi finem rejiciuntur, et suis restituuntur ... — Inchoavit R. P. F. Jacobus Quétif, S. T. P., absolvit R. P. F. Jacobus Echard, ambo conventus SS. Annunciationis Parisiensis ejusdem ordinis alumni. »

[3]) Cf. H. Hurter, « *Nomenclator literarius recentioris theologiae catholicae* », editio altera, t. II, Œniponte, 1893, col. 503—504; 1211—1212. — Quétif et Echard, op. c., I, 677—679.

[4]) C'est la recension des éditions latines de Surius de 1548 et 1552 et de toutes celles qui suivirent, rééditions latines ou transcriptions en langues modernes.

antérieures, qui le rapportent à l'année 1340. Pour ces motifs, ils considéraient cette histoire comme une parabole. Toutefois, sans pousser plus loin leurs investigations, ils ne s'opposaient pas à ce que Tauler ait pu en être l'auteur et ils admettaient même que ce récit puisse reposer sur un fondement historique.

C'est donc comme une sorte d'impression obscure, une sorte de flair critique, qui les a amenés jusqu'au doute, mais pas plus loin.

De même, au XIXe siècle, c'est le préjugé confessionnel, semble-t-il, et comme l'influence d'une idée préconçue qui ont déterminé, plutôt que toute preuve historique ou critique, l'opinion de Kerker et de Pischon.

Après eux seulement, nous voyons la question évoluer et se préciser au cours d'une longue discussion entre érudits, à travers trois phases successives.

*   *   *

A partir des années 40 seulement, à partir du réveil des études germaniques, la question de l'identification du « Maître de la Sainte-Ecriture » et du pieux laïque prend figure d'un problème historique des plus curieux, désormais en rapport étroit avec la question plus générale des « Amis de Dieu ».

Le savant professeur strasbourgeois, *Ch. Schmidt,* dont la haute autorité scientifique a prévalu près d'un grand nombre jusqu'au delà du XIXe siècle, a fait sortir de leur oubli et de leurs ténèbres, en les ressuscitant à la lumière, les archives du couvent de l'Ile Verte, qu'il publia, soit en appendices, soit en brochures distinctes avec de brèves introductions, dans une séric ininterrompue d'ouvrages qui se succédèrent sans trêve pendant plus de vingt-cinq ans (1839-1876) [5]).

Dès 1841, dans sa monographie de Tauler [6]), il adoptait le récit traditionnel, et, se basant sur le « Grand Mémorial Allemand » de l'Ile Verte, il identifiait le « Grand Ami de Dieu », auteur et acteur principal du « Meisterbuch », avec le laïque mystique *Nicolas de Bâle.* Dans

---

[5]) « *Ueber den wahren Verfasser des dem Mystiker Suso zugeschriebenen Buches von den Neun Felsen* », « Zeitschrift für die historische Theologie », 1839, II, 61. — « *Plaintes d'un laïque allemand du XIVe s. sur la décadence de la Chrétienté* », Strasbourg, 1840. — « *Das Buch von den neun Felsen von dem Straszburger Bürger Rulman Merswin 1352, nach des Verfassers Autograph herausgegeben* », Leipzig, 1859.

[6]) « *Johannes Tauler* », Hamburg, 1841, p. 25—40, 61—63, Appendice, 163—207.

son appendice sur les Amis de Dieu, qu'il distinguait en orthodoxes et en hérétiques, il en faisait un hérétique vaudois brûlé par l'Inquisition [7]).

En 1854, dans une étude plus étendue, il revenait à ce groupe étrange des « Amis de Dieu », dont le chef restait toujours pour lui Nicolas de Bâle, l'intime ami de Rulman Merswin, le « Grand Ami de Dieu de l'Oberland », rectifiant par endroits, complétant surtout sa documentation première, à l'aide du « Livre Epistolaire » de l'Ile Verte que venait de lui révéler le Directeur des Archives du Bas-Rhin, Louis Spach [8]).

En 1856, ce travail, encore accru de nouveaux documents recueillis dans l'intervalle, devenait un long article dans le livre jubilaire consacré par la « Société Historique » de Bâle à commémorer le centenaire du tremblement de terre de 1356 [9]).

La même année, dans la « *Revue d'Alsace* », il retraçait la vie et l'activité de Merswin, auteur des traités ascétiques conservés sous son nom, dans l'original ou dans des copies, aux Archives de l'Ile Verte [10]).

En 1866 enfin, il s'efforçait, dans un ouvrage spécial sur Nicolas de Bâle, de reconstituer sa vie et son œuvre littéraire, son activité « missionnaire », et il le faisait émigrer de Bâle, à un âge déjà avancé, vers un ermitage secret, où, en compagnie de 4, puis de 7 autres solitaires, il aurait vécu les avant-dernières années de sa vie, sous les ombrages du Herrgottswald, aux flancs du Pilate, à deux lieues de Lucerne [11]).

Ainsi, le « Maître » innommé est toujours bien Tauler, et le mystérieux étranger qui le convertit, dont le nom est resté inconnu pendant cinq siècles, ç'aurait été Nicolas de Bâle.

L'hypothèse de Schmidt connut d'abord un véritable triomphe. Adoptée par tous pendant quelques années, elle entra de plein pied dans l'histoire de la Mystique au XIVe siècle et dans l'Histoire de la Littérature allemande. Catholiques et Protestants y souscrivaient, *H. Denzin-*

---

[7]) l. c., p. 163—207.

[8]) « *Die Gottesfreunde im 14. Jahrhundert, Historische Nachrichten und Urkunden* », dans les « Beiträge zu theologischen Wissenschaften » de Reuss et Cunitz (Jena).

[9]) « *Nikolaus von Basel und die Gottesfreunde* », dans « *Basel im 14. Jahrhundert* », Basel, 1856, p. 253—302.

[10]) « *Rulman Merswin, le fondateur de la maison de St-Jean de l'Ile Verte* », « Rev. d'Als », 7e an., Colmar.

[11]) « *Nikolaus von Basel, Leben und ausgewählte Schriften* », Wien, 1866.

ger et le *Chanoine Dœllinger* [12]), Wilh. Wackernagel [13]) et Aug. Jundt [14]),
A. Lutolf, curé de Lucerne [15]), et le P. Denifle [16]).

A. Lutolf objecta seulement contre l'hypothèse de Schmidt que
le Herrgottswald ne devint un ermitage qu'à la fin du XVe siècle pour
le Chartreux Jean Wagner, et il crut découvrir le dernier asile de l'Ami
de Dieu au Schimberg, dans la chaîne de montagnes qui forme la limite
orientale de la vallée de l'Entlibuch [17]).

Tous et chacun, ils s'étaient trouvés induits en erreur par les éditions incomplètes de Schmidt, qui avait reproduit, un peu selon son bon
plaisir, tel ou tel des traités choisis par lui parmi les Archives de l'Ile
Verte et publiés sans les notices et les rubriques qui leur servaient de
préfaces.

Le premier, Preger répudia l'identification de l'Ami de Dieu avec
Nicolas de Bâle (1869). Il s'appuyait sur une notice du Dominicain
zurichois *Jean Meyer* († 1485), auteur d'une Chronique en haut-allemand du XVe siècle et d'une biographie de Marguerite de Kenzingen [18]),
religieuse décédée en 1428 au couvent des Dominicaines de Bâle dit
« *Ad Lapides* ». Elle était passée à Bâle du couvent réformé des Dominicaines d'Unterlinden à Colmar, où elle était d'abord entrée, une fois
devenue veuve, sur les conseils d'un « Ami de Dieu de l'Oberland », qui
vivait en ermite dans les montagnes des Vosges.

Denifle, complétant l'argumentation de Preger, démontra dans la
suite qu'il ne pouvait être question d'identifier l'Ami de Dieu de l'Oberland avec Nicolas de Bâle, puisque Nicolas vivait encore en 1419. L'argument de Preger était sans portée : Jean Meyer est bien, de fait, parmi

---

[12]) H. Denzinger, « *Vier Bücher von der religiösen Erkenntnis* », Wurzbourg,
1856, 1, 330.

[13]) « *Die Gottesfreunde in Basel* », dans « Beiträge zur vaterländischen Geschichte », Basel, 1843, II, 111; « *Kleine Schriften* », Leipzig, 1873. II. 146—188.

[14]) « *Histoire du Panthéisme populaire au Moyen Age et au XIVe s.* », Paris, 1875.

[15]) « Tübinger Theol. Quartalschrift », 4, 1876, 580—582; « *Die Gottesfreunde
im Oberlande* », dans « Jahrb. f. Schweizer. Geschichte », 1, 1876.

[16]) « *Der Gottesfreund im Oberlande und Nikolaus von Basel* », dans « Histor.
und polit. Bl. », Bd. 75, 1870; « *Das Leben der Margaretha von Kenzingen* », dans
« Zeitschr. f. deutsch. Alterth. », Bd. 19, 1876.

[17]) l. c., p. 9—28.

[18]) « *Vorarbeiten zu einer Geschichte der deutschen Mystik im 13. und 14. Jhrh.* »
dans « Zeitschr. f. d. hist. Theologie », 1869, I, 109, 137. — Jean Meyer: « *Von
einer guoten swoster genannt Margaretha von Kenzingen* ».

les anciens chroniqueurs, le premier à mentionner l'existence de ce mystérieux Ami de Dieu de l'Oberland, qui fut, selon lui, le « saint homme envoyé pour enseigner l'alphabet des vertus chrétiennes au Maître de la Sainte Écriture » [19]), et dont l'influence aurait été si grande sur les destinées de Tauler. Malheureusement tout ce qu'il savait sur l'Ami de Dieu et sur « Rodolphe » Merswin, il l'avait puisé dans les Mémoriaux de l'Ile Verte, en quelqu'un des séjours qu'il y fit, tandis qu'il parcourait l'Alsace et y travaillait à la réforme des couvents Dominicains; ou bien il l'avait encore appris par les copies qui en étaient parvenues au couvent d'Adelhausen, à Fribourg, dont il était le confesseur. C'est son imagination seule, hantée par l'impression de ces lectures, qui lui fit déduire le rôle et l'influence invraisemblables de ce même Ami de Dieu, compagnon de Merswin, sur les décisions de Marguerite de Kenzingen.

Denifle et Preger avaient raison quant au fond.

Schmidt n'en persista pas moins dans son premier point de vue et publia en 1875, à Strasbourg, d'après le « Grand Mémorial Allemand », le récit de la Conversion du Maître de la Sainte-Ecriture sous ce titre non autorisé par le texte du manuscrit : « *Nikolaus von Basel, Bericht von der Bekehrung Taulers* ».

Cet opuscule de 64 pages devait faire entrer dans une nouvelle et deuxième phase le problème critique de l'authenticité du « Meisterbuch ». Tandis que les uns professaient, en effet, un respect sympathique pour le pieux laïque de l'Oberland, d'autres, plus soupçonneux, flairaient en lui l'hérétique et le traitaient déjà de « naïf et prétentieux bavard ».

*   *   *

En 1879, un professeur du Gymnase protestant de Strasbourg, qui devint dans la suite Maître de Conférences à la Faculté de Théologie protestante de Paris, Auguste Jundt, reprenait à son compte l'hypothèse de son maître, Ch. Schmidt, dans son grand livre : « *Les Amis de Dieu au XIVe siècle* », pour aboutir à un résultat très différent.

L'Ami de Dieu n'était plus Nicolas de Bâle, mais l'ermite *Jean de Coire, dit de Rutberg,* du nom de l'ermitage où il s'était retiré, sur ses

---

[19]) « *Er ist diser halg man der dem meister der halgen geschrift prediger ordens dz tugendrich a b c lert nach zail der buochstaben* » (éd. de Denifle, Haupt's « Zeitschr. f. deutsch. Alterth. », Neue Folge, VII, t. XIX p. 478—491; cf. p. 483).

vieux jours, vers Saint-Gall, près de Ganterschwyl, sur les terres du châ-
teau de Rutberg [20]).

Le livre de Jundt était à peine sous presse qu'il s'effondrait, avec
son ingénieuse hypothèse et celle de Schmidt en même temps, devant
l'étude stupéfiante par la logique et la rigidité dans la méthode que
publiait le *P. Denifle* dans le même temps à Strasbourg sous le titre de
« *Taulers Bekehrung kritisch untersucht* », dans les « *Quellen und
Forschungen zur Sprach- und Kulturgeschichte der germanischen Völker* » de W. Scherer [21]).

La défense présentée par Jundt dans l' « Epilogue » ajouté à la
dernière heure à son livre [22]) était si faible qu'elle s'évanouissait aussitôt, comme sous un nouveau coup de massue, devant la réplique assez
vive de Denifle dans les « *Historisch-politische Blätter* » [23]).

L'impitoyable critique, dont la conviction absolument négative
avait grandi au fur et à mesure qu'il s'était familiarisé avec la littérature mystique du XIVe siècle, couronnait son travail de nivellement et
de négation par une série d'articles parus en 1880 et 1881 dans la revue
berlinoise « *Zeitschrift für deutsches Alterthum und deutsche Litteratur* », sous ces titres renversants qui étaient à eux seuls une déclaration :

— « *Die Dichtungen des Gottesfreundes im Oberlande* » [24]),
— « *Die Dichtungen Rulman Merswins* » [25]).

Il avait déjà exprimé un doute dans son Introduction (p. X) à
l'édition critique du « Livre de la Pauvreté spirituelle », qu'il publia à
Munich en 1877 [26]). Et voici qu'il aboutissait à cette affirmation catégo-
rique absolument déconcertante : l'Ami de Dieu de l'Oberland n'est pas
plus Jean de Coire que Nicolas de Bâle, pour cette raison décisive, qu'il
n'a jamais existé; le « Meisterbuch » n'est qu'une invention de Merswin;
c'est le banquier strasbourgeois qui a fabriqué de toutes pièces toute cette

---

[20]) Paris, 1879, cf. p. 115—139, 213—217, 217—239, 330—333.

[21]) Bd. XXXVI, 1879.

[22]) l. c., 417—442, « *Une Hypothèse nouvelle sur l'Histoire de la Conversion
du Maître de la Ste-Ecriture.* »

[23]) « *Antikritik gegen A. Jundt* « *Les Amis de Dieu au XIVe s.* », Bd. 84, 1879.

[24]) 1880, 200—219, 280—301, 301—324.

[25]) 1880, 463—540, — 1881, 101—122. — Cf. une rectification insérée, sous
forme de communication linguistique, dans la « *Deutsche Literaturzeitung* », Berlin,
1880, 1, 244-245, avec ce titre: « *Merswins Betrug in der Gottesfreundfrage* ».

[26]) « *Das Buch von geistlicher Armuth, bisher bekannt als Johann Taulers
Nachfolgung des armen Lebens Christi* ». Cf. p. I, « *wenngleich ich an der Aechtheit
der Historie einigen Zweifel hege….* ».

littérature mystique de l'Ile Verte considérée si longtemps comme un précieux trésor de documents authentiques; c'est son imagination qui a créé le personnage de l'Ami de Dieu envisagé pendant si longtemps comme un convertisseur d'âmes et l'excitateur de tout ce mouvement religieux et des idées mystiques si répandues qui firent le tour des couvents de l'Alsace et de la vallée rhénane au XIVe siècle. Rulman Merswin n'a donc été qu'un imposteur, et l'histoire de la Conversion de Tauler par le pieux laïque de l'Oberland n'est qu'un mythe.

Ch. Schmidt, qui venait de quitter les Mystiques du Moyen Age pour les Humanistes de l'époque de la Réforme, cependant se taisait, alors qu'il eût été intéressant de connaître son opinion sur cette question délicate, à laquelle il avait voué trente années de sa vie. Il semble toutefois être resté fidèle à l'opinion traditionnelle; car, dans son « *Précis d'Histoire de l'Eglise d'Occident au Moyen Age* » [27]), il déclare peu fondées les raisons de Denifle.

Par un acte de haute loyauté scientifique, A. Jundt, convaincu, se rendait finalement aux raisons de son adversaire.

Dans un nouveau livre, publié à Paris en 1890 [28]), il déclarait que l'opinion traditionnelle ne lui paraissait plus soutenable après les dernières publications du P. Denifle : l'historicité même du récit doit être abandonnée : l'ami de Dieu de l'Oberland n'a pas existé. Mais il faisait ses réserves sur la question d'imposture. Il se révoltait à l'idée que Merswin, déjà traité par Denifle de « bavard », et cette fois de « menteur », n'eût fait que jouer la « comédie » pendant trente ans, en dupant ses naïfs compagnons de l'Ile Verte. Il entendait, par une étrange explication, non plus historique, mais purement subjective et psychologique, sauver l'honnêteté absolue de Merswin, en imaginant, à cinq siècles de distance, dans ce personnage, un cas de dédoublement psychique, comme la médecine moderne en a constaté à la Salpêtrière et ailleurs. Merswin croyait à l'existence de l'Ami de Dieu, produit de ses rêves, et, dans un état d'hallucination véritable, il aurait écrit, sans en avoir conscience, sous l'inspiration de ce personnage tout imaginaire.

Aug. Sabatier, le parrain d'Aug. Jundt dans cette campagne, regretta la retraite malheureuse de son protégé [29]). Et M. Rodolphe

----

[27]) Paris, 1885 p. 299.

[28]) « *Rulman Merswin et l'Ami de Dieu de l'Oberland. Un Problème de Psychologie religieuse, avec Documents inédits* », p. 45—50, 96—152

[29]) « Annales de Bibliographie théologique », Paris, 25 Janvier 1890, p. 9—12.

Reuss, assez sceptique sur la réalité de telles « dissociations psychiques » dans une personnalité distante de nous de plus de cinq siècles, estima qu'A. Jundt avait trop « facilement rendu les armes », plutôt que de continuer à combattre sur ses anciennes positions, toujours encore alors maintenues par quelques lutteurs intrépides [30]).

Ni Ch. Schmidt, ni W. Preger n'admettaient la « bilocation » de Merswin. Ce dernier, dans le troisième volume de sa grande « Histoire de la Mystique allemande » paru à Leipzig en 1893, et spécialement consacré à Tauler, à l'Ami de Dieu de l'Oberland et à Merswin, préférait engager la lutte contre Denifle et continuer à soutenir l'opinion traditionnelle [31]). Il faut avouer que son argumentation est loin de valoir celle de son adversaire.

Aussi l'opinion de Denifle ne fit-elle que gagner de plus en plus dans les milieux savants et finit-elle par prédominer sans conteste dans l'histoire de la littérature allemande.

L'éminent religieux s'était toujours proposé de publier un ouvrage d'ensemble sur la question de Tauler et des Amis de Dieu. Il l'annonça plusieurs fois au cours de ses articles de combat. Appelé à Rome à l'automne de 1880 par le cardinal Hergenrœther, préfet des Archives vaticanes, et nommé sous-archiviste du Vatican, il ne termina pas sa rédaction commencée d'une « Histoire des Amis de Dieu en Allemagne au XIVe siècle ». Il s'en excuse auprès de ses amis dans la préface de son important ouvrage sur « Les Universités au Moyen Age jusqu'en 1400 » [32]). Il n'avait plus à la portée de la main les sources nécessaires, et il se retirait de la lice, comme avait fait Ch. Schmidt, laissant la place à des disciples plus jeunes.

Dès 1883, *Paul Mehlhorn*, professeur à Heidelberg, essayait de tracer les grandes lignes de la vie de Tauler, sans plus tenir compte du récit de sa conversion [33]).

---

[30]) « *Un Banquier strasbourgeois du XIV e s. et la critique contemporaine* », dans « Le Progrès religieux », Journal des Églises Protestantes, 23e an., no 17, 8 Mai 1890, p. 137—141.

[31]) « *Geschichte der Deutschen Mystik im Mittelalter nach den Quellen untersucht und dargestellt* ».

[32]) « *Die Universitäten des Mittelalters bis 1400* », Berlin, 1885.

[33]) « *Tauler's Leben* », dans les « Jahrbücher für Protestantische Theologie » hsg. von Hass, Lipsius, Pfleiderer, Schrader, Jahrg. 1883, 1. Heft, 159—190.

Philipp Strauch, qui, lui aussi, sur le domaine de la Mystique allemande au XIVe siècle, devait produire des œuvres de première valeur [34]), puis Fr. Laucher [35]) avaient déjà fait leurs les conclusions de Denifle, quand le problème n'allait pas tarder à entrer dans une troisième phase avec les premières années du XXe siècle.

*   *   *

En 1902, *K. Rieder,* un disciple de Denifle, comme Jundt l'avait été de Schmidt, faisait ressortir ce qu'il appelait l'insuffisance de la documentation de Denifle, lequel avait dû s'en rapporter « aux textes incomplets et peu sûrs de Ch. Schmidt, faute de pouvoir examiner dans leur intégralité les manuscrits authentiques de l'Ile Verte ».

D'abord dans deux articles de la « *Zeitschrift für die Geschichte des Oberrheins* » [36]), il posa la question sous un nouveau jour.

La personnalité de Rulman Merswin, son honnêteté doivent être considérées comme hors de tout soupçon. Ne serait-ce pas, dès lors, la personne de son secrétaire, *Nicolas de Louvain,* qui serait ici en cause?

Dans un ouvrage plus important, il donnait, deux ans plus tard, une étude plus approfondie des divers Mémoriaux et autres Archives de l'Ile Verte relatives à la question de l'Ami de Dieu dans ses rapports avec Merswin, puis il les rééditait avec leurs rubriques et introductions complètes jusqu'alors restées inédites, et sur cette base il pensait résoudre ainsi définitivement le problème [37]).

Ce n'est pas Rulman Merswin qui peut avoir été l'auteur et l'inventeur répréhensible de la légende de la Conversion du Maître de la Sainte-Ecriture. Ce n'est pas lui qui a composé toute la littérature mystique issue de l'Ile Verte sous son nom et sous celui de l'Ami de Dieu. Les Mémoriaux de la maison de Saint-Jean sont postérieurs à la

---

[34]) « *Taulers Bekehrung, kritisch untersucht von H. S. Denifle* » (« *Theologische Quartalschrift* »), Tübingen, 11-1-1880, p. 203—214. — « *Kritik über Pregers « Geschichte der Deutschen Mystik* », Bd. 3. » (« Deutsche Literaturzeitung », 1893, 717).

[35]) « *Des Gottesfreundes (= Rulman Merswin) Buch von den zwei Mannen* », Bonn, 1896.

[36]) Heidelberg, 1902, N. F., 17, p. 205—216 : « *I. Rulman Merswin oder Nikolaus von Laufen ?* » ; cf. p. 480, ss. : « *II. Bischof Heinrich. III. von Konstanz und die Gottesfreunde* ».

[37]) « *Der Gottesfreund vom Oberland, Eine Erfindung des Strassburger Johanniterbruders Nikolaus von Lœwen, mit 12 Schrifttafeln in Lichtdruck* », Innsbruck, Wagner'sche Univ.-Buchhandl. 1905. (XXIII — 269 p., 1'—268').

mort de Merswin. Ils ont été écrits de 1382 à 1385 au plus tôt, dans leur recension originale, puis remaniés dans un but déterminé de 1390 à 1400, et ils ne peuvent avoir pour auteur que celui qui en a été le copiste, sinon l'instigateur, le frère Nicolas de Louvain, secrétaire de Rulman Merswin. C'est donc lui, et non Merswin, qui a inventé cette fiction d'un merveilleux Ami de Dieu, auteur de la Conversion de Tauler et co-fondateur de la maison du « Grüne Wörth », afin d'exalter la gloire de cette maison et la sainteté de ses fondateurs, afin de proposer ceux-ci comme modèles aux habitants présents et à venir de cette maison.

Ainsi, l'Histoire de la Conversion du Maître de la Sainte Ecriture avait bien cessé d'être un récit historique. Mais la question d'authenticité, ou de génuinité plutôt, venait de subir une nouvelle transposition : ce n'était plus Merswin, c'était son secrétaire, Nicolas de Louvain, qui l'avait inventée.

Bien accueillie de quelques-uns, de W. Kothe[38]), de Hans Kaiser[39]), cette hypothèse nouvelle, la dernière en date, a trouvé plus d'opposition chez d'autres critiques, tels que Ph. Strauch[40]), A.-E. Schönbach, H. Haupt et Lucian Pfleger, qui la considèrent comme plus que « problématique »[41]).

Le système de Rieder est, en effet, des plus compliqués et ne semble pas reposer, en définitive, sur des preuves bien convaincantes.

Il est permis de se demander si ce n'est pas l'opinion du P. Denifle qui doit faire loi désormais, en bonne critique littéraire et historique. Car enfin Merswin reste bien l'auteur nécessaire de quelques-uns des traités de l'Ile Verte, ne serait-ce que de l' « Histoire de sa propre Conversion ou des quatre années de son commencement » et du « Livre des

---

[38]) « *Kirchliche Zustände Strassburgs im 14. Jahrhundert. Ein Beitrag zur Stadt- und Kulturgeschichte des Mittelalters* », Freiburg i. Br. (Herder), 1903, cf. p. 87.

[39]) « *Historische Zeitschrift* », LXXXIX, 89, 351, 541.

[40]) « *Zur Gottesfreundfrage* ». « *I. Das Neunfelsenbuch* ». (« Zeitschrift für Deutsche Philologie », Bd. XXIV, 1902, 285—311). — « II. *Schürebrand, Ein Traktat aus dem Kreise der Strassburger Gottesfreunde* ». (« Sonderabdruck der germanistischen Abteilung der 47. Versammlung deutscher Philologen und Schulmänner in Halle zur Begrüssung dargebracht », Halle (Niemeyer), 1903. — Art. « *Rulman Merswin und die Gottesfreunde* », dans la « Realencyklopädie für protestantische Theologie und Kirche », 3. Aufl., 1905, cf. 224-227.

[41]) « *Historisches Jahrbuch* » im Auftrage von der Görres-Gesellschaft, Bd. XXIV., München, 1903, p. 402. — Cf. A. E. Schönbach, « *Literarische Rundschau f. d. katholische Deutschland* », hsg. v. Sauer, Fr. i. Br., 1905, n° 5; — H. Haupt, « *Historische Zeitschrift* », 1905.

Neuf Roches ». Ne serait-il pas plus naturel de faire partager la responsabilité de tous ces écrits, aux côtés de Merswin, à son secrétaire, Nicolas de Louvain, écrivant ou copiant sous ses ordres?

L'état présent de la question est donc celui-ci.

L'opinion traditionnelle, c'est-à-dire celle du manuscrit le plus récent, *Cod. 539* de Leipzig (1486), de la première édition imprimée de Tauler (Leipzig, 1498), de Schmidt et de Preger, peut-elle encore être soutenue?

En d'autres termes :

Peut-on encore prétendre à l'identité de Tauler et du Maître de la Sainte Ecriture?

Sinon, quel fut donc le laïque qui convertit le Maître de la Sainte Ecriture?

Comme le Maître, ne serait-il pas lui-même un personnage légendaire plutôt qu'une personnalité historique?

Quel est l'auteur du « Récit de la Conversion » ?

Merswin ou Nicolas de Louvain, ou bien tous les deux?

Et quelle est enfin la nature de cette histoire? Dans quel genre de production littéraire doit-elle être classée, chronique ou légende, réalité ou fiction, ou bien mélange de l'une et de l'autre?

C'est à ces diverses questions que nous devons essayer de répondre : elles résument les termes actuels du problème.

Chapitre troisième.

Le « Maître de la Sainte Écriture » pouvait-il être Tauler ?

Le « *Maître de la Ste-Ecriture* » n'a pu être Tauler.

1º Preuves *Historiques*: Tauler n'a pas été « Maître de la Ste-Ecriture»; — les indications chronologiques du « *Meisterbuch* » sont en contradiction avec les données certaines sur la vie de Tauler; — la mort de Tauler diffère de celle du « Maître ».

2º Preuves *Littéraires*: Les Sermons du « Meisterbuch » ne ressemblent en rien, ni pour le fond, ni pour la forme, à ceux de Tauler.

3º Preuves *Morales*: Historiettes à scandale du « Meisterbuch »; — inégalité de caractère chez le Maître de la Ste-Ecriture; — attitude de Tauler vis-à-vis de l'Eglise et de ses Supérieurs: légende de la révolte de Tauler contre l'Interdit.

Le Maître de la Sainte-Ecriture n'est pas Tauler. Telle était la première conclusion de Denifle.

Jundt d'abord avait espéré que « la critique historique » ne s'arrêterait pas à ce qu'il appelait encore en 1879 « les appréciations hasardées du P. Denifle » [1]).

---

[1]) « *Amis de Dieu* », p. 442.

Et Preger, exploitant quelques exagérations ou relevant certaines inexactitudes du Dominicain, essaya de retourner ses principaux arguments en faveur de l'opinion traditionnelle [2]).

De fait, l'historien munichois de la Mystique allemande fut suivi par un certain nombre d'auteurs allemands, qui écrivirent sur Tauler et sa doctrine, sans même se préoccuper du jour nouveau apporté à la physionomie du grand prédicateur alsacien par l'argumentation très serrée du P. Denifle. Tels, par exemple, Wilh. von Langsdorff [3]) et Gottl. Siedel [4]).

Et, de son côté, l'éditeur français de la Version latine de Surius, le P. Noel, a mieux aimé voir dans la belle certitude de son éminent confrère de Gratz une « série de doutes et de conjectures » que de renoncer à ces vénérables parcelles du passé, au risque de ne presque plus rien savoir de Tauler : pour lui, la tradition passe avant tout [5]).

Les tenants de la tradition exigent donc de solides arguments avant de se résigner à en faire le sacrifice.

Des paroles amères avaient été parfois échangées dans l'âpreté de la lutte. Chacun, dans les deux camps, avait renvoyé l'adversaire à une lecture plus conciencieuse des textes ou l'avait accusé d' « illusions d'optique ». Les reproches amènes de mésintelligence préconçue ou d'absence de logique avaient été trop souvent réciproques. La modération et la courtoisie avaient eu à souffrir de la vivacité des coups portés, ou plutôt assénés avec une « brutalité plus monacale que scientifique », dirent les spectateurs intéressés de cette joute d'érudition [6]). Le moins épargné se plaignit un jour de cette exagération qui consiste à « toujours supposer à ses contradicteurs des intentions perverses, comme s'il ne leur était pas possible de se tromper honnêtement » [7]).

---

[2]) « *Geschichte der deutschen Mystik* », III; — cf. art. « *Tauler* », XV, 1885, 255—256; — « *Die Zeit einiger Predigten Taulers* » (« Sitzungsberichte der philos.-historischen Kl. der K. B. Akad. der Wissensch. », 1887, 317—361; — art. « *Tauler* » (« Allgemeine Deutsche Biographie », 181 Lief., Bd. XXVII), Leipzig, 1894, p. 453—465, spéc. 456—457.

[3]) « *Johann Tauler, Ausgewählte Predigten, mit einer einleitenden Monographie* » (« Die Predigt der Kirche, Klassikerbibliothek der christlichen Predigt-literatur hsg. von G. Leonhardi »), Bd. XVI, Leipzig, 1892, p. V. IX. XI—XIII.

[4]) « *Die Mystik Tauler's* », Leipzig, 1911, Introd., p. 11—14.

[5]) l. c., I, Introd., 32—33.

[6]) A. Sabatier, l. c., p. 10.

[7]) A. Jundt, p. 441, not. 1.

Aujourd'hui que le temps a apaisé les ardeurs d'une rude bataille qui n'a pas duré moins de deux lustres, la tâche qui s'impose avant tout, parce qu'il y va de la fidélité à reproduire le plus exactement possible la physionomie réelle du célèbre prédicateur mystique qui dut exercer un si grand rôle de son vivant, Jean Tauler, à en juger par son influence encore toujours accrue après sa mort, c'est d'examiner à nouveau, avec calme et sans passion, les seuls arguments vraiment irréfutables par lesquels les partisans de Denifle peuvent légitimement considérer la mémoire de Tauler comme à jamais débarrassée de la contrainte d'une légende qui étouffait ou rapetissait la grandeur et l'originalité de son caractère.

Ces preuves, que je diviserai en preuves *historiques, littéraires* et *morales,* demandent à être présentées en fonction des objections qui leur furent opposées. Ph. Strauch, dont le nom fait justement autorité aujourd'hui dans l'histoire de la Mystique allemande, avait aussitôt rendu hommage à la perspicacité de Denifle dans le compte rendu qu'il publia de son premier opuscule décisif, et il tint toujours les résultats de son enquête comme parfaitement assurés.

I

Preuves historiques

Le « Meisterbuch », tout en se donnant comme un récit d'événements d'ordre surnaturel, le récit d'une conversion, indique des noms, des dates et des faits précis.

Y a-t-il concordance ou divergence entre eux et les noms, les dates, les événements, connus et certains, parmi lesquels Tauler se présente à nous dans l'histoire?

*   *
*

Tauler n'a d'abord pas été « Maître de la Sainte Ecriture », c'est-à-dire docteur en théologie. « Magister scripturae sacrae » ou « *meister der heiligen schrift* » et « Magister theologiae » ou « *meister götlicher kunst* » sont deux termes équivalents[5]).

---

[5]) Denifle, « *Taulers Bekehrung kritisch . . .* », 5 —12.

Son nom ne figure pas sur la liste des docteurs de Paris, dressée par Etienne de Salanhac et continuée par Bernard Gui [9]), ni sur celle des docteurs de Cologne [10]) ; et il n'a pas obtenu davantage ce grade à l'un des « studia generalia » que son Ordre possédait, par exemple, à Bologne ou à Montpellier.

Ses contemporains, d'accord en cela avec les plus anciens manuscrits, ne l'ont jamais appelé « maître », « *meister* », mais simplement « Tauler » ou « frère Tauler » (« *Brûder Tauler* ». « *der Tauweler* »), ou encore « prédicateur », « *lerer* », titre qui revenait à qui enseignait dans la chaire ou le confessionnal.

Jundt a cru infirmer la valeur de cette preuve en invoquant la confusion possible chez des gens du peuple qui employaient indistinctement les titres de « maître », « *meister* », et de « *lerer* » [11]).

Le P. Noel, après Preger, objecte qu'il importe peu de savoir si Tauler a été docteur, mais qu'il s'agit au contraire de savoir ce qu'en ont pensé ses contemporains, ce qu'en a cru l'Ami de Dieu [12]).

Or, il est vrai que, dans le « *Livre des Deux Hommes* », il est question d'un « grand docteur », d'un « maître de la Sainte-Ecriture », que le personnage dont parle l'Ami de Dieu avait entendu prêcher peu de temps auparavant, dans une ville dont il ne donne pas le nom ; et l'impression que ce sermon lui avait faite forme ce jour-là le sujet de leur conversation. « Veux-tu entendre demain un sermon ? dit à l'Ami de Dieu son interlocuteur. Va dans tel endroit : là prêchera le grand Docteur, le Maître de la Sainte-Ecriture. » Et il y alla de grand matin, et il entendit d'excellentes paroles, édifiantes et élevées, mais qui ne pénétrèrent pas en lui comme il l'eût désiré. — L'Ami de Dieu ne dit nullement ici que ce « grand docteur » ait été Tauler.

Sans doute un diplôme académique n'eût rien ajouté à la valeur et à la maîtrise de son enseignement [13]). Et Echard a bien pu convenir que Tauler méritait ce titre aux yeux du peuple, soit parce qu'il avait

---

[9]) Denifle, « *Quellen zur Gelehrtengeschichte des Predigerordens im 13. und 14. Jahrh.* » (« Archiv für Literatur- und Kirchengeschichte des Mittelalters » Bd. 2., Berlin, 1886, p. 165—248 ; sp. I, « *Magistri der Theologie des Predigerordens von 1229—1360* », p. 167—192, et 1. « Magistri in theologia Parisius », p. 204—240).

[10]) Cf. Touron, « *Histoire des Hommes illustres de l'Ordre de St Dominique* », 1745, II, 355.

[11]) « *Amis de Dieu* ... », p. 427, n. 1 et 2.

[12]) l. c., 57—58.

[13]) P. Noel, l. c., I, Introd., 22—23.

été nommé prédicateur général, soit simplement parce qu'il était particulièrement éclatant dans sa prédication [14]).

Mais il n'en reste pas moins que, partout dans ce traité, le laïque,
s'adressant à son converti, lui dit : « *Herre der meister* », et il est appelé
« *groser Meister der Schrift* », « *dieser grosze Meister* ». L'un des principaux griefs qui lui soient faits, c'est qu' « il est fier de ce titre de docteur qu'il porte ». Et lorsque l'ami de Dieu s'adresse au moine Augustin
Jean de Schaftolzheim, qui n'était que lecteur, il lui dit bien : « *herre der
lesemeister* » [15]).

Le P. Noel suppose [16]) qu'il a pu devenir docteur à Paris quand il
vint à Saint-Jacques. Mais le livre « *De sensibilibus deliciis paradisi* »
de Jean de Dambach, ami de Tauler, désigne ce religieux comme docteur, tandis qu'il nomme Tauler simplement « frère », ce qui avait été
déjà relevé par Quétif et Echard [17]).

· Dans le « *Liber de illustribus viris de ordine praedicatorum* »,
manuscrit « *D IV, 9* », de la Bibliothèque Universitaire de Bâle, il ne
porte que le titre de « lecteur » : « *Johannes Tauler, lector* », et le
« *Registrum quartae partis libri illustrium virorum, scilicet sacrae pagi-
nae doctorum ordinis praedicatorum* », pas plus que le « *Libellus de
illustribus viris sacri ordinis praedicatorum* », incunable de Bâle qui le
reproduit, ne mentionne Tauler parmi les docteurs, alors que Barthélémy
de Bolsenheim et Jean de Dambach, ses contemporains, ne sont nullement omis (fol. 2 b., p. 1).

Tous les plus anciens manuscrits des Sermons de Tauler pareillement sont muets sur sa qualité de Docteur.

« *Dit sint sermones die Brüder Johan Tauler geprediget hait* »,
tel est le titre de « *Cod. Vindob. 2739* », du XIVe siècle (fol. 6 a., 94 a.,
170 a.).

---

[14]) l. c., I, 678 : « Magistrum tamen apud suos vulgo audiisse facile concedam
communiori ratione, vel quod in studio aliquo generali, Argentinensi puta, primarius
Theologiae lector, vel quod praedicator generalis fuerit, vel quod doctrina prae
caeteris emineret, id enim non insuetum illa praesertim aetate. »

[15]) « *Nikolaus von Basel, Bericht von der Bekehrung Taulers* », de Schmidt,
1875, p. 2, 15, 23, 26, 62. — Cf. « *N. v. B.* », p. 278, ss.

[16]) l. c., p. 24—25.

[17]) l. c., I, 678 : « Librum istum *De Sensibilibus deliciis paradisi* contulerunt
conventui parisiensi Fratres *magister Johannes de Tambacho* et Johannes Taularij
de conventu Argentinensi. » Et Quétif et Echard font, à bon droit, cette remarque :
« sed et in inscriptione codicis San jacobei Tambachus magister quidem, sed *Taulerus
Frater tantum* appellatur».

Pierre de Nimègue, dans l'introduction qu'il mit en tête de son édition du manuscrit de Sainte-Gertrude de Cologne, rapporte que les sermons y étaient la plupart du temps annoncés par cette formule : « *Disen sermon sprach B(ruder) Johā thauler zu sant Gertrut* ».

Denifle n'a pas davantage relevé l'épithète de « *meister* » dans les manuscrits de Berlin, *125, 165, 166, 191, 823, 841;* — dans les manuscrits *germ. 149* et *169;* — dans « *Sangall. 955* »; — dans « *Cod. 17, 37* », de Wolfenbuttel (de 1436 et 1470) ; — dans « *Cent. IV, 29* », de la Bibliothèque municipale de Nuremberg (de 1435) ; — dans « *cod. phil. et theol. 155* et *283* », de Stuttgart (de 1445) ; — dans « *cgm. 273, 282, 408, 629* », de Munich, tous manuscrits du XVe siècle.

Et le « *Ms. A 89* » de Strasbourg (aujourd'hui détruit) portait également pour suscription, par exemple au sermon de Noel : « *Dis ist des Tauwelers predie von dem winaht tage* » [18]).

Si l'Ami de Dieu juxtapose parfois les termes de « *meister* » et de « *lerer* », dont il fait des synonymes, par exemple dans « le Livre des Deux Hommes » [19]), on ne peut dire que ce soit pure flatterie de sa part vis-à-vis de Tauler, pas plus que, lorsque celui-ci s'exclut formellement du rang des docteurs dans plusieurs de ses sermons [20]), ce n'est pas simple humilité de sa part. Au Moyen Age, comme aujourd'hui encore, le titre de « Maître de la Sainte-Ecriture » ne désigne rien d'autre qu'un titre académique. Ainsi, en Italie, partout où il y a un couvent de Saint-Dominique, il n'est personne, même du peuple, qui ne sache distinguer entre un « *P. Lettore* » et un « *P. Maestro* » et ne sache dénommer chaque religieux par le titre qui lui convient [21]). On ne peut donc arguer

---

[18]) Le *ms. L germ. 80* (n. 1197 du nouveau Catalogue, actuellement en impression), qui est de 1451, à la Bibliothèque Univ. et Rég. de Strasbourg, sorte de « vade-mecum » spirituel, contenant, entre autres fragements d'ouvrages mystiques recueillis çà et là, plusieurs fragments de sermons de Tauler, renferme aussi le sermon en 24 articles ou « Alphabet spirituel » du Maître (n. 17, fol. 120r—132r). Outre que ce sermon n'y est nullement attribué à Tauler, il y est uniquement question d'un « lerer der heiligen schrift », et non d'un « meister ». Fol. 120r. « *Ein lerer der heiligē schrifft* in einer predig sagt man wissē müg welh' die gerehten warē v'nüfftigen erlewehtigen schawenden mēschen sind. »

[19]) cf. « *Amis de Dieu* », Epilogue, 427, n. 1 et 2.

[20]) « *Ich solte ein lerer sin* » (éd. Bâle, 95 b., 109 b, 102 b., 89 a.) — « *ich han empfangen von gottes genoden minen orden und von heiligen cristenheit und dise cappen und die cleider, und min priesterschaft und ze sinde ein lerer und bihte zu hörende.* » P. 155 b.

[21]) Denifle, « *Taulers Bekehrung, Antikritik* », p. 8—10.

de la confusion commise par un « laïque sans culture », en face d'un prédicateur réputé à trente milles de distance, et surtout en 1346, alors que les titres de « lecteur » et de « maître » étaient si répandus, tout autant que l'étaient les couvents même de St. Dominique dans toute la vallée du Rhin et dans les contrées adjacentes. L.-G. Glöckler et C. Greith [22]) y comptent comme couvents de Dominicains avant la fin du XVe siècle : Cologne (1224) [23]), Strasbourg (1224) [24]), Trèves, Worms, Zurich, Coblence, Bâle, Fribourg, Constance, Francfort, Anvers, Mayence, Spire, Maestricht, Berne, Colmar, Pfortzheim, Coire, Landshut, Wissembourg, Haguenau, Schlettstadt, Guebwiller; et les couvents de Dominicaines étaient encore plus nombreux : Unterlinden à Colmar, Klingenthal, Tösz, St. Katharinenthal à Dieszenhofen, Œtenbach, Schönensteinbach près de Guebwiller, « Ad Lapides » à Bâle, Löbenau près de Worms, Himmelbronn, St. Nicolas à Strasbourg, Ste. Catherine à Colmar, l'Ile St. Michel à Berne, Ste. Marie à Pfortzheim, Hasenpfuhl près de Spire, Silo à Schlettstadt, Adelhausen près de Fribourg, Ste. Catherine à St-Gall, Ste. Agnès à Fribourg, Ste. Agnès et St. Marc à Strasbourg, Engelpforte à Guebwiller, Ste. Gertrude à Cologne, Medingen et Medlingen en Souabe.

Ni pendant sa vie, ni jusque vers le milieu du XVe siècle, Tauler n'est nommé « Maître de la Ste-Ecriture » soit par ses contemporains, soit dans les documents de son Ordre les plus anciens ou dans les premiers manuscrits de ses sermons. Ce n'est qu'en 1468 que nous lui avons vu recevoir cette dénomination dans les manuscrits *H* et *J, H. Cgm. 260.*

Tauler n'était donc pas « Maître », et il ne peut être identifié avec le héros du « Meisterbuch », avec lequel on l'a confondu cent ans après sa mort.

---

[22]) L.-G. Glöckler, « *Geschichte des Bisthums Straszburg* », 2. vol., Str., 1879 à 1881. 2er. Theil, « *Geschichte der Klöster im Elsasz* », II, 359—514.

C. Greith, « *Die Deutsche Mystik im Predigerorden (von 1250—1350) nach ihren Grundlehren, Liedern und Lebensbildern aus handschriftlichen Quellen* », Freibg. im Br. 1861, sp. 15—16. — Cf. Freih. von Mehring u. L. Reichert, « *Die Bischöfe und Erzbischöfe von Köln* », Köln, 1842—1844, I. II. Th.

[23]) « *Der selige Heinrich, Stifter des Dominikanerklosters in Köln* », Ein Beitrag zur Ordensgeschichte Rheinlands und Westfalens » von Pfarrer Dr. *Jos. Kleinermanns*, Köln, 1900, 15 p.

[24]) « *Notice sur le couvent et l'Eglise des Dominicains de Strasbourg jusqu'au XVIe s.* » par C. Schmidt, (« Bulletin de la Société pour la Conservation des Monuments historiques d'Alsace », 2e Sér., 9e vol., 1874—1875, p. 161—224, sp. 163).

*   *   *

Les indications *chronologiques* du « Livre du Maître » ne concordent pas avec les données certaines que nous possédons par ailleurs sur sa vie.

La réponse générale des traditionnalistes est que, sur la recommandation expresse du Maître avant de mourir, l'auteur de ces mémoires devait raconter les faits et gestes de son héros sans laisser soupçonner de qui il était question.

Que valent donc les indications du Livre sur : — le fait précis de la rencontre du Maître de la Ste-Ecriture avec l'Ami de Dieu qui ouvre le récit, — ainsi que les détails sur leur dernière entrevue près du lit de mort du Maître?

Le livre débute ainsi : « *In Gottes nammen, amen. In dem iare do man zalte von Gottes geburte hundert iar viertzig und sechs iare, in dcm selben iare do geschah es das ein meister der heiligen geschrift in einer stat vil brediende was, und man horte in ouch gar gerne, also das man über vil milen von sinre lere seite. Dis wart ein leye ... der liebe gottes frünt in Oberlant ... gewar; und er wart zuo drin molen in dem slaffe ermanet, er solte gon in die stat do der meister was ... Also fuor dirre man enweg.* »

La date de 1346 placée en tête de ce traité a été le casse-tête de la critique.

D'une part, *D* et *G* la donnent ainsi en chiffre romains: « *In dem jare da man zalt von gottes geburt Mo. CCCo. XL vñ Vj iare* ».

A et *B* l'ont en toutes lettres.

Seul, *L* (et les premières éditions, qui en dépendent) indique l'année *1340* : « *In dem jare als man zalte nach gottis geburth Tusent drei hundirt und virzigk jar.* »

C'est donc 1346 qu'il faut retenir.

Après trois appels successifs reçus de Dieu en songe, l'Ami de Dieu se met en route. Le Maître se convertit, et pendant 2 ans il s'abstient de prêcher. Au bout de ce temps, il remonte en chaire et prononce un *samedi 17 mars, fête de Sainte Gertrude,* son premier sermon sur les vices de la Chrétienté, suivi, *quelques jours après, le dimanche de* « *Judica* », de son second sermon de « tapage » aux gens du peuple.

Après 9 ans de sa vie nouvelle, il meurt. *L* et les éditions qui l'ont reproduit indiquent 8 années au lieu de 9 : « *Nu da disz geschach, das diser meister wol acht jar yn dissem fruchtbaren einmutigen leben was.* »

La fête de *Ste. Gertrude* (17 mars), vers le milieu du XIVᵉ siècle, n'est tombée le samedi que dans les années 1341, 1347 et 1352. En 1347, le lendemain du 17 mars, c'était le dimanche de « Judica ».

D'autre part, Tauler est mort le 16 juin 1361, ainsi que le prouve clairement sa pierre tombale encore aujourd'hui visible au Temple Neuf, à Strasbourg [25]).

Preger s'est arrrêté à la date de 1352, parce qu'elle permet de faire concorder le récit avec la date de la mort de Tauler en 1361, et il invoque une erreur d'écriture : un copiste aurait mal lu la date de 1350 en chiffres romains et confondu les signes X, V et VI [26]). L'explication ne peut être retenue: aucun de ces signes n'entre dans la composition du chiffre *MCCCL;* et, de plus, nous n'avons pas à compter ici seulement avec les manuscrits très défectueux de Munich, mais encore avec une copie exacte du plus ancien texte, celui de Strasbourg, qui a écrit la date de 1346 en toutes lettres.

1341 ne peut être regardé comme le terme de la conversion de Tauler ou du « Maître ». Le grand Dominicain strasbourgeois était alors en pleine activité. Une lettre de *Henri de Nördlingen* nous le montre en janvier 1339 comme habitant depuis longtemps déjà le couvent de Bâle. Fin juin de la même année, il est en voyage à Cologne; et fin septembre, on l'attend de retour de Cologne. Deux années n'auraient donc pu se passer entre fin 1339 et le 17 mars 1341 [27]). D'après les indications de l'Ami de Dieu lui-même, le Maître aurait habité plusieurs années successives dans la même ville, y prêchant et y confessant beaucoup. Or, dans cette hypothèse, ce n'est ni Strasbourg ni Cologne qu'il faudrait choisir comme théâtre de la Conversion du Maître, mais Bâle. Mais alors, de quelle ville de l'Oberland distante de trente milles l'Ami de Dieu aurait-il pu venir vers le grand prédicateur?

1347 ne peut pas non plus convenir. Le dimanche de la Passion étant cette année-là le lendemain du 17 mars, une seule journée n'aurait pu suffire pour tous les événements rapportés par notre récit entre le premier et le deuxième de ses sermons sur les vices de la Chrétienté : délibération des moines, interdiction de prêcher, démarches tentées pour

---

[25]) Cf. *Ms. als 723.* de la Bibliothèque Universitaire de Strasbourg : « *Ueber die Inschrift auf Taulers Grabstein* ».

[26]) « *Vorarbeiten zu einer Geschichte der deutschen Mystik* », Leipzig, 1869, p. 112.

[27]) Cf. Ph. Strauch, « *Margaretha Ebner und Heinrich von Nördlingen* », Freibg. im Br. und Tübingen, 1882, p. 225, 229.

faire annuler celle-ci, intervention des notables, permission de prêcher rendue, visite des laïques auprès du Maître, promesse de remonter en chaire, préparation d'un nouveau sermon.

Abstraction faite de la date du sermon de Ste. Gertrude, les années 1346-1348 ne peuvent avoir été non plus deux années de retraite absolue dans la vie de Tauler. La lettre 57 d'Henri de Nördlingen à Marguerite Ebner nous le montre très activement occupé par la prédication [18]). Et, vers la fin de 1347 ou au commencement de 1348, Rulman Merswin prenait Tauler pour confesseur et le consultait au sujet de ses macérations.

Une retraite de février 1345 à mars 1347 n'aurait pas été possible davantage pour Tauler, alors aussi très occupé à prêcher. Et, pour l'accepter, il faudrait encore expliquer l'indication de l'année 1346 par l'intention, non pas de renseigner, mais plutôt d'égarer les recherches sur l'identitié du héros du Livre.

Seule, l'année 1352, proposée par Schmidt et par Preger, est acceptable, mais également à condition de faire de l'année 1346, avec Jundt et le P. Noel [19]), l'année qui servit de point de départ aux résolutions de l'Ami de Dieu de convertir « le grand docteur », à la suite de cette conversation avec le mystérieux interlocuteur du « Traité des deux Hommes » au sujet d' « un grand docteur », d'un « maître de la Ste-Ecriture », que celui-ci avait entendu prêcher peu de temps auparavant dans une ville dont il ne donne pas le nom. Malheureusement, les années 1350-1352 ne peuvent avoir été non plus des années de retraite pour Tauler.

Le « *Livre des Révélations* » de Christine Ebner, l'amie commune de Tauler et d'Henri de Nördlingen, nous en fournit la preuve par le récit de ses visions au couvent bavarois des Dominicaines d'Engelthal, de même que les lettres de son homonyme Marguerite Ebner, du couvent de Medingen, à Henri de Nördlingen.

Le 9 novembre 1351, « *do man zalt von Christi gepurt tausend ior drewhundert ior und in dem Lj iar . . .* », Christine reçut à Engelthal la visite de Henri de Nördlingen, qui attira alors son attention sur

---

[18]) « *Bit got . . . fur unsern lieben vatter den Tauller, der ein getrûwer bot was ; der ist ouch gewöhnlich in grossen liden, wan er die warheit lert und ir lebt als gentzlich als ich einen leren (lerer) waiss* ». Cf. Heumanni « Opuscula », p. 393; Strauch, l. c., 270.

[19]) Jundt, « Amis de Dieu », 231--238, sp. 235—236. P. Noel, l. c., I, 17—20, 20, n. 1.

Tauler. Elle eut le lendemain, « *im nehsten tag noch sant andrestag* » (1er décembre) « *wart ir kund geton von got von eim predier der hiez der tauler, daz der got der liebst mensch wer der er uf ertrich ein het* », une vision : Dieu lui parla cette même nuit et lui révéla qu'il en est sur terre « qui enflamment les cœurs de leurs langues de feu : il en est deux dont le nom est inscrit au ciel : l'un s'appelle Tauler et est prédicateur, l'autre Henri » [30]).

Plus tard, « Dieu parle » à Christine de Tauler et lui dit qu' « il habite en lui comme un jeu de harpe mélodieux » [31]) : cette vision est consécutive à ce que Henri de Nördlingen a rapporté à Christine de l'activité de Tauler comme prédicateur.

Or, le « Meisterbuch » raconte que, avant qu'une année se fût écoulée depuis sa conversion, tous ses amis l'avaient abandonné [32]). Ce n'était guère le cas pour ses amis de Souabe et de Bavière. Et, quand Henri de Nördlingen écrit encore, en 1347, au sujet de Tauler, à Marguerite Ebner qu' « il vit en conformité avec les vérités qu'il enseigne, aussi parfaitement qu'aucun prédicateur », cette estime dont il jouit auprès de ses amis prouve bien qu'ils ne le tenaient pas, comme fait l'Ami de Dieu, pour « un tonneau vide d'où le vin sort gâté par la lie ».

Les deux années de retraite absolue auxquelles s'astreint le Maître converti ne trouvent pas place dans la vie de Tauler, ni en 1339-1341, ni en 1345-1347, ni en 1346-1348, ni en 1350-1352. Tauler n'est donc pas le Maître de la Ste-Ecriture converti en 1346.

*   *
*

Le « Meisterbuch » se termine par le récit des événements qui accompagnèrent la mort du « Maître de la Ste-Ecriture ».

D'après le Livre, le Maître est mort dans son couvent. Et il fit, dans son agonie, des gestes si effrayants que tous ses frères en furent

---

[30]) *Stuttg. Hs. 282*, f. 67 a., 69 b.; cf. Lochner, « *Leben und Gesichte der Christina Ebnerin* », 1872, 34. « *Etlich die habent daz ertrich angezünt mit iren fewrein zungen, in disem saz stent alle dein gaistlich freunt uf dem hohsten grad. und tet ir do kunst von zwein der nam wer geschriben in dem himil, der hiesz einer der tauler und waz ein prediger, der ander hiesz heinrich, der ouch vor mir do geschriben stet.* »

[31]) « *Er sprach von dem tauler: ich won in im alz ein süsser seitenspiel* », *Stuttg. Hs.*, fol. 70. Cf. Denifle, « *Antikritik* », 5—8.

[32]) M.-B., 23-24.

consternés, « *das alle sine brueder in dem closter und ouch menschen die do warent das die alle in grossen noeten und engsten waren* ». ·

Or, Tauler est mort hors de son couvent, en une maison isolée située dans le jardin du couvent des Dominicaines de St-Nicolas « *in Undis* », où il était allé voir sa sœur [33]).

Jundt fait observer que « *alle brueder im closter* » peut être tenu pour l'équivalent de l'expression moderne : « *alle Brüder des Klosters* » ; et que la présence de gens dans la chambre où se mourait le « Maître de la Ste-Ecriture » ne s'explique que si le Maître est mort, « non dans l'étroite cellule de son cloître, mais au sein de sa famille, environné de ses amis et d'un certain nombre de frères de son couvent » [34]).

A quoi Denifle répondit que la présence de « tous ses frères, *alle sine brueder* », dans la maison de jardin des Dominicaines n'est pas plus vraisemblable que la présence d'étrangers de la ville dans un couvent d'hommes.

Enfin la description des derniers instants du « Maître de la Sainte Ecriture » nous montre ses frères scandalisés par sa pénible et grimaçante agonie, et elle se trouve confirmée par la croyance effectivement répandue ensuite dans Strasbourg, que Tauler a dû séjourner 6 ans dans le Purgatoire à cause de 6 défauts qu'il avait conservés jusqu'à la fin.

La Bibliothèque de Colmar possède un document du XVe siècle (manuscrit sur papier) provenant du couvent d'Unterlinden, publié par Jundt et recueilli par Séb. Mueg dans ses « *Collectaneen über die Strassburger Kirchen und Klöster* ».

Ce document reproche à Tauler :

1) D'avoir fait naître chez les uns des pensées d'orgueil par des éloges immérités, d'avoir découragé les autres par des blâmes injustes ;

2) D'avoir retenu pour lui et pour les siens une part trop considérable des aumônes qu'il reçut et de s'être montré peu zélé à les répartir parmi les indigents ;

3) D'avoir perdu trop de temps dans ses rapports avec les hommes ;

4) De n'avoir pas su réprimer sa mauvaise humeur quand quelqu'un le contrariait ;

---

[33]) D'après Schilter, remarques dans Königshoffen, p. 1119. Cf. Denifle, « *Taulers Bekehrung kritisch . . .* », 32—35. — Le quartier St-Nicolas occupe aujourd'hui l'emplacement de ce couvent et de son jardin.

[34]) « *Amis de Dieu* », 426.

5) De ne s'être pas montré assez soumis à la règle de son Ordre et à la volonté de ses supérieurs, et d'avoir essayé, chaque fois qu'on lui imposait quelque obligation désagréable, de s'y soustraire en envoyant l'un de ses amis intercéder pour lui ;

6) Enfin, d'avoir recherché, vers la fin de sa vie, une existence trop agréable dans la demeure de sa sœur.

Cette notice [35]) n'a que la valeur d'une légende de plus sur le compte de Tauler. Elle prouve, en général, combien facile a toujours été l'éclosion des récits légendaires ; elle prouve, en particulier, que, à la fin du XIVe siècle ou au commencement du XVe tout au moins, on ne tenait pas Tauler pour le Maître du « Meisterbuch ».

Il y a, en effet, contradiction formelle entre le séjour prétendu de Tauler six années durant dans le Purgatoire et le récit de l'apparition du « Maître de la Sainte-Ecriture » à l'Ami de Dieu. La lettre de ce dernier au Prieur pour rassurer les moines de son couvent sur la destinée éternelle du docteur après son agonie si impressionnante raconte comment le Maître l'a assuré que sa fin douloureuse lui a tenu lieu de purgatoire et que, après une attente de cinq jours dans le « paradis », à l'abri des atteintes du démon, quoique privé de la contemplation immédiate de l'Etre infini, il entrerait, complètement purifié, dans la félicité éternelle. Cette croyance curieuse, alors assez répandue dans certains milieux, mais qui n'a jamais été l'enseignement de l'Eglise, en un double paradis : en un paradis « inférieur », où l'âme est privée de la société de Dieu et vit au milieu des images idéales et contingentes des créatures terrestres, et en un paradis « supérieur », où elle jouit de la contemplation directe de l'Etre divin, représentait sans doute aux yeux de l'Ami de Dieu l'idée d'un lieu de purification, mais, quoiqu'en ait pensé Jundt, ne correspondait en rien à la doctrine ecclésiastique du purgatoire, telle que devaient la professer le Prieur et les frères d'un couvent de Dominicains [36]).

---

[35]) Ce manuscrit intitulé : « *Dis Büchlin ist der swester Gisel von Unterlinden* » a été reproduit par Jundt, « *Amis de Dieu* », 405—407 ; cf. 331, 332. — Denifle, « *Taulers Bekehrung* », 38. — Preger, « *Geschichte d. d. M.* ». III, 130.

[36]) Cf. Jundt, l. c., 221—224. On retrouve cette conception d'un paradis « inférieur » et d'un paradis « supérieur » dans le « *Paradis* », premiers chants, et plus encore dans le « *Purgatoire* » de la « *Divine Comédie* ». Dante s'en fait l'écho dans ses sublimes fictions poétiques du « Ciel austral », de l'« Avant-Purgatoire » et des montées successives vers le paradis de gloire par les diverses « terrasses circulaires » superposées (Canto primo, 4., 10 et ss. du « Purgatoire »).

La légende des six années de purgatoire infligées à Tauler pour ses six défauts s'appuie sur « une révélation surnaturelle faite à un grand Ami de Dieu. » Ici encore, la contradiction est évidente avec le contenu de la lettre de l'Ami de Dieu au Prieur. Ce n'est pas d'après une révélation que l'Ami de Dieu tranquillise les frères sur le sort du Maître au delà du tombeau, mais d'après l'apparition où « une faible voix », qu'il reconnut être celle de Tauler ou du Maître, lui apprit, non son expiation de six années dans le purgatoire, mais son attente simplement de cinq jours dans une sorte de « paradis inférieur ».

La description de la mort du « Maître » et de son apparition posthume à l'Ami de Dieu ne concorde pas avec ce que l'histoire vraie (Schilter) et une tradition dominicaine, semble-t-il, serait-elle légendaire, nous en apprennent.

Tauler n'était pas docteur, c'est-à-dire Maître de la Sainte-Ecriture.

Il n'y a place dans sa vie, à aucune époque, pour une retraite absolue de deux années, ni de 1339 à 1341, ni de 1346 à 1348, ni de 1345 à 1347, ni de 1350 à 1352.

Sa fin fut autre que celle du « Maître » du Livre.

Pour toutes ces raisons d'ordre historique, il n'a pu être le Maître de la Sainte-Ecriture.

II

Preuves littéraires

Les trois ou quatre faits auxquels se ramène le récit de la Conversion du Maître de la Sainte-Ecriture ne présentent aucun rapport avec les faits connus de la vie de Tauler. Ce n'est pas lui qui a pu remettre, avant de mourir, à l'Ami de Dieu, un certain nombre de feuilles contenant ses propres notes sur l'histoire de sa prétendue conversion et dont il lui aurait permis de faire un traité pour l'édification du prochain, à la condition toutefois de ne pas le donner à lire dans la ville où il se trouvait, de peur qu'on ne découvrît que c'est de lui qu'il y était question, le « Maître de la Sainte-Ecriture » voulant rester inconnu et faire attribuer à Dieu seul la gloire des merveilles qui avaient marqué sa conversion.

L'Ami de Dieu avait alors obtenu l'autorisation de joindre à ces notes les six sermons du Maître auxquels il avait assisté et qu'il avait ensuite rédigés de mémoire, rentré dans son hôtellerie.

Ces sermons ne présentent, ni pour le fond, ni pour la forme, aucune analogie avec les sermons authentiques de Tauler.

Après Schmidt et Jundt, Preger et le P. Noel [27]) ont cru pouvoir soutenir la ressemblance réelle entre ces six sermons et ceux de Tauler, ressemblance que le copiste du manuscrit de Leipzig, « *cod. L 559* », avait cru déjà remarquer, et dont il avait fait une des trois raisons pour lesquelles, le premier, il affirmait comme probable à ses yeux l'identité de Tauler et du Maître de la Sainte-Ecriture [38]).

Voyons donc ce que valent les raisons du P. Denifle et de ses partisans, aujourd'hui communément reçues, lorsqu'ils rejettent l'identification de Tauler et du Maître avant tout à cause de ces sermons, où ils relèvent :

— d'une part, un manque absolu d'originalité et d'intelligence ;

— d'autre part, une fadeur et une pauvreté d'élocution, qui contrastent avec les qualités contraires si frappantes dans les sermons authentiques de Tauler.

Il nous faut prendre pour termes de comparaison ceux auxquels Denifle s'est lui-même arrêté : d'un côté, l'édition du « Meisterbuch », de Ch. Schmidt, en y ajoutant, pour le sermon sur la Sainte-Eucharistie, le texte de Gœtzmann [39]) ; de l'autre, l'édition la plus ancienne des Sermons de Tauler, celle de 1498, considérée unanimement comme authentique et reproduite avec ses 80 sermons par l'édition de Bâle, mais complétée par l'édition de Cologne (1543) pour les 5 sermons : « *Miserunt Judaei* » (f. 22), « *Ego vox clamantis* » (f. 23), « *Circumcidite praeputium* » (f. 32), « *Qui est ex Deo verba Dei audit* » (f. 76) et « *Beati oculi qui vident* » (f. 94), qu'il tient pour également authentiques.

---

[27]) Schmidt, « *Tauler* », 1841, 27 ss. — Jundt, « *Amis de Dieu* », 224—231, 431—439. — Preger, « *Gesch. d. d. M.* », III, 5—53. — Noel, I, Introd., 25—32.

[38]) Cf. supra, f. 39 a.

[39]) Denifle a utilisé pour ce sermon le ms. de Vienne, « *Cod. Vindob. 3022* », en dialecte bas-rhénan.

Comme texte, il cite celui d'une copie du Manuscrit de Strasbourg *A 89,* de tous le plus ancien, rédigée elle-même par A.-M. Werner d'après l'une des deux copies que Ch. Schmidt avait eu l'heureuse pensée, avant 1870, de prendre des Manuscrits de Strasbourg *A 88* et *A 89* [40]).

Denifle avait songé, en effet, à donner, en collaboration avec Werner, une édition des Sermons de Tauler. Sa pensée s'est trouvée réalisée en 1910 seulement, bien après sa mort, par la belle édition des Sermons de Tauler de *Ferd. Vetter,* qui forme le onzième volume de la collection des « *Deutsche Texte des Mittelalters* » que publie l'Académie des Sciences de Prusse. Cette édition, très longtemps attendue, et qui est la seule édition critique de Tauler jusqu'alors parue, est le digne pendant de l'édition de H. Suso, de K. Bihlmeyer [41]). Elle a été préparée de longue main au moyen des copies transcrites par Schmidt des trois Manuscrits de Strasbourg *A 91* (seconde moitié du XIVe siècle, sur parchemin), *A 89* (seconde moitié du XIVe siècle, mais postérieur à *A 91.* également sur parchemin) et *A 88* (du commencement du XVe siècle, sur papier), prêtées aimablement par le fils de Ch. Schmidt, M. le pasteur Ch. Schmidt, de Paris. F. Vetter, sur les conseils de Ph. Strauch et de K. Rieder, les confronta et les compléta avec le texte de deux autres Manuscrits également du XIVe siècle : le *ms. 124,* « *Ms. V, sec. XIV* », de la Bibliothèque du Couvent *d'Engelberg* (de 1359), devenu en 1615 la propriété du couvent de femmes de *St-André à Sarnen* (la première page et la dernière manquent), et le *ms. 41.* de la Bibliothèque de l'Université de Fribourg-en-Brisgau, non moins ancien, éga-

------

[40]) « *Taulers Bekehrung* », 36 ss.

[41]) Berlin, Weidmann. — Cf. Bihlmeyer, « *Heinrich Seuse, Deutsche Schriften* », Stuttg., 1907. — Une semblable édition serait à désirer et est encore attendue pour les œuvres d'Eckhart, si tant est que. dans l'état présent de la question une édition des œuvres authentiques et complètes d'Eckhart soit même possible et ne suppose pas encore un certain nombre de recherches nouvelles et de travaux préliminaires : la découverte de ses écrits latins par Denifle est venue, en effet, bouleverser complètement la conception jusqu'alors acquise des idées fondamentales et du système spéculatif de « Maître Eckhart ».

Cf. art. « Eckart Jean » par E. Vernet, ds « *Dict. de Théol. Cathol.* » de Vacant et Mangenot, fasc. XXXII, Paris, 1910, col. 2057—2081 ; spéc., col. 2060 et 2061, II. « Œuvres » (d'Eckart). — Après H. Delacroix, « *Essai sur le Mysticisme spéculatif en Allemagne au XIVe s.* », Paris, 1899, p. 153, cf. 150—154, il est permis de « ne pas désespérer de la critique », malgré le mot décourageant de F. Jostes : « Où trouver un sermon d'Eckhart qui nous soit vraiment parvenu en bon état ? » (« *Meister Eckhart und seine Jünger* », Friburgi Helvetiorum, 1895, p. XI).

lement sur parchemin, provenant du couvent d'Adelhausen et passé entre les mains des Capucins de Fribourg en 1751 [42]).

. C'est avec l'édition de Ferd. Vetter en mains, collationnée du reste par nous-même avec les copies de Ch. Schmidt récemment transmises à la Bibliothèque Universitaire et Régionale de Strasbourg, que nous devons donc, tout en citant les autres éditions mentionnées et suivies par Denifle, et nous pouvons aujourd'hui reprendre tout ce débat sur la divergence ou la ressemblance des Sermons du « Meisterbuch » avec ceux de Tauler, quant au fond et quant à la forme.

I. — *Origine première des sermons du Meisterbuch*

Denifle a su retrouver les sources du Maître.

Le Maître, dit-il, manque absolument d'originalité, et il répète sans ordre et sans intelligence ce qu'il trouve chez les autres. S'il dit quelque chose de son propre fonds, il est obscur, inexact, imprudent, exagéré, surtout diffus, fatigant par l'abondance des mots comme par la pauvreté des idées.

Tauler, au contraire, est toujours original, même si, très rarement, il emprunte la pensée d'autrui, et alors il indique toujours ses sources. Riche de pensées, il est précis dans son langage, exact dans sa doctrine, il se montre vraiment de l'école du bienheureux Albert le Grand et de Saint Thomas. Un seul de ses sermons, pourtant toujours brefs, renferme plus d'idées que tous les sermons du Maître ensemble [43]).

Retenons pour l'instant simplement le grief de manque d'originalité chez le « Maître de la Sainte-Ecriture ». S'il est une impression qui reste de la lecture des Sermons de Tauler, c'est, sinon son originalité toujours, du moins, dans l'exposé de ses idées mystiques, sur le fonde-

---

[42]) « *Die Predigten Taulers aus der Engelberger und der Freiburger Handschrift sowie aus Schmidts Abschriften der ehemaligen Straszburger Handschriften* », Berlin, 1910. — Sans doute, cette édition de Vetter ne saurait être considérée ni comme définitive ni surtout comme représentative de l'œuvre complète de Tauler. Mais les remarques de Ph. Strauch (cf. sa recension de l'édition de Vetter dans « *Deutsche Literaturzeitung* », 1918, n° 8/9 du 23 Févr., col. 183—186) ne lui enlèvent rien de sa valeur incontestable, et elle reste l'unique édition critique jusqu'à présent des Sermons de Tauler. — Cf. Ph. Strauch, « *Zu Taulers Predigten* » (Beiträge zur Gesch. der deutschen Sprache u. Literatur », 44. Bd., Halle a. S., 1920, 1—26).

[43]) Denifle, l. c., 37—45, 45—80.

ment d'une doctrine incontestablement scolastique et dans le cadre du système thomiste, l'indépendance qu'il a toujours gardée même vis-à-vis de son maître admiré Eckhart, dont il a su éviter les erreurs. Et il s'est bien montré incapable de plagiat, rebelle à la manie des sermons appris par cœur et toujours respectueux de ses sources qu'il indique scrupuleusement.

Peut-on en dire autant du « Maître » ?

Examinons tour à tour chacun de ses sermons. La réponse s'imposera d'elle-même, négative.

1. *Le Sermon aux 24 articles*

Le premier sermon est celui que le Maître donna avant sa Conversion, sur la demande du pieux laïque, pour indiquer le moyen le plus rapide de s'unir à Dieu dès ici-bas.

Ce sermon reproduit mot à mot, dans sa partie principale, un traité antérieur, le traité 7 attribué par Pfeiffer à Eckhart et intitulé : « *Diu zeichen eines warhaften grundes* », et qui commence par ces mots : « *Ein meister sprichet...* », suivi aussitôt des 24 articles ou règles de la perfection, dans le même ordre et parfois avec les mêmes expressions [44]).

Denifle l'a soumis à une analyse minutieuse [45]).

Pfeiffer en avait indiqué la présence dans trois manuscrits du XIVe siècle :

— le *ms. 1141* de Klosterneuburg (f. 129 a-132 b), où il clôt une série de traités et de sermons appartenant presque exclusivement à Eckhart ou à ses disciples immédiats;

— le *Cod. theol. f. 33* de Stuttgart.

— et le *ms. cgm. 365* de Munich.

Mais, à l'époque de Denifle, on ne l'a plus retrouvé, ni dans le ms. de Stuttgart, ni dans celui de Munich. On n'en connaissait plus alors qu'une triple rencension :

— celle du ms. de Klosterneuburg;

-- celle du ms. *Cent. VI, 46 h.*, de la Bibliothèque municipale de Nuremberg (f. 168 a.-170 b.), qui est de 1461, et contenant en majeure

---

[44]) Fr. Pfeiffer, « *Deutsche Mystiker des 14*ten *Jhdts.* » Bd. 2. « *Meister Eckhart* », Leipzig, 1857, 475—478. — Cf. Denifle, « *Antikritik* », 15—16.

[45]) « *Die Dichtungen des Gottesfreundes im Oberlande* », 1. « *Das Meisterbuch ist eine Dichtung* ». (« Ztsch. f. d. Alt. u. d. Lit. », Berlin, 1880, p. 209—219).

partie des œuvres d'Eckhart : il y vient immédiatement après le traité connu sous le nom de « *Meister Eckehartes Wirtschaft* » [46]) ;

— enfin, celle qu'a reproduite Pfeiffer, et qui suit, en plusieurs endroits, les variantes par lesquelles la recension de Nuremberg diffère de celle de Klosterneuburg.

Preger a essayé d'exploiter ces variantes pour ruiner l'argumentation de Denifle, en démontrant que, à bien considérer les termes mêmes de la recension de Nuremberg, ce n'est pas le traité qui est l'original pillé par le Maître, mais bien le sermon du Maître qui a été résumé postérieurement par le traité [47]).

Denifle, sans toutefois se prononcer, ne serait pas éloigné d'attribuer à Eckhart la paternité du traité, interpolé et amplifié, selon lui, par le Maître. Il se refuse, en tous cas, à l'attribuer à Tauler. Dans le ms. de Nuremberg, comme dans celui de Klosterneuburg, l'auteur est appelé « *meister* » (Nur.) et même « *grosser meister* » (Klostern.), et Tauler n'était pas « Maître ». Il y a aussi dans ce traité des mots ou constructions de mots totalement étrangers aux sermons de Tauler.

Quel qu'en soit l'auteur, il n'est pas le « Maître de la Sainte-Ecriture », lequel n'a fait que le copier. Les raisons de critique interne, qui ne tiennent pas moins de 15 pages dans l'article de Denifle, nous semblent plus probantes que les arguments de Preger.

Un plagiaire, en règle générale, amplifie plutôt qu'il n'abrège. Et c'est le cas du « Maître » dans ce sermon, qui porte les caractères visibles d'une refonte d'un premier traité et d'un travail d'interpolation. Le traité, au contraire, dans les deux manuscrits, ne ressemble en rien à ces extraits en forme d'anthologies que nous voyons, dès le lendemain de l'invention de l'imprimerie, tirés des écrits apocryphes ou authentiques de Tauler par des auteurs visant à présenter, dans un but d'édification, la quintessence de la doctrine mystique du grand Prédicateur, tels que Mathias Lauterwald, le Bienheureux Louis de Blois, Antoine Hemertius, Henri Ammerbach, Magnus Jocham et le P. Denifle lui-même [48]).

---

[46]) Pfeiffer, l. c., 625—627.

[47]) « *Gesch. d. d. M.* », III, 5—35.

[48]) M. Lauterwalt, cf. supra. — Hemertius Antonius, « D. Johannis Thauleri Flores de veris virtutibus, collecti et latinitate donati », Coloniae, 1588. — Ammerbach Heinrich, « *Kern- und Kraftlehre dess grossen teuren Mannes… Johannis Tauleri, aus desselben Geist- und Lehrreichen Schriften zusammengezogen und … herausgegeben.* » Amsterdam u. Frankfurt a. M., 1676. — Jocham Magnus, « *Licht-*

Le traité, par sa simplicité même et le naturel de son style, porte toutes les marques de son originalité.

Au contraire, le sermon aux 24 points est diffus; la phrase y traîne en longueur et l'enchaînement des pensées a quelque chose de contraint et de tourmenté, d'incorrect même, qui trahit le travail pénible du transcripteur, parfois inintelligent et maladroit, de la pensée d'autrui.

Denifle montre, par des exemples concrets, le genre de travail de l'auteur du « Meisterbuch », en mettant son texte en regard du traité original.

Voici le début dans les manuscrits de Klosterneuburg et de Nuremberg et dans le « Meisterbuch ».

Cod. 1141 Klosterneub.	*« Meisterbuch »*
« Ein meister [49]*) sprichet : es koment vil liute zu klarem verstantnüsse und ze vernünftigem underscheide bilde und forme, aber der ist wenic, die da koment über verstantlichez* [50]*) schouwen und über vernünftige begrifunge bilde und forme* [51]*), und were doch gote ein mensche lieber, der da stuende ane alle begrifunge förmlicher bildunge, denne hundert tusent, die ir selbes gebruchent in vernunftiger wise »* [52]*).*	« Lieben kint, ir soellent wissen, dass men wol etwie vil menschen vindet, die do wol kement zuo cloreme verstentnisse und zuo vernunftigem underscheide, aber alles in bilden und in formen, und ouch durch die gescrift, man vindet ouch vil menschen, so in dis inluhtende wurt, das in dis selbe ettewas bekant wurt..., die in ir selber eigin angenommener sinnelicher vernunftiger bildericher wisen lebende und gebruchende sint. »

strahlen aus den Schriften des ehemaligen Abtes Johannes Tauler, gesammelt von Ludwig Blosius ... *herausgegeben »*, München, 1876 (« Lichtstrahlen aus den Schriften katholischer Mystiker », Bd. III). — H.-S. Denifle, « *Das Geistliche Leben, eine Blumenlese aus den deutschen Mystikern des 14. Jhrh.* », Graz, 1878, 1879; 4e éd., 1895. — Cette édition a été traduite en français en entier, en 2 vol., Troyes, 1897; et en partie dans « La Vie spirituelle d'après les Mystiques allemands du XIVe s. », Traduction et adaptation par la Comtesse de Flavigny et Melle M.-A. de Pitteurs, Paris, Lethielleux, 1903.

[49]*) Nur.: « groser meister »*
[50]*) Nur.: « vernuftiges ».*
[51]*) Nur.: « über pild und über forme ».*
[52]*) Nur.: « in vernuftiger behendigkeit ».*

Et, passant au corps même du discours, Denifle multiplie les exemples, avec l'exposé des 24 articles qui sont proposés comme règles de perfection chrétienne. Par ses longueurs, le « Meisterbuch » trahit ici clairement sa dépendance vis-à-vis d'un traité primitif. Un seul exemple suffira.

<table>
<tr><td>Pfeiffer (l. c.)</td><td>« Meisterbuch »</td></tr>
<tr><td>« Daz dritte zeichen : sie haben sich gote lazen ganz unde gar; das ist got sines werkes ungehindert in in » [53]).</td><td>« Nuo das dirte stůcke : er sol sich gotte alzuomole zuo grunde gelossen haben, also das got keine hindernisse in ime vinde, also das got sin werg in ime wurken moege; und des sol sich der mensche nit annemen das er es si, er sol sich alzuomole zuo kleine darzuo duncken. »</td></tr>
</table>

L'inintelligence du copiste apparaît visiblement dans la citation tronquée et inexacte d'un texte attribué au Pseudo-Denys sur la nécessité qu'exige la lumière de la foi « d'une élévation de l'âme au-dessus des perceptions de la raison pour s'ouvrir toute grande à Dieu ». L'auteur du « Meisterbuch » a dû rapporter ce passage d'après un manuscrit défectueux du traité primitif. Car l'enseignement de Pseudo-Denys est tout à fait différent [54]). Preger a cherché vainement, en s'appuyant sur la recension de Nuremberg, inexacte elle-même, à reconstituer la doctrine de Pseudo-Denys, afin de sauver l'originalité du « Meisterbuch », en complétant le passage du « *De mystica Theologia* » par un autre passage de son « *De divinis nominibus* » [55]).

Preger a raison de contester contre Denifle que le Maître ait avoué lui-même, au début de son sermon, s'être servi d'un écrit antérieur pour le composer, lorsqu'il dit : « *Nuo vil lieben kint, also verre alse ich es in der geschrift funden 24 stücke, die ein solicher mensche an ime haben sol, und die wil ouch sagen und wil ouch domitte der bredigen ein ende geben.* » L' « écriture » dont parle ici le Maître n'est autre que l'Ecriture

---

[53]) Dans *Nur.*, c'est le 6e article.
[54]) « *De mystica theol.* », I, 1, éd. Lutetiae Paris., 1644, t. I, p. 708.
[55]) c. VII. Cf. Preger, l. c., p. 9—10.

par excellence, prise dans son acception très ancienne, qui était celle aussi du Moyen Age. Le Maître, d'ailleurs, à la demande instante du laïque, avait déclaré que, pour lui donner satisfaction, il lui faudrait étudier auparavant, et il venait de débuter son sermon par cette protestation : « Je ne dirai rien que je ne puisse prouver par l'Ecriture, *Aber was ich uch sagen wil, das wil ich alles beweren mit der geschrift.* » Puis il avait parlé de ceux qui, une fois arrivés à un commencement de lumière intérieure, obtenue « avec » ou « sans les Ecritures », « *durch die geschrift* », « *one die geschrift* », s'arrêtent là, se déclarant satisfaits.

Mais les investigations de Preger dépassent la portée et la valeur d'une expression, quand il conclut que l'apostrophe finale de la recension de Nuremberg au caractère original du sermon du « Meisterbuch », dont ce document ne serait qu'une réduction :

« *Nuo dar, lieben kinder, das (wir) nù all war pilder in rechter worer volkumenheit diemùtiklich werden funden, das helf uns die ewig warheit. Amen !* »

L'expression : « *Nuo dar, lieben kinder* » n'est pas propre au « Meisterbuch », à l'exclusion de tout autre écrit contemporain du même genre. Cette finale n'est pas nécessairement celle d'un sermon ; les traités mystiques d'alors finissaient volontiers sur une exhortation et un « Amen ! » dans le ton d'une prédication écrite. Le traité en question pouvait bien, d'ailleurs, avoir inspiré quelque manuel de prédication ou sermonnaire, comme il s'en rencontre tant au XVᵉ siècle [56]), et où l'auteur du Livre du Maître aurait pu puiser lui-même.

---

[56]) Cf. Jean Janssen, l. c., I, p. 30—31. « Le nombre considérable de sermonnaires, de plans de sermons, de répertoires, de recueils d'exemples à l'usage des prédicateurs publiés dès les premiers temps de l'imprimerie, prouve combien la prédication était fréquente à cette époque. Aujourd'hui encore nous possédons les exemplaires de plus de cent éditions différentes d'ouvrages de ce genre, d'une valeur plus ou moins grande. Ce sont des sermons pour tous les dimanches et fêtes de l'année, pour l'Avent, le Carême ; des séries d'instructions sur le « Pater », les dix commandements, les sept péchés capitaux ou d'autres sujets ; des sermons sur les devoirs d'état, des discours pour les mariages, des oraisons funèbres, etc...

« De tous ces sermonnaires, à peine en est-il un qui n'ait eu plusieurs éditions consécutives, et souvent dans cinq ou six villes différentes. »

Cf. Fr. Jostes, l. c., Einleit., XVII—XXVII. — Le ms. de la Bibliothèque de Nuremberg *Cent. VII*, *79*, passé du couvent alsacien de Schönensteinbach à celui de Stᵉ-Catherine de Nuremberg, contenait, sous la rubrique *E*, une série de Sermons et traités religieux, 130 – 138. P. ex., p. LXVII, « *Item ein pùhlein, sten etlich. predig an von dem Tawler. Hat swester Clar Ridlerin geschriben.* » (Cf. I—LXIX).

Un rapprochement de la lettre du texte, relativement à cette finale, dans le ms. de Klosterneuburg, dans celui de Nuremberg et dans le « Meisterbuch », ne fera que confirmer la réalité d'une dépendance marquée de ce dernier par rapport à une source, traité ou sermonnaire, antérieure.

Ms. de Klostern.	*Ms. de Nuremb.*	*« Meisterbuch ».*
« *Daz sint diu zeichen eines warhaften grundes, in dem das bilde aller warheit lebet, unde swer ir in im selber niht vindet, der ensol von seiner vernunft nihtes niht halten noch anderliute* ».	« *id. et ajoute :* nû dar lieben kinder, das (wir) nû als (all) war pilde in rechter warrer volkumenheit diemütiklich werden funden, des helf uns die ewige warheit. amen. »	« *Nuo vil lieben kint, ich voerht, ich habe es uch zuo lang gemaht, nuo ein jegelicher mensche sehe in sich selber und besehe ob er dise vier und zwenzig stücke an ime habe, und vindet er sin an ime, so wol ime das er ie geboren wart; und ist es aber das er*

su nut in ime vindet, so sol er das wissende sin, das er alzuomole nut halten sol von siner vernunft, noch von aller sinen vernünftigen wercken, und der bilder aller worheit der mag kein übernatürlich werg in ime wurkende sin, es were denne das er den menschen mit siner fürkommender gnoden fürkommen wolte, also er dem lieben sant Paulo tet; aber das wissent, das mich das dunckt das es in disen ziten gar froemde ist. nuo dar, lieben kint, das wir nuo alle gerehte gewore bildener in gerehter geworre vollekummenen demuetikeit noch gonde werdent, darzuo helfe uns die ewige worheit. amen ! »

Ce sermon nous apparaît d'autant plus comme une interpolation que le rôle du Maître y est des plus misérables.

Il lui faut plusieurs jours d'un dur travail pour le composer, comme fait un écolier, d'après un modèle. L'Ami de Dieu, après l'avoir entendu, rentre dans son hôtellerie et reproduit le sermon mot à mot. Il vient trouver le Maître, le lui lit. Et le Maître, plein d'étonnement, confirme la parfaite exactitude de son écrit, « *nach aller wisen und nach allen den worten* », avec les paroles mêmes qu'il a prononcées ; mais il déclare qu'il eût été incapable, lui qui l'a prononcé, de reproduire ainsi son propre discours mot à mot. Il a pu apprendre par cœur les 24 points de son sermon, par un bel effort de mémoire ; et, dès le lendemain, il les a oubliés; il ne pourrait pas même les reproduire par écrit, alors que le pieux laïque l'a pu! Toute cette histoire est des plus invraisemblables. Et Preger convient lui-même que Tauler, le grand prédicateur, n'était pas un novice de la parole, ayant besoin d'écrire, puis d'apprendre par cœur ses discours, pour réciter ensuite comme machinalement ce qu'il avait appris.

Tauler n'avait rien de l'écolier ou de l'apprenti, et il n'a pu être le Maître qui composa et donna ce discours, remaniement évident d'un travail antérieur.

Cette conclusion deviendra plus évidente encore, si nous constatons que le « Meisterbuch » s'est inspiré ailleurs également d'autres traités préexistants.

2. *Le Sermon aux cinq Recluses*

Le Maître, rien moins qu'original dans son premier sermon, qui commande, pour ainsi dire, dès le début, tout le récit de sa conversion et lui donne le ton, y fait preuve encore d'inintelligence dans l'emploi de ses sources, dont il ne sait pas même reproduire les pensées avec ordre, apportant de la confusion là où il n'a même pas pu faire preuve d'un minimum d'initiative et d'indépendance. Le sermon qu'il donne, à la fin du Livre, le dimanche de la Sexagésime, *aux cinq Recluses,* fournit une preuve nouvelle de la pauvreté de pensées du Maître.

Ch. Schmidt a cru pouvoir identifier cet ermitage avec l'ermitage le plus renommé de Strasbourg, *St-Gall,* près du village de Kœnigshoffen (1262-1468), qui fut habité par 4 ou 5 recluses, et dans la chapelle duquel les Dominicains allaient, en effet, prêcher [57]).

Il comprend trois parties.

La première part de l'extase de Saint Paul, dont l'Epître du jour, II Cor., XII, 2, raconte le récit « Je connais un homme dans le Christ qui, il y a 14 ans, a été ravi en extase jusqu'au troisième ciel, était-ce dans son corps ou sans son corps, je ne sais, Dieu le sait », et il parle de ces gens qui s'empressent de divulguer à tout le monde les moindres dons qu'ils ont reçus de Dieu; puis il passe à l'utilité de la souffrance, à l'exemple de Saint Paul.

---

[57]) « *Die Strassburger Beginenhäuser im Mittelalter* », Mulhouse, 1859, p. 51—53.

La deuxième partie traite des trois renoncements, renoncement à la nature, à notre esprit, aux grâces sensibles, par lesquels on parvient à la résignation parfaite. C'est la partie la plus longue et le cœur même de ce sermon.

La troisième partie donne, en quelques mots, les conseils demandés par les recluses sur ce qu'il faut pour être une vraie cloîtrée.

Toute la *seconde partie* n'est qu'un long extrait d'un traité mystique intitulé : « *Von den drin fragen in dien beslossen ist anvahent, zuonement, und volkomen leben.* »

Merswin l'a utilisé également pour l'un de ces traités ascétiques, vraies compilations, qu'il rédigea sur ses vieux jours pour les cénobites de l'Ile Verte : c'est son « *Livre des trois étapes spirituelles,* dans lequel est racontée l'histoire d'un prêtre savant et riche qui, après s'être livré jusqu'à la fin de sa 25e année à toutes les jouissances matérielles que lui suggérait sa fantaisie, sans trouver de joie parfaite, ni de satisfaction accomplie dans aucune créature, se tourna sérieusement vers Dieu et devint un prêtre d'une piété fervente, plein de grâce et de lumières divines; alors seulement il éprouva une vraie satisfaction, une paix et une joie sans mélange dans le Saint-Esprit, si bien qu'il put réprimander et grandement améliorer Maître Eckhart, le grand docteur » [58]). A. Jundt l'a publié d'après un manuscrit d'une bibilothèque particulière du XIVe siècle, en appendice à son « Histoire du Panthéisme populaire au Moyen Age et au XVIe siècle ».

Ce même traité se trouve également dans plusieurs manuscrits du XIVe siècle ou du début du XVe siècle : *Cod. C 9 b/320,* de la Bibliothèque municipale de Zurich (XIVe siècle, f. 125 a) ; *Cod.* de Sarnen (sur parchemin, XVe siècle) ; *Cod. 972 u.,* de Saint-Gall (p. 224) ; *ms. IV b. 20,* de la Bibliothèque du Couvent de Saint-Pierre à Salzbourg

---

[58]) Cf. Jundt, « Histoire du Panthéisme . . . », 215, 230. — « Amis de Dieu », 24—25. — « *Das ist das Buoch von den drien durchbrüchen und von eime wol gelerten richen pfaffen, der alle natürliche lipliche luste versuhte und doch noch sinre müot willigen meinunge in allen creaturen keine vollekommenen lust noch genuegede nie vinden kunde, untze noch sinen funf und zwentzig ioren, das er mit erneste sich wart zuo gotte kerende und ein begnodeter erluchteter andehtiger priester wart; do vand er alrest rehte genuegede und gantze vollekomenen fride und froeide in dem heiligen geiste: darus er meister Ecksharten, den grossen lerer, stroffete und groeliche gebesserte, alse dis buoch seit, das Ruoleman Merswin, unser lieber stifter, mit sin selbes hant den bruedern zuo einer gebesserlichen lere in wahs schreip, und hie anvohet* ».

(f. 268) ; *Cod. 283,* de Stuttgart (f. 293) ; *Cgm 627,* de Munich (f. 263).
Denifle l'a publié d'après ces dernières recensions en appendice à son
opuscule : « *Taulers Bekehrung kritisch untersucht* » (p. 136-143).

Que le texte restitué par Denifle : « *Von den Drin Fragen* » soit
antérieur ou postérieur au traité de Merswin [59]), le sermon du Maître se
présente, en tous cas, comme une retouche maladroite d'un texte pré-
existant.

Merswin et les manuscrits reproduisent les trois questions posées
à un Maître sur les moyens de sanctification à conseiller aux hommes
spirituels dans leurs commencements, dans leur progression et leur perfectionnement : « *Es sint drie frogen in den alles das begriffen ist das
eime anvohenden menschen und eime zuonemenden menschen und eime
vollkommenen menschen zuo gehoeret.* » Questions et réponses s'en-
chaînent, pour eux, logiquement, tandis que le Maître du Sermon de
l'Ermitage néglige les réponses ou y sème la confusion, comme ferait un
prédicateur à la mémoire fatiguée ou ingrate, à l'intelligence plus ou
moins épaissie.

Première question : Par quel renoncement atteindre Dieu rapidement? — Par le renoncement à l'esprit et à sa nature, répondent Merswin
et les Manuscrits.

Deuxième question : Quel est le degré de renoncement le plus sûr?
— La résignation parfaite, ajoutent-ils.

Troisième question : Quelle est l'union la plus haute avec Dieu?
— Celle du chrétien qui, à travers les créatures et l'obstacle de sa raison, a su s'abstraire jusqu'à trouver Dieu.

Le Maître du « Meisterbuch » n'a pas su garder ce lien logique des
idées, ni leur parallélisme dans la source où il puise.

Il a rattaché la première question sans liaison apparente à son
exorde de l'extase et des souffrances de Saint-Paul.

Il rend imparfaitement, en réponse à la seconde question, la belle
maxime de Suso : « *Eine Gelassenheit ob aller Gelassenheit ist gelassen
sin in Gelassenheit* », jeu de mots intraduisible, qu'il rend par un à
peu-près : « La résignation parfaite, c'est d'avoir tout quitté et de supporter courageusement l'abandon total. » Et, après s'être attardé longuement à expliquer le sens de cette résignation parfaite, il a à peine abordé
sa troisième question et invité ses auditeurs à apprendre comment on

---

[59]) Cf. Preger, « *Gesch. d. d. M.* », III, 35—53.

devient de « vrais adorateurs du Père, en esprit et en vérité », que, tout
à coup, il se souvient des recluses et du sermon qu'elles lui ont demandé
sur les vertus d'une vraie cloîtrée.

Il ébauche alors sa troisième partie, qui devait faire l'objet principal de son sermon. Mais il s'est d'abord excusé par la formule qui lui
est habituelle, et que nous avons déjà remarquée dans son premier
sermon [60] : *« Lieben kinder, ich fürchte, es möchte zù lange werden »*.
Preger convient lui-même qu'il n'a trouvé cette formule ou une formule
analogue qu'une seule fois dans les sermons de Tauler [61]).

Le « Meisterbuch » révèle donc bien, pour ce sermon comme pour
le sermon aux 24 articles, la main d'un plagiaire maladroit, dont le
travail nous apparaît assurément postérieur aux sources manuscrites que
Preger a voulu faire dépendre de lui. Le savant historien munichois
n'aurait pu indiquer ni dans Tauler, ni même dans Eckhart ou Nicolas
de Strasbourg, comme il le prétend, ce qu'il appelle une « digression »
de ce genre et d'une telle envergure.

Ce n'est pas là un procédé oratoire dans le goût de Tauler. Tauler
n'en est pas l'auteur. Il n'a pas pu donner ce sermon aux 5 recluses.

Mais retenons la présence du même traité, toutefois avec un
enchaînement plus logique, dans le « Livre des trois Etapes spirituelles »
de R. Merswin : n'oublions pas que les Mémoriaux de l'Ile-Verte lui attri-
buent plusieurs traités mystiques qui se donnent eux-mêmes pour des
travaux de compilation, fabriqués avec de longs fragments d'origine
diverse, de Pseudo-Denys, d'Albert le Grand, de Maître Eckhart, de Ruysbroek. Ils ont été, déclarent les rubriques, transcrits, interpolés et rat-
tachés ensemble par des transitions.

3. *Les 2 Sermons sur les Vices de la Chrétienté.*

Les deux sermons « de tapage », de la fête de Ste. Gertrude et du
dimanche de la Passion, l'un de 9 pages, adressé particulièrement aux
magistrats et au clergé de la ville, l'autre de 8 pages, aux marchands,

---

[60]) On la rencontre jusqu'à 13 fois dans le « Meisterbuch », p. 7, 33, 43, 44,
50, 52, 53, 58.

[61]) Tauler ne la donne qu'une fois, p. 50 : *« Lieben Kinder, habe ich zù viel
gesprochen »*.

aux soldats et au peuple, ne brillent pas non plus par la richesse des idées.

Les religieux et les confesseurs ne valent rien; les prédicateurs ne valent guère plus; les évêques ne valent pas mieux; les prêtres séculiers sont pires que Judas; les juges sont dignes de leurs clients; enfin, l'adultère est un péché mortel. Une longue histoire scandaleuse d'adultère, qui tient 3 pages, veut en démontrer les funestes conséquences. Telles sont les idées du premier de ces sermons.

Le deuxième n'est pas plus riche. Les hommes et surtout les femmes se montrent aujourd'hui plus coupables qu'Adam et Eve, les femmes particulièrement par la légèreté de leurs vêtements. Les usuriers et ceux qui pratiquent des rachats injustes commettent un triple crime : c'est ce que prouvent deux historiettes, suivies du récit d'une vision personnelle. Le sermon se termine par le récit de la vision du Maître descendu en songe au Purgatoire et par un passage sur la miséricorde et la justice, qui semblent bien copiés sur le « Livre des Deux Hommes » (p. 271), antérieur au « Livre du Maître », puisque Merswin dit l'avoir reçu en 1350 de l'Ami de Dieu de l'Oberland, donc avant la retraite du Maître qui dura deux ans.

Les ressemblances sont visibles entre ces deux sermons et le long réquisitoire de la voix céleste contre les vices de la Chrétienté dans le Livre « *Des Neuf Roches* » de Merswin : Jundt les a reconnues le premier [62]).

La description des vices des confesseurs et des prédicateurs de l'époque, au début du sermon du 17 Mars, et dans le corps du sermon de la Passion, est identiquement la même que celle du Livre des « Neuf Roches » dans sa partie centrale. Tous deux reprochent sous les mêmes traits aux confesseurs leur cupidité, leur indulgence coupable vis-à-vis de leurs pénitents, leur facilité à accepter leurs excuses. Tous deux leur appliquent la même parole du Christ : « Si un aveugle conduit un aveugle, ne tombent-ils pas l'un et l'autre dans la fosse? » (Mth. XV, 14; Luc. VII, 39): les confesseurs tombent les premiers, et les gens y tombent « sur eux », détail qui n'est pas dans l'Evangile et qu'ils signalent l'un et l'autre. De même, l'idéal du confesseur et du prédicateur, tel que le dépeint le livre de Merswin, courageux pour dire, coûte que coûte, la vérité à tout le monde, en traçant à la Chrétienté le tableau complet de

---

[62]) « *Amis de Dieu* », 175—182.

ses péchés : ce docteur intrépide, que les chefs de la chrétienté et les bourgeois de la ville devraient chercher, s'ils ne l'avaient, et s'efforcer de trouver, c'est bien le portrait du « Maître de la Ste-Écriture », dont les notables disent que, bien loin de s'en débarrasser, l'on devrait plutôt l'acquérir et le faire venir à prix d'argent.

Le « Livre des Neuf Roches » débute, comme le « Livre du Maître », par l'affirmation de la légitimité de l'inspiration divine immédiate des laïques. La puissance divine est la même à travers les siècles, la même aujourd'hui qu'autrefois, aussi grande envers ses amis d'aujourd'hui qu'autrefois, dans l'Ancien et le Nouveau Testament. C'est pour ce motif que Merswin cède à la contrainte divine : « J'obéirai : tu as bien dit la vérité par la bouche de Caïphe » [43]).

De même, le passage consacré aux Juifs et aux Musulmans qui sont décidés à renoncer à leur religion, dès que Dieu leur aura fait connaître, serait-ce par des voies mystérieuses, qu'une autre foi lui est plus agréable, ressemble étrangement au passage du « Meisterbuch » où l'Ami de Dieu raconte la conversion d'un païen au cœur droit opérée par le moyen de sa lettre inspirée du St. Esprit et miraculeusement comprise par lui.

Jundt conclut que tant de ressemblances ne peuvent être l'effet du hasard. Mais il les explique mal, en invoquant l'influence qu'avait dû exercer le confesseur sur son pénitent, c'est-à-dire Tauler lui-même sur Merswin, lequel aurait été frappé des Sermons du grand Dominicain et les aurait reproduits dans ses traités mystiques.

Sans doute le troisième habitant de la « 9e Roche » pouvait être, dans la pensée de Rulman Merswin, notre « Maître de la Ste. Ecriture », que nous voyons jouir d'un ravissement ineffable à la fin de sa conversion, comme ceux-là seuls qui parviennent devant la porte « de l'Origine ». Mais le Maître de la Ste. Ecriture n'en est pas moins identique à l'habitant du degré suprême de l'« Escalier spirituel », traité attribué, comme le « Meisterbuch », à l'Ami de Dieu.

Une sorte de parenté littéraire relie ces divers traités entre eux. Et la similitude des expressions, l'imprécision philosophique des termes employés, leur caractère incorrect, relevés par Denifle [44]), nous déter-

---

[43]) p. 10.

[44]) « Taulers Bekehrung kritisch », 42—44.

minent à reconnaître un autre auteur que Tauler comme le plagiaire et le compilateur du « Meisterbuch ». Tauler avait reçu une culture scolastique trop sérieuse, à Strasbourg et à Cologne, pour accoupler des termes tels que « *sinneliche vernunft* », expression qui appartient exclusivement aux écrits de Merswin, de l'Ami de Dieu, et au « Livre du Maître » [65]). Tauler, lui, emploie des expressions telles que « *in den sinnen und in der vernunft* » (35) , « *über sinne und vernunft* » (90, 50, 77).

Les deux sermons sur les vices de la Chrétienté, en raison de leur communauté d'idées avec le « Livre des Neuf Roches » et des ressemblances frappantes entre ce dernier traité en général et le « Livre du Maître », ne peuvent avoir été prêchés par Tauler.

Nous verrons que, pour des considérations d'ordre moral, ils sont en contradiction, ainsi que le sermon de l'Epoux et le sermon sur le St. Sacrement, avec le caractère et les sermons authentiques de Tauler.

Nous achevons de passer en revue les arguments d'ordre littéraire : et, après avoir envisagé le fond, considérons rapidement la forme des sermons du « Meisterbuch ».

II. — *Forme et style des Sermons du « Meisterbuch »*.

Pas plus que le fond, la forme et le style de ces sermons ne présentent rien de commun avec les sermons authentiques de Tauler.

L'on ne remarque nulle part que Tauler ait changé de méthode oratoire à aucune époque de son ministère.

Ses vrais sermons révèlent un talent qu'on chercherait vainement dans les sermons du Maître.

Enfin le style de ces derniers offre des particularités morphologiques, syntaxiques ou dialectales absolument étrangères à Tauler.

1. Dans le premier sermon que le Maître donna après ses deux années de retraite, il dit qu'il renoncera désormais à son habitude de mêler à ses discours beaucoup de citations latines et de les diviser en un grand nombre de points, méthode qu'il avait encore suivie dans son dernier sermon sur les 24 points de la perfection chrétienne.

---

[65]) « *Meisterbuch* », 25, 32, 37, 53, 11. — « *N. v. B.* », 85, 120, 171, 191, 253, 272.

Or il est impossible de constater, à aucune époque de l'activité de Tauler, ce double caractère dans aucune catégorie de ses sermons. Pas plus la multiplicité des citations latines que le nombre exceptionnel des divisions ne se rencontre nulle part dans ses sermons authentiques.

Denifle, prenant pour critère de l'ancienneté des discours de Tauler un passage d'une lettre de Henri de Nördlingen à Marguerite Ebner (en 1349), où la voyante est priée de lui dire si ce prêtre, son ami, doit introduire plus qu'il ne l'a fait jusque-là la note apocalyptique dans ses discours, avait cru pouvoir conclure que huit sermons au moins de Tauler (les numéros 81, 130, 103, 133, 104, 102, 88 et 131 de l'édition de Francfort) étaient antérieurs à 1350, et il avait aisément démontré que ces sermons ne diffèrent en rien, quant à la forme, des autres sermons, qu'ils ne portent point le double caractère en question [66]).

Jundt, en 1879, répondit d'abord, avec raison, que la date prétendue de ces sermons n'était nullement certaine [67]). Et, huit ans après, dans une recension insérée aux « Annales de Bibliographie théologique » (15 mars 1888, p. 33-41), il pouvait légitimement applaudir aux conclusions de W. Preger, lequel venait de déterminer avec certitude, dans l'une des séances de l'Académie royale de Munich, section de philosophie et d'histoire [68]), d'après leurs préoccupations apocalyptiques, écho manifeste des cataclysmes de l'année 1356, peste et tremblements de terre, la date de 6 d'entre ces mêmes sermons, les numéros 81, 102, 103, 104, 130 et 133, fixés aux 9 juillet, 14 septembre, 22, 23 et 29 octobre, 1er novembre 1357. L'étude chronologique très fouillée que Preger a publiée depuis dans le troisième volume de son Histoire de la Mystique allemande [69]) lui a permis d'assigner cette même année 1357, sinon avec certitude pour tous, du moins avec grande vraisemblance, pour 42 sur 83 des sermons authentiques de Tauler qui appartiennent à la collection la plus ancienne communément admise comme authentique.

Les sermons que Denifle faisait remonter avant 1350 doivent donc être reconnus comme certainement postérieurs. Son argument invoqué perd ainsi toute force probante.

---

[66]) « *Taulers Bekehrung kritisch* », 30—31; — « *Antikritik* », 20—21.

[67]) « *Amis de Dieu* », 432—435.

[68]) « *Die Zeit einiger Predigten Taulers* » (« *Sitzungsberichte der philos.-hist. Klasse der K. B. Ak. der Wiss.* », München, 1887), II, 317—361.

[69]) « *Gesch. d. d. M.* », III, 69—84.

Toutefois, ni Preger, ni Jundt, ni Schmidt, n'ont jamais été à même de désigner aucun sermon qui revêtît le double caractère prétendu de la prédication de Tauler avant sa conversion.

Trouve-t-on, du moins, quelque part chez lui, à quelque époque de son ministère, un usage excessif des citations latines?

On ne peut citer que deux sermons de l'ancien *ms. A 89* de Strasbourg où se rencontrent plusieurs citations latines. C'est le n° *64,* où Tauler s'inspire de la séquence : « *Sine tuo lumine nihil est in homine* »; et le n° *86 b.,* le sermon « *Revela* », où il explique deux versets du Psaume XXXVI, qu'il cite en latin, parce qu'il s'adresse à des religieuses instruites, pour qui la lettre latine devait être plus familière que sa version allemande. Mais encore faut-il ajouter que ces citations n'ont rien d'abusif.

Partout ailleurs, les citations latines ne se rencontrent qu'à l'état sporadique, et elles sont toujours motivées.

On a même l'impression que Tauler était incapable de citer, selon la lettre, aucun texte scripturaire, lacune partagée, il est vrai, par tant d'autres prédicateurs, même des plus célèbres [70]).

2. L'argumentation de Denifle redevient très forte lorsqu'il oppose l'élocution traînante et embarrassée, froide et décolorée, du Maître, au *talent oratoire* incontestable de Tauler, à sa brillante imagination, à sa phrase pleine de mouvement et de vie, à sa poésie naturelle et de bon aloi, autant que nous pouvons encore en juger à travers le miroir imparfait des collections de ses sermons, seraient-ce les plus anciennes et les plus sûres : car nul ne peut affirmer qu'elles soient de sa propre main, ni qu'il ait écrit lui-même ses sermons, ou qu'il ait même jamais composé; il est probable, au contraire, qu'elles sont l'œuvre de pieux disciples, de frères enthousiastes, plus encore de religieuses cultivées qui, les permières, dans les couvents de l'Ordre, prirent à cœur de recueillir précieusement les enseignements du grand prédicateur pour l'édification d'un grand nombre.

Quoi qu'il en soit, les sermons du Maître de la Sainte-Ecriture nous sont rapportés pareillement, non par la plume du Maître qui les prêcha, mais par celle du pieux laïque, de l' « Ami de Dieu » qui les entendit et les rédigea « de mémoire », sitôt rentré dans son hôtellerie. Lorsque

---

[70]) « *Taulers Bekehrung kritisch* », 31—32.

Jundt objectait que, sous leur formule actuelle, ces sermons n'étaient évidemment point l'œuvre directe de Tauler, et que « l'Ami de Dieu », laïque dépourvu de toute culture théologique, les avait d'abord notés dans son dialecte particulier alsacien, et qu'ils avaient été ensuite recopiés et sans doute remaniés encore par le copiste de l'Ile Verte, et enfin recopiés dans le « Grand Mémorial Allemand »[71], la réponse était bien facile. N'est-ce pas là l'histoire des collections de Sermons de Tauler? Ils ont été, eux aussi, traduits de leur dialecte primitif en moyen haut-allemand et dans tous les dialectes de la Basse, de la Moyenne et de la Haute-Allemagne, retraduits en latin par Surius et sur cette version latine traduits à nouveau en allemand. Oublie-t-on que l'Ami de Dieu possédait une mémoire extraordinaire entre toutes, capable de lui faire reproduire mot à mot, et sans rien changer, ni à leur enchaînement, ni à leur expression, 24 articles abstraits qu'il avait entendus une seule fois?

Pourquoi donc remarque-t-on, dans un même manuscrit qui les renferme tous (par exemple dans ceux du XVe siècle, où on les trouve réunis), entre les sermons authentiques de Tauler et ceux du Maître insérés au « Meisterbuch » avant ou après ceux-ci, des procédés oratoires, des formes de langage, des particularités de style, un certain nombre d'expressions, un vocabulaire si différents?

L'imagination du Maître, en effet, est pauvre en *images,* en comparaisons, en figures de rhétorique, oppositions, analogies, etc.

La poésie, les images coulent naturellement sur les lèvres de Tauler: il est l'égal de Suso, il le dépasse même peut-être. Denifle cite quantité d'exemples, et il est loin de les citer tous.

En 1920, les « *Germanistische Abhandlungen* », de Breslau, publiaient (51. Heft) une étude d'Antoinette Vogt-Terhorst de 171 pages sur « les expressions imagées dans les Sermons de Tauler[72]). Ce travail y révèle toute une mine inépuisable, extrêmement riche, de métaphores, d'allégories, d'images, de récits et de comparaisons, d'une abondance et d'un variété telles que Tauler souffre avantageusement la comparaison avec Eckhart, Suso et tous les autres prédicateurs mystiques de son temps. Il suffit, pour s'en rendre compte, de jeter un coup d'œil sur les

---

[71] « *Amis de Dieu* », 435—436.
[72] « *Der bildliche Ausdruck in den Predigten Johann Taulers* ».

études récentes de terminologie et de stylistique à propos de ces mêmes auteurs [73]).

S'il s'adresse à ses auditeurs, Tauler est rapide dans l'apostrophe. D'un mot : « *Kinder* », il éveille aussitôt leur attention. Parfois, au début d'une phrase, il cédera à son émotion : « *och kinder* », « *o kinder* », « *ir kinder* », « *ach kinder* ».

Le Maître, lui, se plaît toujours à alourdir sa diction : « *lieben kinder* », « *vil lieben kint* » ; et il éprouvera encore le besoin d'ajouter bien inutilement : « *ich wil uch sagen* » (36, 40, 49, 51, 58). Il commence fréquemment ses phrases par l'expression lourde et traînante : « *Nuo dar, lieben kint* » (32, 38, 40, 43, 45).

Le Maître ignore la gradation dans la juxtaposition des adjectifs (5, 29, 33, 30, 60, etc.), de même que l'art des transitions, procédés si familiers à Tauler, si bien que les sermons du « Meisterbuch » sont tous plus ou moins des sermons aux points, divisions et subdivisions multiples, dans le goût du sermon-type en 24 articles.

La conclusion arrive toujours brusque et hachée, sur cette phrase : « *ich voerhte ich habe es uch zuo lange gemacht* » (7, 33, 44, 54). Le sermon aux Recluses finit autrement ; mais cette formule stéréotypée y revient encore entre la deuxième et la troisième partie. Et le vœu final est invariablement la formule consacrée en Allemagne au Moyen Age : « *Das wir nû... darzuo helfe uns... Amen !* »

Tauler, au contraire, ménage habilement ses transitions et utilise à cette fin un mot, une comparaison de la Bible ou de l'Evangile ; il possède le sens de l'harmonie ; il développe sa pensée jusqu'à la fin, et il sait varier ses phrases finales.

Rien de commun donc entre la pauvreté d'élocution du Maître et la variété d'expressions et de procédés de Tauler.

---

[73]) Cf. P. Heitz, « *Zur mystischen Stilkunst H. Seuses in seinen deutschen Schriften* », Diss. Halle, 1914. — C. Heyer, « *Stilgeschichtliche Studien über H. Seuse's Büchlein der Ewigen Weisheit* » (« Ztsch. f. deutsche Philologie », 46, 175, 393). — A. Nicklas, « *Die Terminologie des Mystikers H. Seuse* », Diss. Königsberg, 1914. — E. Kramm, « *Meister Eckhart Terminologie in ihren Grundzügen dargestellt* » (« Ztsch. f. d. Phil. », 161, 1). — Cf. W. Uhl, « *Beiträge zur stilistischen Kunst der Theologie Deutsch* », Diss. Greifswald, 1912.

3. Denifle a relevé enfin, dans le langage du Maître, certaines particularités de style, *grammaticales* et *syntaxiques,* et toute une série d'expressions ou *de mots* absolument étrangers aux sermons authentiques de Tauler. Et ces particularités de vocabulaire et de style sont habituelles à Merswin et à l'Ami de Dieu dans leurs traités ascétiques conservés à la maison de Saint-Jean de l'Ile-Verte.

C'est le *d* placé après l'*n* à l'infinitif, spécialité du dialecte alémannique, à partir du XIIIe siècle (« *gehende* », « *tuonde* », «*sprechende* »).

C'est la construction de l'auxiliaire avec le participe présent, construction qui rend la phrase longue et traînante en l'alourdissant. On ne la trouve que cinq fois en tout dans les 85 à 90 sermons de Tauler que renferme l'édition de Bâle (par exemple, n. 91, f. 101; n. 87, f. 87; n. 79, f. 84; n. 24, f. 19), tandis qu'elle se répète quatre et cinq fois à chaque page des sermons du « Meisterbuch » et, à la page 57, jusqu'à neuf fois.

Il n'est guère de sermons où Tauler ne passe, en s'adressant à ses auditeurs, du pluriel au singulier : « *liebes kint* », « *viel liebes kint* » ou « *kint* » tout court (par exemple, 15, 33), afin de faire mieux pénétrer dans l'âme de chacun ses appels pressants, afin de mieux les persuader tous, comme s'il les exhortait chacun individuellement. — Jamais le Maître n'en agit ainsi, si ce n'est deux fois seulement, dans le sermon sur le Saint-Sacrement, et d'après le seul *Cod. Vindob. 8022.*

Jundt signale dans une seule page (p. 4) du « Meisterbuch » plusieurs expressions étrangères au vocabulaire ordinaire de l'Ami de Dieu et qui doivent être, selon lui, empruntées au langage ordinaire du « Maître de la Sainte-Ecriture » : « *verstentliche schowunge* », « *bildeliche schowunge* », « *schowende menschen* », « *vernunftige begriffunge* », « *unbekanntsam* », *unbekennesam* », « *vernunftige wolgefallende bildungen* », « *zuo clareme verstentnisse* », *zuo vernunftigem unterscheide* ».

Mais il est à remarquer que ces expressions se trouvent uniquement dans le premier sermon aux 24 articles calqué sur le traité que nous savons. La citation de Pseudo-Denys, objectée par Jundt à la même page, s'explique aussi par l'emprunt fait au traité qu'a copié le Maître; le sermon aux 5 Recluses donne, d'ailleurs, encore une citation du Pseudo-Aréopagite, et c'est dans le grand extrait tiré du traité *Von den drin Fragen* ».

Par contre, le Maître, dans ses sermons, conserve la spécialité des termes « *blude* », « *hertzeliep* », « *nuo dar* », « *geroten* », « *sinneliche vernunft* », qu'on ne trouve pas une seule fois dans Tauler.

Dans le sens de « aussitôt », le Maître emploie continuellement « *zuo stunt* », et jamais « *alzûhant* » ou « *zûhant* »; c'est le contraire dans Tauler.

Tauler a « *ganz und gar* » là où le Maître emploie toujours « *nut alle* ».

Quant à l'usage de « *nuo* », sans doute on le trouve dans Tauler, mais comme adverbe de temps ou pour marquer une progression dans le discours (par exemple, dans les sermons n. 15, 22, 26, 33, 35, 34, 57, 93, cf. 70), tandis que le Maître le répète à satiété et presque toujours dans un sens explétif : trois ou quatre fois par pages; et, dans les pages 5 et 6, jusqu'à vingt-six fois. Chacun des 24 points du sermon-type, au début du livre, commence par « *nuo* » : « *nuo das dirte stücke* », « *nuo das vierde stücke* », etc.

Si ces particularités de style peuvent se retrouver dans quelque autre document littéraire ou dans une même série d'écrits, c'est là qu'il faudra rechercher l'origine et l'auteur des sermons du « Meisterbuch », l'auteur du livre tout entier. Nous possédons déjà comme acquises, sous ce rapport, des indications fortement suggestives.

Au point de vue littéraire donc, nous sommes déjà suffisamment autorisés à conclure, avec Denifle, que, tant pour le tour oratoire, la langue, les expressions et le style, que pour le fond, Tauler n'a pu ni composer ni rédiger les Sermons du « Meisterbuch ».

Jundt avait reconnu lui-même, dès 1879, que ces sermons « se dérobent, au point de vue de la forme littéraire, à toute comparaison avec les sermons authentiques de Tauler ». Le grand prédicateur strasbourgeois était, en effet, lui, si agréable, si insinuant, persuasif, entraînant, si plein d'onction, tout l'opposé du plagiaire inintelligent et maladroit du « Meisterbuch », esclave au contraire des mots et de la pensée d'autrui ! Tauler, lui, si riche de pensées, si imagé et si vivant, n'était pas homme à recourir par nécessité à un misérable travail de compilation, à copier deux traités étrangers, à les transformer péniblement en sermons, à les apprendre par cœur, à les réciter comme un écolier, en observant jusqu'à l'ordre des 24 propositions qui se succèdent sans enchaînement et sans cohésion, pour les oublier ensuite aussitôt et être incapable de les reproduire le lendemain par écrit.

Aussi bien l'ensemble des traits qui, à l'analyse des différentes parties du livre, constituent la physionomie générale du « Maître de la Sainte-Ecriture » nous donne-t-il, en définitive, un portrait moral du Maître indigne de Tauler, de ses qualités et de ses mérites, non moins que de ses habitudes oratoires, toutes choses connues par ailleurs de quiconque a fréquenté un peu les œuvres authentiques du grand Dominicain.

III

Preuves morales

Relisons les six discours du Maître. Nous y trouvons une doctrine ici et là erronée, entremêlée d'historiettes singulières ou scandaleuses, qui portent le lecteur à se demander si cet étrange prédicateur a jamais su la théologie, s'il a été confesseur, ou même seulement prêtre.

Doux et sentimental dans ses trois sermons extatiques, prêchés à des religieuses, il est violent jusqu'à l'insulte dans ses sorties véhémentes, en présence des magistrats et du peuple, spécialement contre les moines et les prêtres, les confesseurs et les prédicateurs, qu'il livre aux railleries des fidèles. On le prendrait presque pour un de ces prédicants en révolte contre l'autorité de son Eglise, en rupture de ban avec la société chrétienne établie et insurgé contre ses prescriptions ou ses sanctions, tel que *Speckle* devait, au siècle de la Réforme, essayer de nous représenter Tauler.

Tauler, au contraire, se révèle à nous dans ses sermons comme un fidèle disciple de l'Ecole, héritier en ligne directe de la doctrine de saint Thomas et d'Albert le Grand : toujours exact dans son enseignement, qu'il l'illustre ou non par des récits ou des exemples. Toujours égal à lui-même, bien que sévère et véhément dans son zèle pour la vertu, il sait se tenir éloigné des excès et garde la réserve du langage vis-à-vis des personnes : nullement détracteur insolent et grossier du clergé ou des religieux, il professe et observe une scrupuleuse obéissance aux chefs de l'Eglise et à leurs ordonnances.

I. *Historiettes à scandale du « Meisterbuch ».*

Tauler n'ignorait pas la ressource qu'offrent au prédicateur populaire les récits et les traits historiques, comme moyen pour faire saisir sous un aspect concret des vérités abstraites. Les histoires sont pour le sermon ce que sont les exemples en logique et les cas en morale. L'illustre prédicateur strasbourgeois n'a pas négligé d'y recourir.

Neuf fois il raconte des visions, mais en quelques mots rapides et clairs, visant toujours à faire ressortir une ou deux idées très nettes : par exemple, la nécessité de la prière (éd. F. Vetter, 160, 33), le prix de l'humilité (205, 27), la nécessité de la souffrance (227, 4) [74]).

Il raconte, mais toujours sans s'attarder, et juste assez pour aller droit à sa démonstration, quelques faits historiques empruntés à l'Ancien ou au Nouveau Testament (Vetter, 119, 130 ; 96, 1 ; 66, 24 ; 401, 24) ; à la tradition et à l'histoire de l'Eglise, des Pères et des Ordres religieux [75]) ; à l'histoire et à la vie de son temps [76]).

Les sermons du Maître rapportent cinq historiettes et deux visions personnelles. Mais combien l'esprit de Tauler est absent de ces récits fantaisistes, et comme ils reflètent une pensée tout opposée au caractère sage, discret, prudent et éclairé de Tauler !

Ainsi, aucune des neuf visions auxquelles l'éloquent Dominicain fait allusion ne se rapporte à lui-même.

Quant aux histoires du « Meisterbuch », elles sont, sinon scandaleuses toujours, du moins longues et fastidieuses, citées à l'appui de principes erronés, dénotant en leur auteur l'absence d'une sûre et saine doctrine théologique, méritant bien plutôt le nom de cas de conscience que celui d'historiettes, relevant de la casuistique ou de la théologie pastorale, et dont la place serait bien mieux au confessionnal que dans la chaire chrétienne.

N'en citons que deux.

L'une est prise au deuxième sermon sur les vices de la chrétienté, qui fulmine particulièrement contre les usuriers et les marchands.

---

[74]) Cf. Ant. Vogt-Terhorst, l. c., p. 164—166.

[75]) Ed. de Bâle, Nos 110, 129, 132, 7, 24, 71, 86, 88, 125, 130, 133.

[76]) ib., Nos 13, 69, 73, 87, 90, 95, 97, 102, 105, 130. — Cf. Ant. Vogt-Terhorst, l. c., p. 146—164, 165—167 ; — Denifle, « *Taulers Bekehrung kritisch* », 45—48.

Plus que rigoriste sur le chapitre du prêt ou de ce que les théologiens moralistes appellent « pacte de rachat ou de revente » (« *pactum retrovenditionis seu redemptionis* »), et catégoriquement hostile au droit parfaitement reconnu au vendeur ou à l'acheteur par saint Thomas et tous les moralistes après lui, en raison d'un triple risque (appelé en théologie : « *damnum emergens* », « *lucrum cessans* » ou « *periculum sortis* »), de reprendre ou de rendre la chose vendue, moyennant le remboursement du prix et une indemnité pour la plus-value, le Maître défend à un homme qui n'a plus assez de ressources pour mener avec sa famille une vie conforme à sa condition, de vendre ses biens avec la condition de les racheter dès qu'il le pourra. Sinon, il commettra un triple péché mortel : d'usure, d'avarice, d'orgueil. Sans faire aucune distinction, il déclare usuraires tous les contrats d'achat et de vente dans lesquels l'acheteur se réserve le pouvoir de reprendre son capital quand il lui plaît.

Denifle a raison de se refuser à voir, non seulement Tauler, mais même un théologien en un tel conseiller, à plus forte raison un docteur, un « Maître de la Sainte-Ecriture », un Dominicain, aussi ignorant de la doctrine de saint Thomas, déjà enseignée dans l'Ordre et alors répandue dans toute l'Eglise, avec la diffusion des « sommes » et des « commentaires sur le Maître des sentences » (Pierre Lombard) [77].

L'autre histoire est de même un cas de conscience, plus délicat et plus risqué encore, puisque son récit, dans la bouche du prédicateur, qui prend soin d'annoncer qu'il l'a vécue lui-même, prend l'allure d'une violation du secret confessionnel et sacramentel.

C'est l'histoire très circonstanciée de cette femme adultère, dont le cas tient les trois dernières pages du sermon au clergé et au peuple donné le samedi 17 mars, fête de sainte Gertrude. Les dernières phrases eussent été capables de faire rougir les auditrices présentes. Aussi l'histoire est-elle très abrégée dans les Manuscrits de Stuttgart et de Wolfenbuttel et dans tous ceux de Munich. Elle a même été complètement omise dans le *Cod. Vindob. 3022* et le *ms. 80* de Saint-Georges, à Karlsruhe.

A peine âgé de trente ans, alors qu'il séjournait dans une ville où ses supérieurs l'avaient envoyé compléter ses études, le Maître avait fait la connaissance de deux jeunes gens, commerçants également riches, mariés tous deux à deux femmes également jeunes et belles (« *die hettent*

---

[77] « *Summa Theologica* », II a. II ae., q. 78, a. 2, ad. 7 ; cf. q. 77, a. 1. — Denifle, l. c., 70—72.

ouch zwey schöne wip und schöne kint »). Si l'un d'eux s'absentait pour ses affaires, il confiait à la garde de l'autre sa maison, sa femme et ses enfants.

Le Maître, devenu confesseur des deux maisons, apprit un jour le péché de l'une ce ces jeunes femmes : sa fille était le fruit d'un adultère avec l'ami de son mari.

Le Maître, qui orne son récit d'un luxe inouï de circonstances, des détails les plus bizarres sur questions et réponses au confessionnal, conseilla vainement à sa pénitente de faire connaître la vérité à son mari, sous peine de se voir refuser l'absolution...!

La jeune femme s'y refusa. Et, au bout de quelques années, les deux marchands, tous deux ignorant la réalité, mariaient le fils de l'un à la fille de l'autre, en fait le frère et la sœur.

Ainsi, voilà un confesseur qui n'a même pas su donner à sa pénitente le conseil d'informer son complice que sa fille, « *das Kettrinlin* », était de lui. Et la faute la plus lourde dans cette histoire scabreuse incombe au confesseur, responsable en réalité de la passion qui unit ensuite dans l'inceste le frère et la sœur. L'inexpérience et la maladresse d'un tel confesseur surpassent encore son ignorance crasse de la discipline sacramentelle de l'Eglise en la matière. D'un côté, il ne sait pas donner le seul conseil utile; et, de l'autre, il menace sa pénitente du refus de l'absolution, si elle ne dénonce pas sa faute à son mari.

Innocent III (1198-1216) cependant avait été formel : « *Mulieri quae ignorante marito de adulterio prolem suscipit, quamvis id viro suo timeat confiteri, non est pœnitentia deneganda, sed competens satisfactio per discretum sacerdotem ei debet injungi.* » (« C. Offic. », 5, t. 38, 9).

Tauler n'a pu prêcher une morale aussi libre et aussi scandaleuse, exprimée en des termes qui ajoutent encore au scandale. Tauler n'a pu citer une telle histoire, il n'a jamais prononcé un tel sermon sur l'adultère. Il est bien vrai que l'illustre prédicateur parlait au XIVe siècle, et non au XXe siècle, et que son auditoire était allemand la plupart du temps, du moins pour ce qui est de Cologne et de Bâle; mais il ne vivait cependant pas à l'époque d'un Geiler de Kaysersberg ou d'un Thomas Murner, et il n'avait pas, comme ces prédicateurs de la fin du XVe et du début du XVIe siècle, à faire usage de traits et d'expressions trop souvent désagréables sur leurs lèvres pour nos oreilles et notre goût plus raffinés.

Denifle a démontré combien Tauler s'est montré toujours réservé et délicat sur le sujet de la pureté. A peine nomme-t-il le vice contraire d'un seul mot, « *unkusche* », ou bien « *unkuschekeit* », sans en rien dire de plus, dans ses sermons 22, 15, 19, 88, 58, 59, 63, 103, 111, 118, 125, 126, 144, et il n'y en a pas d'autres où le mot même d'impureté seulement paraisse. A propos de l'indécence des femmes dans leurs vêtements, contre laquelle le Maître tonne au début du sermon du « Judica », Denifle fait encore observer que Tauler, autrement réservé, se contentait de prononcer le mot « *kleide* » dans ses sermons (numéros 21, 70, 73, 76, 78, 80, 81, 89, 92, 93, 102, 111, 119, 118, 127), s'abstenant de toute charge inutile, sachant fort bien que les sermons sur la mode et la toilette féminine ne servent la plupart du temps qu'à mettre de la bonne humeur parmi les auditeurs [78]).

Tauler n'est pas le prédicateur imprudent, inconsidéré et plus préjudiciable qu'utile des sermons du « Meisterbuch ». Il avait plus de pondération, et sa nature était autrement mieux équilibrée que ne paraît avoir été le tempérament toujours porté aux extrêmes du « Maître de la Sainte-Ecriture ».

II. *Inégalité de caractère chez le Maître de la Sainte-Ecriture.*

Violent jusqu'à l'insulte et à l'outrage dans ses deux sermons « de tapage », le Maître, d'un autre côté, manifeste une sensibilité maniérée et affectée dans son sermon de l'Epoux et celui sur le Saint-Sacrement. Il ne sait jamais tenir le juste milieu [79]).

F. Böhringer [80]) a voulu voir, dans le sermon du Maître sur le Christ Epoux mystique de l'Ame, le résumé en raccourci de toute la mystique de Tauler (« *die ganze Taulersche Mystik* »). Mais ce n'est que trois ou quatre pages insipides, dans le ton sentimental.

Le Christ est l'époux de l'âme. L'âme est sa fiancée.
Que doit-elle faire pour aller au-devant de l'époux qui vient lui-même à sa rencontre?

---

[78]) « *Taulers Bekehrung kritisch* », 48—53.
[79]) ib., 65—80.
[80]) « *Die deutschen Mystiker des 14. und 15. Jahrhunderts* », Zurich, 1855, 1. « Johannes Tauler », p. 34.

Rien ne lui plaît de ce qu'elle entreprend, et elle croit n'aboutir qu'à fâcher son fiancé et à lui faire de la peine.

Les hommes la tournent en dérision et la traitent de folle. Elle en devient malade à mourir. Elle étouffe d'oppression et se plaint à son fiancé en lui jurant fidélité à jamais. Et il la laisse souffrir toujours plus.

La fiancée s'incline alors profondément devant son époux, et il attend qu'elle soit complètement purifiée. Puis il la comble d'un amour débordant. Elle est hors d'elle-même et ivre d'amour, et elle devient une adoratrice en esprit et en vérité.

Le sermon se termine par une plainte sur le petit nombre de fiancées en quête de l'époux.

La même sentimentalité règne dans le Sermon sur le Saint-Sacrement. Il s'y trouve encore une anecdote où le Maître s'apitoye tendrement sur le sort d'une religieuse qui se plaint beaucoup des torts qu'on lui fait dans son couvent.

On croirait vraiment avoir à faire ici, comme dans le sermon de l'Epoux, au tendre Ami de Dieu de l'Oberland, qui vit uniquement dans la société de gens tous d'une sentimentalité étrange. L'un des cinq hommes qui l'entourent est « *gar ein süesser guotherziger sanftmüetiger mensch* »; un autre, le Juif converti, prêtre Jean, est aussi « *gar eins sanftmüetigen wandels* »; et le troisième, « *alzuomole ein süesser demüetiger sanftmüetiger getuoltiger man* »; le chevalier captif devient pareillement après sa conversion « *süesse und sanftmüetig in aller siner naturen* » [81]).

Le Maître, au caractère si doux, si tendre, si sentimental dans ses sermons extatiques, va-t-il, du moins, rester égal à lui-même dans ses autres sermons ? Nullement.

Dès les premiers mots de son sermon du 17 mars, il déclare qu'il ne ménagera personne. Et, en effet, dans ses deux sermons « de tapage », il est dur, impitoyable, violent, presque grossier. Il s'emporte avec excès et sans ménagement contre toutes les classes de la société, juges, magistrats, praticiens, nobles, commerçants, artisans, soldats. Il fulmine contre les présents et les absents, outrageant la chaire elle-même. Il flagelle devant les séculiers les désordres des confesseurs et des prédicateurs, des

---

[81]) « *N. v. B.* », 105, 122, 185.

réligieux et des prêtres, sans la moindre retenue. Autant il était sentimental et doux dans les couvents de moniales, autant il est cette fois
emporté et violent [82]).

Tauler n'avait rien de ce caractère maladif et impulsif, toujours
porté aux extrêmes. Il avait la saine compréhension des choses de la
vie et le sens des réalités. Il possédait toujours une égale maîtrise de lui-
même, soit qu'il prêchât l'union de l'âme avec Dieu, soit qu'il invitât
à la pénitence. Il était sévère, à l'exemple du Christ, et inexorable
envers les Pharisiens hypocrites, mais uniquement envers eux. C'était
le prédicateur du juste milieu, qui ne verse dans aucun excès [83]).

Il a prêché aussi l'Evangile de l'Epoux mystique (serm. 102-104).
Mais la sentimentalité fait place chez lui à la force de la pensée théologique; et ce sur quoi il insiste, c'est sur le levier de la grâce, indispensable pour élever l'âme vers son époux au milieu des tentations.
Spener et les éditions qui se recommandent de lui, à partir de 1621, ont
fait suivre le sermon 21 (p. 28) : « *Si quis sitit veniat ad me* » sur les
épreuves de l'âme pour parvenir à l'union avec Dieu, son époux, du sermon de l'Epoux du « Meisterbuch ». Spener s'était laissé guider par
des similitudes apparentes.

Tauler se montre incomparablement plus psychologue et meilleur
connaisseur de l'âme humaine. L'époux, dans le « Meisterbuch », se contente de réconforter l'âme, sa fiancée, par des paroles doucereuses, en
laissant tomber sur elle tous les coups de l'épreuve. Tauler, plus expérimenté, fait ménager à l'âme, sur le chemin qui la mène à son époux,
le réconfort puissant de la grâce adjuvante et prévenante. Aussi Denifle
compare-t-il le sermon du Maître, par rapport à celui de Tauler, comme
une eau tiède et stagnante à une source d'eau vive.

Lorsque Tauler flétrit les vices de ses contemporains, lui aussi
(70, 73, 194, éd. de Cologne; 100, éd. de Francfort), il ne crie ni ne

---

[82]) « Taulers Bekehrung kritisch ». « *Ihm fehlte der gesunde Kern, aus dem
ein einheitlicher frischer Charakter hätte entspringen können ; er ist nur krankhaft,
sei es in der Darstellung der Wirkungen der Minne, sei es als Bussprediger. Ist
er hier ein Polterer, so ist er dort sentimental* », p. 72.

[83]) ib. « *Tauler ist ein Mann grosser Leidenschaften, sonst wäre er ja kein
grosser Mann, aber er versteht es, immer dieselben gleich feurigen Rossen zu bändigen
und mit sicherer Hand am Zaume zu führen, darum überschreitet er nirgends die
richtige Mitte.* »

. fait tant de bruit. Plus énergique cependant, il pénètre plus avant aussi dans les cœurs, parce qu'il parle avec un cœur plein de charité et de compassion pour ses auditeurs. Jamais, dans aucun de ses discours, il n'a attaqué ni chevaliers, ni patriciens, ni artisans, ni marchands. De même, il relève sans doute les défauts et les errements des prêtres séculiers, non moins que des religieux (numéros 88, 118, 37), parce qu'il s'adresse directement et exclusivement à eux ; mais jamais il ne les discrédite en public ; et il ne parle des confesseurs ou des prédicateurs que pour en inspirer le respect.

Autant le Maître de la Sainte-Ecriture est inégal, violent ici et là sentimental, toujours allant d'un extrême à l'autre et jamais pondéré ni équilibré, autant Tauler est un caractère constamment égal à lui-même, toujours et partout *un* dans l'harmonie parfaite d'une nature supérieure.

Tauler ne ressemble donc en rien au Maître du « Meisterbuch » ; il n'en a partagé ni la sentimentalité fade et ridicule, ni les invectives virulentes, en particulier contre le clergé de son temps.

III. *Attitude de Tauler vis-à-vis de l'Eglise et de ses supérieurs.*

Sur neuf pages que comporte le sermon du 17 mars, le Maître a consacré les cinq premières, les plus violentes, à fustiger les vices du clergé, prédicateurs et confesseurs, évêques et prêtres séculiers, religieux et religieuses.

Et que leur reproche-t-il?

Les pires désordres : l'avarice et la cupidité, la flatterie des grands et le cumul des bénéfices, le jeu et le libertinage, l'impudicité et le concubinage. Il ruine, comme à plaisir, devant une foule « immense » de gens du peuple qui l'entend, l'autorité de la parole de Dieu et du ministre du Christ, lui, prédicateur lui-même, confesseur et directeur de consciences! L'outrance et la violence de son langage n'ont d'égales que son imprudence et son inconséquence et l'invraisemblance d'une telle attitude de la part de Tauler.

Le respect de la vérité oblige à avouer que l'état moral du clergé, dans cette première moitié du XIVe siècle, avait bien ses tares et ses ombres. Mais les mœurs ecclésiastiques n'étaient pas descendues au degré de décadence où l'Allemagne les vit croupir deux siècles plus tard.

Or, puisque c'est à Strasbourg que l'on s'est plu à placer la soi-disant conversion de Tauler, c'est un fait que les historiens qui, depuis Denifle, se sont particulièrement attachés à retracer l'état de l'Eglise et du diocèse de Strasbourg à cette époque, taxent d'exagérations les affirmations gratuites des historiens de parti, lesquels ont généralisé et étendu à tout le clergé d'alors les abus et les excès de quelques-uns.

M. Sdralek a retrouvé dans la Bibliothèque de Wolfenbuttel, si riche en manuscrits d'origine alsacienne, et il a publié les statuts synodaux de Jean de Dürbheim (1306-1328) et de Berthold de Buchegg (1328-1353), évêques de Strasbourg contemporains de Tauler [84]). Le zèle de ces deux grands prélats pour la réforme de leur clergé et de leurs couvents dont ils se constituent eux-mêmes les accusateurs et les juges, prouve en faveur de leur souci de maintenir l'intégrité morale de leur église.

Ern. Hauviller a étudié, à la Bibliothèque Vaticane, les Actes et Régestes du Pontificat de Jean XXII, pape d'Avignon, et publié tout ce qui concerne l'histoire de l'évêché de Strasbourg sous son pontificat [85]). Il résume son aperçu sur la situation du clergé séculier et régulier à cette époque [86]) par cette conclusion, qu'il y avait parmi le haut comme parmi le bas clergé de bons et de mauvais hommes, mais il est permis de croire, estime-t-il, que le nombre des premiers était de beaucoup le plus grand [87]).

C'est aussi l'opinion de W. Kothe, qui a donné en 1902, sur la base des sept volumes ou registres de chartes de la ville de Strasbourg [88]), un solide travail sur « l'Etat de l'Eglise de Strasbourg au XIV⸱ siècle » [89]).

---

[84]) « *Die Strassburger Diöcesansynoden* », Freib.-i. Br. 1894.

[85]) « *Analecta argentinensia, Vatikanische Akten und Regesten zur Geschichte des Bistums Strassburg im 14. Jahrh. (Johann XXII, 1316—1334) und Beiträge zur Reichs- und Bistumsgeschichte* », Strassb., 1900.

[86]) Cf. § V. et § VI, p. CLVIII-CLXXXII.

[87]) « *Es gab unter dem hohen und niederen Klerus gute und schlechte Menschen, und wir dürfen getrost annehmen, dass es der ersteren mehr gab.* » (ib., p. CLIII).

[88]) « *Urkundenbuch der Stadt Strassburg* ». I, W. Wiegand, 1879; — II, id. 1886; — III, Al. Schulte, 1884; — IV, 1. Al. Schulte u. W. Wiegand, 1898; — IV, 2, Al. Schulte u. G. Wolfram, 1888; — V. H. Witte u. G. Wolfram, 1896; — VI, J. Fritz, 1889; — VII, H. Witte, 1900.)

[89]) « *Kirchliche Zustände Strassburgs im 14. Jhrh., Ein Beitrag zur Stadt- und Kulturgeschichte des Mittelalters* », Freib.-i. Br., 1902—1903.

Les chanoines du Grand Chapitre de la cathédrale étaient exclusivement recrutés dans la noblesse[90]). Les chanoines des Chapitres de Saint-Thomas et de Saint-Pierre-le-Jeune, pour la plupart, appartenaient au patriciat de la ville[91]). Les uns et les autres cumulaient les prébendes, tandis que le bas clergé, d'origine plébéienne en général, vivait difficilement des fondations de quelques messes anniversaires[92]), et les revenus tendaient de plus en plus à s'écarter des églises paroissiales pour aller aux chapelles des couvents[93]).

La discipline se maintient généralement ferme et stable dans les couvents d'hommes, Dominicains, Franciscains, Ermites Augustins, Carmes et Chartreux, alimentés, pour le personnel comme pour les moyens de subsistance, par les principales familles patriciennes.

Les dix couvents de femmes de la ville, réservés aux filles de ces mêmes familles, ont toutes les faveurs, et, sous la direction principalement des Dominicains et des Franciscains, leurs religieuses persévèrent en général dans la stricte observance jusque vers la fin du siècle[94]).

Et il en est de même des nombreux Béguinages de Strasbourg, peuplés seulement de jeunes filles ou de veuves pauvres. Depuis les sentences portées contre elles en 1317 par Jean XXII, une sérieuse réforme avait fini par prendre le dessus dans ces maisons[95]).

Il faut excepter toutefois de ce tableau d'ensemble plutôt favorable les riches chanoinesses de Saint-Etienne, lesquelles, vivant sans règle et sans vœux, s'adonnèrent à l'oisiveté et à toutes ses conséquences et s'inspirèrent des principes d'une émancipation féminine de mauvais aloi[96]).

Sans doute Tauler n'ignorait pas que, le 1er août 1325, Jean XXII avait dû nommer Nicolas de Strasbourg, son compatriote, alors lecteur au couvent de l'Ordre à Cologne, comme visiteur revêtu de pleins pou-

---

[90]) W. Kothe, l. c., 6—21.

[91]) ib., 22—32.

[92]) ib., 32—41, 75—108.

[93]) ib., 75—108.

[94]) ib., 45—54.

[95]) Cf. Ch. Schmidt, « *Die Strassburger Beginenhäuser im Mittelalter* » (« Alsatia », Mulh., 1858—1861); — Cf. D. Haass, « *Die Convente in Cöln und die Beghinen* », Cöln, 1860.

[96]) W. Kothe, l. c., p. 46—47.

voirs pour imposer une réforme urgente à tous les couvents dominicains d'Allemagne [97]).

Il avait été témoin de la petite guerre (1329) entre l'évêque Berthold de Strasbourg et son successeur, Walram de Veldenz, sur le siège de Spire, d'où Berthold avait été transféré en 1328 sur celui de Saint-Arbogast, mais dont il voulait garder les bénéfices ou tout au moins obtenir une rente, à l'imitation de son collègue, Beaudoin de Trèves.

Le Dominicain strasbourgeois avait pu se rendre compte aussi des germes de décadence déposés progressivement surtout dans l'âme et le cœur avides de certains membres du haut clergé par l'exemple funeste de la longue querelle entre l'empereur excommunié Louis de Bavière et la Curie Romaine. Le système néfaste des réserves, des dispenses et des provisions ecclésiastiques au profit des hauts dignitaires du parti pontifical avait fait de la cupidité, du népotisme et de la chasse aux bénéfices la plus déplorable des mœurs d'alors.

Le culte de Mammon était trop public et trop répandu pour que, même dans les couvents les plus réguliers, on en méconnût les funestes conséquences jusque dans les rangs du clergé inférieur. Luxe des habits, fréquentation des tavernes, fléau du concubinage : chacun pouvait savoir les abus contre lesquels les évêques de Strasbourg luttaient de toutes leurs forces dans leurs synodes diocésains [98]).

Malgré ces abus criants, Tauler se montre toujours réservé dans ses sermons vis-à-vis des prêtres et du clergé.

Une fois il parle de ces ministres de Dieu qui servent leur Maître pour une prébende ou un bénéfice (n. 86).

---

[97]) E. Hauviller, l. c., 83—86. « *Infestis admodum relatibus auribus apostolicis sepius inculcatis accepimus, quod per nonnullos sui ordinis fratres in partibus Alamanniae nonnulla inhonesta et indecentia committuntur et omittuntur seu negliguntur honesta, super quibus esset de oportuno remedio celeriter providendum.* »

[98]) Cf. Sdralek, Les ordonnances diocésaines : contre le luxe du vêtement : « *Vestes deferant brevitate non culpabiles aut notabiles ornatu superfluo vel colore* ». p. 106; — contre les chevelures longues : 129, 144; — contre la fréquentation des tavernes et des festins donnés chez les laïques, 131, 158; — contre le concubinage : « *Detestabile etiam vicium concubinatus sive cohabitacionis a clero exterminare cupientes hoc edicto perpetuo statuimus, ne aliqui clerici ... se huic crimini de cetero involvant. Si qui vero contra hanc nostram inhibicionem concubinas ad suam procuracionem sibi de cetero assumpserint in domo vel extra, ita quod eorum circa hoc notorius sit excessus, excommunicacioni subiaceant ipso facto* », 107, cf. 19. — Cf. E. Hauviller, l. c., CLII—CLIX.

Il se plaint, une autre fois, que les religieux ravissent à Dieu l'honneur et le culte qu'ils lui doivent (n. 118, cf. n. 37). Mais c'est lorsqu'il parle dans une chapelle d'un monastère, et non en public.

On ne voit nulle part qu'il ait jamais prêché contre les prédicateurs.

Et, s'il parle des confesseurs (numéros 70, 76, 66, 75, 127, 118), c'est pour recommander aux fidèles de ne pas leur faire perdre leur temps inutilement [99]).

C'est d'après les renseignements sans autorité du discours du Maître le jour de Sainte Gertrude, que, au XVIIe siècle, lorsque la légende de l'identité du Maître et de Tauler avait déjà plus d'un siècle d'existence, Théoph. Elychnius accrédita, dans sa « *Relatio ex Parnasso* » [100]), la croyance au sermon de l'illustre Dominicain contre les vices du clergé, à la défense que lui firent ensuite ses frères de prêchor à l'avenir, et à l'intervention des magistrats de la ville pour les faire revenir sur leur décision.

« Parler, avait dit le Maître dans le passage de son sermon où il flétrit les paroles inutiles et les gloses savantes des prédicateurs, parler est devenu aujourd'hui une question de place. Si quelqu'un ose dire par hasard toute la vérité, il ne sera supporté dans aucun monastère; on lui interdira l'office de la prédication. » Et, quand il avait annoncé, en commençant, que son intention était de blâmer tout le monde, il avait déclaré : « Si je dois en souffrir, j'accepte tout à l'avance, pour l'amour de Dieu. »

Cette étrange déclaration d'intrépide et d'impitoyable franchise suffit à faire accepter pendant trop longtemps, même par Schmidt et par Preger [101]), cette autre légende de la résistance de Tauler *à l'interdit* et de sa désobéissance aux prescriptions de l'Eglise, que créa de toutes pièces, au siècle de la Réforme, l'architecte de la ville de Strasbourg, *Daniel Speckle* († 1591). Deniffe [102]) aura rendu à la vérité et à l'histoire le signalé service de démolir enfin cette outrageante légende d'un Tauler rebelle aux chefs de l'Eglise, prêchant et administrant les sacrements en dépit de l'Interdit, lançant, avec Ludolphe de Saxe, Prieur de la Char-

---

[99]) Denifle, « *Taulers Bekehrung kritisch* », 53 — 54.

[100]) Strasb., 1619, p. 23.

[101]) Schmidt, « *Tauler* », 1841, 43, 50. — Preger, « *Abhandl d. hist. Cl. d. k. b. Ak. d. Wiss.* », Bd. XVI, Abt. 1, p. 43—58.

[102]) l. c., p. 54—62.

treuse de Strasbourg, et Thomas de Strasbourg, général des Ermites Augustins, deux pamphlets incendiaires contre la validité et le bien-fondé de l'Interdit.

J. Görres, dans son introduction à l'édition des œuvres de Suso par le card. Diepenbrock [103]), Kerker [104]) et Dalgairns [105]), n'avaient fait qu'émettre un doute sur la véracité de Speckle.

Denifle a démontré d'une façon péremptoire que l'administration des Sacrements de Pénitençe et d'Eucharistie aux mourants, d'une part, que la prédication de la parole de Dieu, d'autre part, n'ont jamais été défendues en temps d'interdit.

Pour l'administration des Sacrements, il cite les paroles mêmes des papes Innocent III (« *De poenit. et rem.* », c. 11) et Grégoire IX (5, t. 39, « *De sent. excommun.* »), les actes synodaux de Cahors, Rodez, Tulle. de 1829 [106]), le décret « Alma Mater » de Boniface VIII, confirmé par la Constitution « *Ex frequentibus* » de Clément V, puis les canonistes du XIVe siècle, Petrus de Palude, Johannes de Andrea, Bartholomaeus de San-Concordio, Baldo de Ubaldis, Antonius de Budrio, Dominicus de San-Gemignano, Jean Calderini, professeur de droit à Bologne († 1365). auteur d'une « *Summa de Interdicto ecclesiastico* ».

Les Dominicains, et les prêtres en général, à Strasbourg, pouvaient donc porter aux mourants les consolations de la religion sans désobéir à l'Eglise; et si, à l'époque de la Mort noire, beaucoup de pestiférés moururent sans Sacrements [107]), c'était par suite de la pénurie de prêtres : ils avaient été victimes du fléau comme les fidèles [108]).

---

[103]) 3e édition, XXXIII, s.

[104]) l. c., X, 689, s.

[105]) « *The german mystics of the fourteenth century* », London, 1858, 18, s.

[106]) Martène, « *Thesaurus nov. anecdot.* » (IV, 758, 147, 773, 873, 1060). — Cf. H. C. Lea, « Histoire de l'Inquisition au Moyen Age », trad. S. Reinach, Paris, 1903. t. I. p. 410, 411.

[107]) Schmidt, « *Etudes sur le Mysticisme allemand au XIVe s.* » («Mém. de l'Acad. roy. des Sc. mor. et pol. », II, 1847, 347); — « *Real-Encykl.* » de Herzog. XV, 486.

[108]) Baluze, « *Vitae Paparum Aven.* », I, 294, Paris, 1693; — Raynald, «*Annal. Eccles.* » ad. ann. 1348, n. 32; — Continuation de la « Chronique » de Guillaume de Nangis, d'Achery, « *Spicilegium* », XI, 808, Paris, 1672; — «Chronique» de J. Nauclerus, vol. 2, 45, p. 1009, Coloniae, 1675; — Giov. Villani, « *Istorie Fiorentine* », . 12., c. 84, 519, Milano, 1834; — Trithemius, « *Annal. Hirsaug.* », II, 206. St. Gall, 1690.

La sollicitude de l'Eglise pour adoucir aux nombreuses victimes de la peste leurs derniers instants apparaît d'ailleurs clairement dans l'absolution générale (« *a poena et a culpa* ») que Clément VI permit à tous les Métropolitains, à leurs suffragants et à leur clergé, d'octroyer aux pestiférés absous et repentants, à travers toute la chrétienté, avec indulgences pour les prêtres assidus à visiter les malades [109]).

La prédication était également permise en temps d'interdit, au moins une fois par semaine, et il dépendait du bon vouloir des évêques de la permettre plus souvent encore. Denifle l'a prouvé non moins péremptoirement par une lettre d'Innocent III à l'évêque de Ferrare (c. 43, « *De Sent. Excomm.* », V, 39, n. 1), par les statuts synodaux de 1289 reproduits dans Martène (l. c.) et par le traité de Calderini « *De Interdicto* » (membr. 6, q. 98).

E. Hauviller a retrouvé, parmi les Actes du Pontificat de Jean XXII, une Bulle du 18 mai 1329 qui, inspirée par une sage politique du Pontife à l'égard de la cité de Strasbourg restée sur une bonne tradition de rapports respectueux avec l'évêque, malgré ses sympathies marquées pour les Wittelsbach et la cause de Louis de Bavière, lui accorda, pour le temps d'interdit, la faculté de faire célébrer la messe une fois par jour, portes closes et sans sonneries de cloches, à l'autel de l'église cathédrale que la ville avait fait élever elle-même entre les deux degrés qui mènent au chœur [110]).

Les papes eux-mêmes adoucirent donc les rigueurs de l'Interdit pour la ville de Strasbourg, de même qu'ils le firent pour Bâle, où Henri

---

[109]) Cf. « Chronique » de Math. Villani : « *In questi tempi della mortale pestilenzia papa Clemente Sesto face grande indulgenza generale della pena di tutti i peccati a coloro che per tuti e confessi la domandavano a' loro confessori e morivano ; e in quella certa mortalita catuno cristiano credendosi morire si disponea bene, e con molta contrizione e pazienzia rendevano l'anima a Dio.* » (« Cronica », lib. 1, c. 3, p. 3, Milano, 1864, 144—146).

[110]) « *Dilectis filiis ... magistro, consulibus et universitati civitatis Argentinensis salutem ... Dum fidei constanciam et sincere devocionis affectum, quos vos et predecessores vestri ad Romanam hactenus gessistis ecclesiam et inviolabiliter tanquam filii benedictionis et gratie gerere non cessatis, attendimus ..., Nos .. prosequimur .. ut .. quocies .. eadem civitas generaliter supposita fuerit interdicto ecclesiastico, possitis in altari sito in ecclesia Argentinensi inter duos gradus, quibus itur ad chorum ipsius ecclesie per vos fundato et dotato, semel diebus singulis ianuis clausis, excommunicatis et interdictis nominatim ac hiis, qui eidem causam dederint interdicto, exclusis, non pulsatis campanis, private submissa voce missam per presbiterum dicti altaris vel alium idoneum vobis facere celebrari ...* »

de Nördlingen put se réfugier; et l'Interdit n'y fut jamais observé qu'avec modération et ménagement de par les conseils de l'évêque lui-même, qui prenait ses avis près du pape.

Les *Archives de la Ville de Strasbourg* conservent, par ailleurs, un certain nombre de Bulles pontificales inédites provenant des *Archives de Saint-Thomas* et concernant les Dominicains ou les Augustins de Strasbourg.

Or, nous y trouvons (« *Hist. eccl.* », I, 5) une bulle de Grégoire IX datée de Latran le 15 novembre 1227, qui accorde aux Dominicains de Strasbourg le privilège de célébrer durant le temps d'interdit le service divin dans leurs oratoires, « *clausis januis, non pulsatis campanis, submissa voce* ».

Innocent IV leur renouvelle ce privilège par bulles du Latran le 3 février 1243 et le 1er mars 1244 (« *Hist. eccl., I, Thom. Arch.* », 28, 33),

Clément IV leur confirme ce privilège le 5 juin 1265, par une bulle datée de Pérouse (*Ib.,* 105).

Nous relevons aussi, sous le sceau de la cour épiscopale de Strasbourg, en 1284, un « *vidimus* » des Bulles d'Alexandre IV du 13 mai 1255 (Latran) et du 23 juin 1255 (Anagni), accordant aux Frères et aux Sœurs de l' « Ordre de la Pénitence » de pouvoir entendre la messe et recevoir les Sacrements dans les lieux frappés d'Interdit (*Ib.,* 125); et, sous le sceau du légat Jean, évêque de Tusculum, datée de Neufchâteau le 6 septembre 1287, l'autorisation donnée aux Dominicains de recevoir à leurs Offices les Béguines et les Pénitentes du troisième ordre dans le temps d'interdit (*Ib.,* 138).

Le 10 mai 1296, une bulle datée de Saint-Pierre de Rome confirme tous les privilèges de l'Ordre (n. 181, *ib.*), que Benoît XI, du Latran, renouvelle à son tour le 12 mars 1304 (*Ib.,* n. 186).

Dans le même temps, les Ermites Augustins de Strasbourg sont autorisés, par ordonnance du 15 janvier 1270, de Henri de Géroldseck (1263-1273), évêque de Strasbourg, à tout son clergé, à prêcher et confesser en temps d'interdit (*Ib.,* « *Histoire ecclés., II, Augustins, Thom. Arch.* », n. 15, 16).

Nous trouvons aussi, en date du 9 janvier 1354, un « *vidimus* » d'une bulle d'Innocent IV, datée d'Avignon le 17 janvier 1335, et confirmant un privilège accordé aux mêmes Augustins par Clément VI, mais non publiée à cause de la mort de ce pape, portant qu'ils peuvent admettre leurs serviteurs à leurs offices dans les temps d'interdit, leur donner les Sacrements et les enterrer dans leurs cimetières. (*Ib.*, II, 43) [111]).

C'en est donc fait, une bonne fois pour toutes, de la légende d'un Tauler prêchant, confessant, administrant les Sacrements, contre et malgré les défenses formelles de l'Eglise, en temps d'interdit.

Aussi bien quiconque a lu ses sermons doit être convaincu de sa parfaite obéissance envers l'autorité de l'Eglise: il la prêche d'exemple [112]).

On connaît le passage classique [113]) qui prouve admirablement sa soumission envers le Pape et l'Eglise : « C'est par la grâce de Dieu et la permission de l'Eglise que je suis dans cet Ordre et si elle voulait m'enlever mon capuce, mon habit et ma prêtrise, et m'empêcher d'enseigner et de confesser, je devrais me soumettre. »

Constamment, il s'est montré le sujet soumis de ses supérieurs hiérarchiques : « *Ich han einen priol, einen provinzial, einen meister, einen babest, einen bischof, die alle über mich sint* » [114]).

A propos de l'interdit, c'est lui encore qui prêchait aux fidèles la soumission, supposé le cas où l'Eglise leur retrancherait la jouissance du Sacrement extérieur, assurés qu'ils seraient d'en conserver la jouissance spirituèlle [115]).

Tel était bien aussi l'esprit de Henri de Nördlingen et de Jean de Dambach, ses amis [116]).

Profondément respectueux et soumis envers l'Eglise et ses chefs, réservé à l'égard de ses confrères du clergé séculier et régulier, non moins qu'envers tous ses auditeurs, laïques ou ecclésiastiques; toujours égal avec

------

[111]) Ces documents sont publiés en appendice. — (Cf. Jos. Zahn, « *Taulers Mystik in ihrer Stellung zur Kirche*», Freib.-i. Br., 1920, 22 p., sp. 2—9).

[112]) Cf. spéc. serm. 130, f. 154; 195, de l'édition de Cologne.

[113]) « *Ich han empfangen von gottes genoden minen orden und von heiligen cristenheit und die cappen und die cleider und myn priesterschaft und ze sinde ein lerer u :d bihte zu hörende* » (éd. de Cologne, f. 155).

[114]) ib., serm. 15, f. 6.

[115]) « *Wolte uns die heilige kilche das sacrament nemen uswendig, wir solten uns dran lossen; aber geistlich zu nemende das mag uns nieman genemmen.* »

[116]) Henri de Nördlingen, cf. Heumann, « *Opuscula* », p. 880. — Jean de Dambach, « *De Consolatione Theologiae* », lib. XII, c. 1. — Cf. Zahn, l. c., p. 18—20.

lui-même, pondéré et sachant tenir un juste milieu entre une juste sévérité et une réelle bonté d'âme; prudent, réfléchi et attentif à ne jamais scandaliser, mais au contraire à élever sans cesse les âmes davantage vers Dieu, Jean Tauler se présente à nous, dans ses œuvres, comme une grande figure, sympathique et imposante, dont on comprend l'immense influence de son vivant comme après sa mort. La légende n'avait fait que le défigurer en nous le montrant à travers le masque grotesque et grimaçant du « Maître de la Sainte-Ecriture ». Moralement, il n'a pu être ce prédicateur à la fois violent, tapageur, tendre, sentimental, cynique et imprudent, qui se révèle au milieu des pages du « Meisterbuch ».

Ce n'est pas lui qui a pu piller, copier, apprendre et prêcher par cœur des traités étrangers, secs et fastidieux, que sa pauvreté de pensée, d'imagination et de style l'aurait obligé à plagier, maladroitement et sans même les comprendre.

Si l'on a bien été obligé de reconnaître dans les sermons présentés comme ayant été réellement entendus de la bouche du Maître des interpolations visibles dues à l'Ami de Dieu, soit en entier, soit en partie; si les plus récents manuscrits du « Meisterbuch » ont cru devoir écourter ou supprimer de longs passages, tels que les historiettes à scandale, omettre même les deux sermons « de tapage » (« *Polterpredigten* »), il eût été plus logique et plus courageux d'avouer que, littérairement parlant, pour le fond comme pour la forme, les Sermons du Maître ne peuvent être de Tauler.

L'impossibilité enfin de faire entrer nulle part, dans la vie du Dominicain strasbourgeois, simple « Lecteur » dans son Ordre, et nullement « Maître » ou Docteur en Théologie, soit les dates et les étapes de sa conversion, soit les circonstances de sa mort, c'est-à-dire en somme l'ensemble du récit transcrit par l'Ami de Dieu d'après les feuilles laissées par le Maître, nous ramène à notre point de départ, en face des Manuscrits où nous avons vu naître la légende de l'identité de Tauler et du Maître de la Sainte-Ecriture.

Historiquement, littérairement, moralement parlant, Tauler ne peut être le héros du « Meisterbuch ». La personne de Tauler perd ainsi nécessairement l'élément merveilleux particulièrement caractéristique dont une fable de cinq siècles s'était plue à transfigurer sa vie. Les âmes éprises de mystique et de merveilleux devront abandonner la légende de ces entretiens d'un laïque, saint personnage, quoique ignorant, avec un théologien consommé, mais trop confiant en lui-même, qui, à l'école de l'humilité, laisse imprimer à sa science sa véritable orientation surnaturelle. Mais la figure de Tauler y gagnera en clarté, en compréhension et en unité.

Mais alors qui donc était ce « Maître de la Sainte-Ecriture », qui fut le laïque, auteur de sa conversion ?

Essayons, après d'autres, de répondre à ces questions.

Chapitre quatrième.

Qui était le Maître de la Ste-Écriture ?
Qui fut l'Ami de Dieu de l'Oberland ?

---

§ 1. « Le *Maître de la Ste-Ecriture* » a-t-il existé ? — Tissu d'invraisemblances.

§ 2. Qui a créé le personnage du « Maître de la Ste-Ecriture » ? — Ressemblances entre le « Meisterbuch » et les écrits de Rulman Merswin d'une part et les écrits de l'« Ami de Dieu de l'Oberland » d'autre part.

§ 3. L'« *Ami de Dieu de l'Oberland* » a-t-il existé ? — Portraits contradictoires de l'« Ami de Dieu » dans ses divers Ecrits. Données chronologiques et géographiques contradictoires. L'« Ami de Dieu », personnage historiquement inaccessible.

§ 4. Qui a créé le personnage de l'« Ami de Dieu » ? Merswin ou Nicolas de Louvain ? — Merswin, coutumier de la fraude et du plagiat littéraires. Identité de doctrine et de style entre Merswin et l'« Ami de Dieu ». Falsification de l'orthographe et de l'écriture dans le « *Livre des cinq Hommes* ». — Réfutation de K. Rieder par Ph. Strauch. — Merswin a pu se faire aider par Nicolas de Louvain.

Jean Tauler s'était rendu à Bâle au commencement de 1339 et y avait rencontré Henri de Nördlingen.

Dans la correspondance de ce dernier avec son amie la visionnaire Marguerite Ebner du couvent bavarois des Dominicaines de Medingen, Tauler est appelé « notre bien-aimé père ». Dès avant son séjour à Bâle, il s'est rendu avec Henri à Medingen et il exerce sur les deux amis une réelle autorité spirituelle.

Au Carême de la même année, Tauler et Henri envoient à Marguerite en guise de cadeau, selon les mœurs de l'époque, une boîte de médicaments et un petit couteau. Dans sa lettre de Nouvel-An, en 1348, Henri rappelle encore le cadeau d'un fromage que Tauler a fait l'année précédente à Marguerite et à la Prieure du couvent, Elisabeth Schepach, et il invite la religieuse à prier Dieu pour « notre cher père Tauler », qui « vit habituellement au milieu de grandes épreuves, parce qu'il enseigne la vérité et vit en conformité avec elle, aussi parfaitement que prédicateur puisse le faire » [1]).

En juin 1351, Christine Ebner, également Dominicaine au couvent d'Engelthal, près de Nuremberg, dont l'attention a été attirée sur Tauler par les rapports que lui en a faits son ami, Henri de Nördlingen, raconte une vision qu'elle a eue le lendemain de St. André : Dieu lui a dit qu'il « tient un prédicateur du nom de Tauler pour l'homme le plus cher qu'il ait sur la terre ». Une autre fois, son Ange lui révèle qu'il était deux « noms écrits dans le ciel : l'un, celui de Tauler, le prédicateur ; et l'autre, celui de Henri (de Nördlingen) ». Dieu lui dit encore de Tauler qu' « il résidait en lui comme un jeu de harpe mélodieux » [2]).

Un prédicateur qui « conformait parfaitement sa vie aux vérités qu'il prêchait » et qui était tenu en si haute estime par de saintes âmes vivant dans des couvents relativement éloignés, où il n'avait fait que passer ; un moine, dont le renom d'éloquence et de vertu s'était répandu encore jusqu'en Italie, témoin la lettre si élogieuse du Bienheureux Dominicain Venturino, exilé dans le Midi de la France, à Egenholf d'Ehenheim, ami et compagnon de Tauler au couvent de Strasbourg, en 1336 [3]) : un tel religieux n'avait nul besoin d'être converti ; sa physio-

---

[1]) Cf. Phil. Strauch, « *Margaretha Ebner und Heinrich von Nördlingen, Ein Beitrag zur Geschichte der deutschen Mystik* », Freib.-i. Br. u. Tübingen, 1882, XLIII, XLVI, Brief 32., p. 216—219.

[2]) « ... *für die bit got und für unsern lieben vatter den Tauller, der dein getrüwer bot war, der ist auch gewonlich in groszem liden, wann er die warhait lert und ir lebt als gentzlich als ich einen leerer waisz.* »

[3]) Sur le Bienheureux Frère Venturino de Bergame (1304—1346), cf. Giuseppe Clementi : « *Il beato Venturino da Bergamo* », Roma. 1904, 1909 ; — R. P. Mortier, O. P. « *Histoire des Maîtres Généraux de l'Ordre des Frères prêcheurs* », t. III, Paris (Picard), 1907, p. 102—114, 159, 215—216 ; — Altaner Berth., « *Venturino von Bergamo, O. Pr., 1304—1346. Eine Biographie, zugleich ein Beitrag zur Geschichte des Dominikanerordens im 14. Jahrh.* » (« *Kirchengeschichtl. Abhandlgn.* » *IX, 2. ; X, 128),* Breslau, 1912.

nomie, telle que nous la révèlent les témoignages de ses contemporains et de ses amis, ne ressemble en rien au portrait du Maître orgueilleux et hypocrite que nous offre le « Meisterbuch ».

Qui donc était ce fameux « Maître de la Sainte-Ecriture » ?
A-t-il seulement existé ?

Et si la réponse doit être négative, qui donc, d'autre part, était ce mystérieux laïque, grand « Ami de Dieu de l'Oberland », qui s'est attribué l'honneur d'une si célèbre conversion ?

A-t-il lui-même existé ?
Si non, quel a été l'inventeur de cette double fiction ? Quel a été l'auteur du Livre ?
Est-ce Rulman Merswin, comme l'a démontré Denifle ? Est-ce son secrétaire, Nicolas de Louvain, comme l'a prétendu Rieder ? Ou bien tous les deux ? ou encore ne serait-ce ni l'un ni l'autre ?

§ I.

Le Maître de la Sainte-Ecriture a-t-il existé ?

Les invraisemblances s'entremêlent si bien du commencement à la fin de cette histoire et paraissent si incontestables, dans le corps même du récit comme dans la relation des Sermons du Maître, qu'on est obligé de refuser tout fondement historique au « Meisterbuch ».

Le pieux laïque, l' « Ami de Dieu de l'Oberland », a franchi trente lieues pour venir, sous une inspiration divine, entendre le « Maître de la Sainte-Ecriture ». Denifle et Preger s'accordent à calculer une durée de vingt semaines, donc cinq mois au minimum, pour le séjour qu'il fit auprès du Maître: une première semaine, au cours de laquelle il entendit cinq sermons; 12 semaines ensuite, au bout desquelles il alla trouver le Maître, et le pria de faire son sermon sur le moyen le plus rapide d'atteindre à la perfection; une quatorzième semaine, pendant laquelle il eut ses premiers entretiens avec le prédicateur; cinq autres semaines, pour l'étude de l'alphabet spirituel. A. Jundt[*]) estimait, d'après le contexte, que l'Ami de Dieu serait resté toute une année dans le voisinage immé-

---

[*]) *« Amis de Dieu »*, 430.

diat du Maître de la Sainte-Ecriture, et dans la même ville que lui. Il semble, en effet, que, durant les six premiers mois d'apprentissage spirituel du Maître, ce laïque ait vécu simplement dans son hôtellerie (« *sine herberge* ») et se soit rendu auprès de son disciple chaque fois que ses conseils ou ses encouragements étaient nécessaires. Et c'est après la première année de retraite du Maître seulement qu'il prend congé de lui, parce qu'une affaire importante le rappelle dans son pays : alors il lui indique le nom de la ville où celui-ci pourra lui faire parvenir un message.

Mais pendant toute cette année de direction et de visites assidues, comment ce laïque pouvait-il passer inaperçu dans le couvent où, naturellement, le Maître s'était mis en retraite? Le Prieur et les Frères ne devaient-ils pas remarquer son abstention de tout office de la prédication et du confessionnal? Comment auraient-ils pu assister, impassibles, à ces étranges agissements d'un religieux déjà célèbre, soumis à une influence étrangère? Auraient-ils même toléré les allées et venues du bizarre visiteur? Pouvaient-ils se prêter à ses combinaisons?

. En six semaines, il a appris le contenu des 23 articles de l'alphabet que lui a remis l'Ami de Dieu. Ils peuvent se résumer en ces mots, qui sont tout un programme de vie : douceur, humilité, mortification, charité, renoncement parfait. Mais c'est une leçon de toute une vie humaine, et ce n'est pas six semaines, ce n'est pas six mois qui pourraient y suffire. Ou bien, si le Maître a pu, en si peu de temps, réaliser une perfection aussi consommée, que lui restait-il donc à faire et à apprendre pendant le reste de ses deux années de retraite?

Est-ce qu'un vrai Maître de la Ste-Ecriture était capable de rechercher et de copier ces 24 articles de la perfection, pour les apprendre en quelques jours absolument par cœur et les réciter mot à mot, quitte à les oublier aussitôt, le soir même ou le lendemain, au point de ne pouvoir les reproduire sur le papier qu'au prix d'un travail pénible, « *denne anderwerbe gecrbeitet in der geschrift* »? Car, ne l'oublions pas, le « Meisterbuch » parle d'un « grand docteur », « *ein grosser meister der geschrift* », « *ein grosser pfaffe* », qui possédait une vaste intelligence de l'Ecriture, « *gros verstan in der geschrift* », qui avait acquis au loin, « *über vil meilen seite* », la réputation d'une grande habileté, en prêchant beaucoup, « *vil brediende was* », et dont la mémoire était très exercée, puisque c'était son habitude de partager ses sermons en de nombreux points, « *von vil stücken seite* ». Le commun des mortels, doué de facultés simplement moyennes, a bien rarement une mémoire aussi ingrate. La preuve en est que l'Ami de Dieu, se révélant tout à coup plus intelligent, « *sinneriche* », que l'éloquent prédicateur, rentra à son hôtellerie après avoir entendu ce sermon, « *zuo stunt do dise bredie us war, an sine herberge* », le transcrivit de mémoire textuellement, et tel qu'il avait été donné, de l'aveu même du Maître tout surpris, « *nach aller der wisen und noch allen den worten* ». Le contraste est si frappant qu'il ne paraît même ni possible ni acceptable.

L'homélie sentimentale et fade qui représente l'union mystique entre l'homme et Dieu sous la forme d'un mariage, où le Père céleste donne la bénédiction nuptiale à l'âme humaine et à son Fils, où le St. Esprit remplit les fonctions d'échanson pendant le festin des noces, est interrompue par les cris d'un homme qui tombe par terre, inanimé; une religieuse aussi du couvent, et 40 auditeurs au dehors sont également ravis en extase à la fin de ce discours et restent gisants sur le sol : le monastère tout entier semble atteint de la même névrose, tant la grâce opérée par ce discours était... renversante! Fr. Böhringer a caractérisé on ne peut mieux le degré de véracité que méritent de pareilles extases collectives en les comparant aux effets produits, dans leurs prêches, par les prédicants méthodistes Wesley et Whitefield. Elles sont tout aussi dignes de retenir notre attention que l'aventure burlesque du sermon réprimé par un torrent de larmes dans la première réapparition que fit le Maître en public, alors qu'il se tint longuement les yeux voilés de son capuce, obligé de subir, à la fin, les invectives des fidèles l'interpellant à haute voix, et de descendre de chaire profondément humilié.

Peut-on croire aussi que, après le sermon de Ste. Gertrude, qui fustigeait sans pitié, devant une grande foule de gens, non seulement religieux et prêtres séculiers, confesseurs, prédicateurs et évêques, mais encore chevaliers et magistrats présents, leurs amis et leurs femmes, le Chapitre de son couvent n'ait pas effectivement fait partir dans un autre monastère un prédicateur aussi turbulent, en lui interdisant désormais toute prédication? Ils y tâchèrent, nous dit, en effet, notre récit. Cependant l'humaine nature, la susceptibilité et l'amour-propre étaient bien au Moyen âge ce qu'ils sont aujourd'hui: les notables de la ville n'avaient pas été mieux traités dans ce sermon que les ecclésiastiques : il est invraisemblable que, au lieu d'expulser ce moine tapageur ou de lui faire retirer la parole publique, ils soient au contraire intervenus auprès du Prieur et des Frères pour lui faire rendre la permission de prêcher, et qu'ils l'aient obtenu.

Enfin, les deux sermons eux-mêmes contre les vices de la chrétienté, dont le second est encore interrompu par une interpellation d'un auditeur (!), sont si pauvres de pensées, si dénués des principes les plus élémentaires de la théologie morale et de la théologie pastorale; ils sont si outrageants par leur excès dans l'invective, la trivialité dans l'expression; ils auraient dû nécessairement produire un effet si désastreux sur les fidèles assemblés, surtout quant à l'estime et au respect vis-à-vis de l'Eglise et du clergé, qu'aucun prêtre digne de ce nom, à plus forte raison aucun docteur en théologie, n'aurait été capable de les prononcer. Les critiques, embarrassés par la présence des deux récits à scandale surtout que renferment ces sermons, l'histoire de l'adultère et l'exemple du vendeur par rachat, n'ont rien trouvé de plus commode que de les faire passer pour des interpolations. Ces sermons, en tous cas, ne sont pas d'un prêtre, et ils n'ont jamais été prononcés. Tout au plus sont-ils d'un laïque, qui aurait pu les fabriquer et composer par un travail de compilation; mais encore d'un laïque inexpérimenté dans l'art de la chaire et dans la science de la théologie [5]).

En raison de toutes ces invraisemblances par trop évidentes, le récit de la conversion du Maître, comme tel, n'a pas de fondement historique. Le « Maître de la Sainte-Ecriture » n'a pas été un personnage de chair et d'os, ni l'auteur des sermons qu'on lui prête.

Nous sommes en présence d'un personnage fictif, d'un personnage de légende.

§ II.

Qui a créé le personnage du Maître de la Sainte-Ecriture?

Pour les idées comme pour le style, on est obligé de constater la grande ressemblance qui existe entre le « Livre du Maître » d'une part et les écrits du Rulman Merswin et de l'Ami de Dieu d'autre part.

Au sujet des deux Sermons contre les vices de la chrétienté, nous avons déjà fait ressortir la dépendance étroite du « Meisterbuch » par rapport au « Livre des Neuf Roches ».

Les véhémentes diatribes du Maître contre les religieux, les évêques et les prêtres sont celles du « Livre des 9 Roches ».

Pour l'un comme pour l'autre, les prédicateurs sont animés par l'esprit de lucre; dans leurs savantes gloses, il en est bien peu qui aient

----

[5]) Cf. Denifle, « *Taulers Bekehrung kritisch* », 113—118.

le courage de dire publiquement la vérité, parce qu'ils sont les amis du monde [6]).

Les confesseurs sont bien coupables d'admettre à la sainte Table à Pâques des pénitents et pénitentes chargés de péchés [7]).

Sur les évêques, les religieuses et les moines, le « Meisterbuch » ne fait que développer quelques propositions énoncées au livre « des 9 Roches » [8]).

Mêmes reproches à l'adresse des chevaliers, de leurs compagnons et de leurs femmes [9]) ; à l'adresse des ducs, des empereurs et des rois [10]).

Merswin, comme le Maître, recommande aux commerçants de partager leurs biens avec Dieu : les riches iront éternellement en enfer [11]).

Les femmes sont coupables principalement par la recherche de leurs vêtements : elles excitent ainsi les désirs des hommes [12]).

Enfin, la plainte qui fait l'objet général du « Livre des 9 Roches » comme du « Meisterbuch », c'est l'état de la chrétienté, si dégénérée, et qui, depuis cent ans, n'a jamais tant eu besoin de s'entendre dire toute la vérité [13]).

Or, toutes ces plaintes sont également celles de l'Ami de Dieu, dans son « *Epître à la Chrétienté* », par exemple. Sous forme de récit d'une vision obtenue dans la nuit de Noël 1356, elle reproduit exactement le tableau des vices de la chrétienté du « Livre des Neuf Roches », en annonçant le jugement réservé aux ecclésiastiques, surtout aux confesseurs et aux laïques, usuriers et adultères [14]). Nous y trouvons la même affirmation vaniteuse : « Si je devais écrire toutes les merveilles que Dieu a accomplies en moi, il n'y aurait pas de livre assez grand pour les contenir » [15]).

Le traité de l' « *Echelle spirituelle* » a servi presque textuellement de source à cette pensée du Sermon du Maître sur le St. Sacrement, que

---

[6]) «MB» («*Taulers Bekehrung...*», éd. Schmidt,) p. 25, 26, 27 ; — «B. v. d. 9 F.» (éd. Schmidt), p. 287, 58, 30.

[7]) «MB», 47 ; — «B. v. d. 9. F.», 58.

[8]) «B. v. d. 9 F.», 225, 48, 33.

[9]) «MB», p. 44 ; — «B. v. d. 9 F.», p. 37, 41.

[10]) «MB», ib. ; «B. v. d. 9 F.», p. 40.

[11]) «MB», p. 51 ; — «B. v. d. 9 F.», p. 41.

[12]) «MB», p. 48 ; — «B. v. d. 9 F.», p. 43, 45.

[13]) «MB», 35, 54 ; — «B. v. d. 9 F.», 7, 41.

[14]) Cf. «*Nik. von Basel, Leben und Schriften*», 192 ; — «B. v. d. 9. F.», 33, 61, 64, 145 ; — «MB», 38, 44, 48.

[15]) l. c., 195.

les Amis de Dieu, c'est-à-dire les chrétiens vertueux, sont les seuls soutiens de la chrétienté, les colonnes indispensables de l'Eglise [16]).

L'Ami de Dieu tient le même langage imprudent que le Maître sur la chasteté et les tentations impures [17]), sur la beauté des femmes [18]). L'histoire de la femme adultère du « Meisterbuch » a pour digne pendant le récit de l' « Escalier spirituel », où l'Ami de Dieu rappelle à une jeune fille et entend d'elle les pensées impudiques qu'ils se sont inspirées jadis et l'aveu mutuel qu'ils s'en firent à leur première rencontre [19]).

Denifle a encore relevé les traits communs de caractère que présentent le Maître, l'Ami de Dieu et Merswin: tantôt rudes, durs, amers et injustes dans leurs paroles, tantôt doucereux et d'une sentimentalité ridicule, et tous trois manifestant la même intempérance de langage dans les récits de leurs propres visions ou des incidents de leur vie spirituelle, s'érigeant fièrement en juges impitoyables des vices de la Chrétienté, en vertu de la mission divine qu'ils ont tous trois reçue en songe : l'Ami de Dieu, dans la vision de la nuit de Noël; le Maître, dans sa vision du Purgatoire; et Merswin, dans sa vision de l'Avent [20]).

Ce qui est le plus frappant assurément, c'est l'étonnante ressemblance de style qui caractérise ces trois hommes : même phrase traînante, même absence de gradation, même fréquence d'idées alternées et de synonymes, même prédilection pour la construction du participe présent avec l'auxiliaire, mêmes répétitions de mots et d'expressions identiques.

Denifle s'est attaché longuement à faire ressortir cette identité des expressions entre les récits de l'Ami de Dieu et le « Livre du Maître », surtout dans le Sermon aux 24 Articles [21]). Il en cite un grand nombre : « *durchbrechen* », « *ersterben* », « *angenomne vernunftige wisen* », « *in sterbender wise sich lossen* », « *minnende und meinende in zit und in ewikeit* », etc.

La phrase finale des discours du Maître est fréquente chez l'Ami de Dieu et chez Merswin : « *ich voerhie ich habe es uch zuo lang gemaht* » [22]), de même que l'expression : « *ich wil dir sagen* » [23]); l'emploi répété de « *zuo stunt* », « *nuo dar* » et de « *nuo* » explétif [24]).

---

[16]) « *Nik. v. Bas.* », 244.

[17]) ib., 88, 108, 184, 230, 232, 237, 261.

[18]) ib., 80, 88, 159, 210.

[19]) l. c.

[20]) « *Nik. v. Bas.* », 187; — « MB », 53; — « B. v. d. 9. F », 2, s.

[21]) « *Die Dichtungen des Gottesfreundes im Oberlande* », l. c., 1880, p. 217—218.

[22]) « N. v. B. », 133, 220, 238.

[23]) ib., 194, s.

[24]) ib., 215, 219, 239; — 102, 124.

On trouve souvent aussi dans le « Livre des Neuf Roches » la formule « *billiche und ungeliche* », et, comme équivalent de l'apostrophe du Maître, « *lieben kinder* », « *viel lieben kinder* », l'Ami de Dieu emploie « *lieben cristen menschen* », « *lieben brüeder* », « *vil lieben brüeder* » [25]).

Le style du sermon aux 24 articles tout particulièrement est bien celui de l'Ami de Dieu. Ce serait donc l'Ami de Dieu lui-même qui aurait composé ce sermon d'après le traité qui lui servit d'original, puisqu'il reste démontré que le Maître de la Sainte-Ecriture n'a pas existé.

Mais ce sermon est comme le point de départ de la conversion du Maître et de tout le récit qui en est fait. Il se relie directement à celui sur l'Epoux mystique et commande à tout le reste du Livre.

Si ce sermon n'est qu'un plagiat, et si ce plagiat a été l'œuvre de l'Ami de Dieu, c'est lui qui doit être l'auteur de cette légende, c'est lui qui a inventé de toutes pièces le personnage du « Maître de la Sainte-Ecriture », son attitude, ses répliques et ses discours [26]).

Le Maître de la Sainte-Ecriture n'est donc qu'une création factice, un type de légende, produit de l'imagination de l'Ami de Dieu : le style du Maître, son tempérament et le fond de ses discours, comparés au style, au tempérament, au fond habituel des pensées de l'Ami de Dieu, s'accordent à en fournir la preuve.

Mais ici, à nouveau, se pose une question fondamentale.

Est-il certain que *cet Ami de Dieu* lui-même *ait existé?*

Ne relève-t-on pas dans se second personnage du « Meisterbuch » des invraisemblances tout aussi frappantes que dans le personnage principal du « Maître » qui a donné son nom même au Livre qui nous occupe?

§ III.

L'Ami de Dieu de l'Oberland a-t-il existé?

Si le « Maître de la Sainte-Ecriture » n'est pas un personage historique, l'ensemble du « Meisterbuch » mérite-t-il notre créance en son historicité?

---

[25]) ib., 114, 309.
[26]) Cf. Denifle, « *Taulers Bekehrung kritisch* », 118—124.

Que devient, dès lors, l'historicité du personnage le plus important du « Livre », après le « Maître » ? Que faut-il croire de ce pieux laïque qui exerça une si grande influence sur « le grand docteur » et le convertit ? N'est-il pas, lui aussi, un personnage de légende, enfanté, comme la personne du Maître, par l'imagination d'un tiers ?

Rappelons qu'aucune autre dénomination ne désigne le pieux « laïque » de la « Merveilleuse Histoire » dans les manuscrits du XVᵉ siècle, de 1436 à 1486. Seul, le *ms. A* de Strasbourg et tous les écrits ou imprimés qui en dépendent le désignent comme « *le grand Ami de Dieu de l'Oberland* », avec les écrits duquel, effectivement, le « Meisterbuch » nous a révélé une si grande ressemblance.

Depuis l'identification malheureuse de l'Ami de Dieu avec Nicolas de Bâle par Ch. Schmidt, il a été abondamment écrit et sur le mystère de son existence et sur l'authenticité et la tendance de ses œuvres [27]).

Malgré les efforts de *Preger*, Denifle a généralement fait prévaloir la croyance en la non-existence du grand Ami de Dieu de l'Oberland. Inutile de s'attarder à en rechercher les traces, à la fin de sa vie, sur le Herrgottswald ou au Schimberg, ni dans l'ermitage de Ganterschwyl.

Le récit que le pieux laïque fait au Maître de sa propre conversion est tout aussi imaginaire que le sont tous les traités où il est question de lui.

Dans le « *Livre des Deux Hommes* » (de 1352) [28]), dans le « *Livre des deux jeunes Gens de 15 ans* » (de 1358), dans l' « *Escalier spirituel* » (de 1350) et dans le « *Livre des Cinq Hommes* » (de 1377), il raconte également sa vie antérieure, l'instant, les mobiles et l'acte même de sa conversion, les visions qui en furent le prix et son nouveau genre de vie dans la suite. Il le fait de quatre manières différentes, avec des divergences, des contradictions, qui feraient de lui « un véritable Protée ». Il a rédigé ces écrits à diverses dates, sans se soucier de rester d'accord avec lui-même.

Une fois, c'est au milieu de l'éclat d'une lumière surnaturelle qu'il

---

[27]) Cf. Art. de E.-G. Ledos, « *Ami de Dieu* », dans le « Dictionnaire d'Histoire et de Géographie ecclésiastiques » de Mgr. Baudrillard, 1914, t. II, 1222—1225; — et l'abondante Bibliographie donnée par *Ph. Strauch*, dans son art. « *Rulman Merswin und die Gottesfreunde* », dans la « Realencyklopädie für Protestantische Theologie und Kirche », 3ᵉ éd., Leipzig, 1905, t. XVII, p. 203—227.

[28]) Cf. Ch. Schmidt, « *Nikolaus von Basel und die Gottesfreunde* », Basel, 1856 (« Basel im 14. Jahrhundert, p. 286—302); — Fr. Lauchert, « *Des Gottesfreundes im Oberland (= Rulman Merswin) Buch von den zwei Mannen* », Bonn, 1896.

perd connaissance et donne congé au monde : une autre fois, c'est sur la parole animée d'un crucifix qui se penche vers lui. Ici, c'est Ste. Madeleine qu'il prend pour épouse; et là, c'est la Vierge Marie. D'après le « Meisterbuch », par contre, c'est une lecture de la « Vie des Saints » qui l'a converti [29]).

Si son portrait dans le « Livre des Deux Hommes » est celui qui répond à la réalité, celui des autres traités ne peut être accepté. Et l'on en peut dire autant pour n'importe lequel de ces traités.

Les indications relatives à l'Ami de Dieu dans le « Meisterbuch » sont tout aussi inacceptables, autant au point de vue *chronologique* qu'au point de vue *géographique*.

Il se vante au Maître que Dieu l'honore depuis sept ans de faveurs merveilleuses. Si l'on prend l'année 1350 pour le début de la conversion du « Maître », c'est donc en 1343 qu'aurait commencé la nouvelle vie de l'Ami de Dieu. Mais, en 1377, il écrit qu'il a eu sa première grande extase il y a trente ans, donc vers 1338. Il est vrai que la première édition, celle de 1498, basée sur le manuscrit le plus récent, celui de Leipzig, a le chiffre 12 au lieu du chiffre 7. Jundt [30]) s'est rallié à cette version et a pu arriver ainsi à faire coïncider l'année de la conversion de l'Ami de Dieu avec l'année 1338. Mais cette édition, très défectueuse, comme le manuscrit qu'elle a copié pour le récit de la conversion, a modifié toutes les dates précédemment reçues dans les manuscrits, elle ne peut donc faire foi [31]).

Denifle a montré les impossibilités matérielles auxquelles se heurte l'historicité du prétendu voyage de l'Ami de Dieu à Rome, au printemps de l'année 1377. C'est le récit de quelqu'un qui ignorait tout d'un voyage à Rome à cette époque par les cols des Alpes. Et Grégoire XI, d'une vie privée si irréprochable devant l'histoire, était tout l'opposé de ce que l'Ami de Dieu nous représente en lui : c'était un Pontife doux, humble, modeste (« *vir simplicis vitae, mitis et benignus, mansuetus, humilis, modestus...* ») [32]), qui avait supporté sans s'irriter les admones-

---

[29]) « *Die Dichtungen des Gottesfreundes im Oberland* », («Ztsch. f. d. Alt. », 1880), § 2., « *Die Proteus-Natur des Gottesfreundes* », 280—302.

[30]) « *Amis de Dieu* », 249—251.

[31]) Cf. Denifle, « *Taulers Bekehrung, Antikritik* », 35—36.

[32]) Cf. Baluzius Steph., « *Vitae Paparum Avenionensium*, hoc est historia pontificum Romanorum qui in Gallia sederunt ab anno Christi MCCCV usque ad annum MCCCXCIV », Paris, 1693, p. 483. cf. 426.

tations bien plus vives d'une fille du peuple, sainte Catherine de Sienne, à Avignon (18 juin-13 septembre 1376). Le pape ne put converser avec l'Ami de Dieu en italien : le Bienheureux Raymond de Capoue raconte, dans sa Vie de sainte Catherine de Sienne [33]), qu'il dut servir d'interprète entre la vierge toscane, sa pénitente, et le Pontife, français d'origine (Pierre Roger), qui ne parlait que le latin [34]). Les reproches que l'Ami de Dieu fait au pape sont, d'ailleurs, la réplique de ceux qu'il adressait au « Maître » dans le « Meisterbuch », au sujet des vices de la chrétienté : comme le Maître, Grégoire est un Pharisien, rempli de vices cachés; les Amis de Dieu sont les seuls soutiens de la chrétienté, et le pape doit se subordonner à eux : s'il ne tient pas compte de leurs avertissements, il mourra. L'esprit qui anime ce récit est bien celui du « Livre du Maître », un esprit de tendance sous certains rapports. Malgré les affirmations hasardées de Preger [35]), on n'a jamais trouvé trace, parmi les Actes et Régestes du Pontificat de Grégoire XI, de la bulle consistoriale délivrée par lui à l'Ami de Dieu et le recommandant à l'évêque de son diocèse.

La fiction ici est par trop évidente.

On ne peut ainsi ajouter foi à aucune des indications géographiques non plus qu'historiques ou autres laissées par les traités de l'Ami de Dieu. Ses récits revêtent encore un caractère d'emphase grandiloquente, fatigante par instants, avec des expressions lourdes et traînantes qui déguisent mal une réelle pauvreté d'idées.

L'Ami de Dieu s'inspire, en effet, souvent des pensées d'autrui. Il puise à pleines mains dans les autres mystiques, Eckhart, Suso, Tauler lui-même, mais trop souvent sans les comprendre et en les défigurant, tant ses connaissances théologiques sont minimes et ne dépassent pas le niveau de foi d'un chrétien ordinaire.

Il serait impossible de synthétiser en un système cohérent sa doctrine fantaisiste, sinon parfois hasardée.

Ainsi, il enseigne et pratique l'inertie morale et religieuse la plus

---

[33]) Cf. « A. A. S. S. », Avril, t. 3, p. 963, éd. Paris, 1866.

[34]) l. c.: « *Fui interpres inter summum Pontificem et virginem ipsam, illo verba latina loquente, ista vero in lingua Tusciae sua verba vulgariter depromente.* »

[35]) « *Gesch. d. d. M.* », III, 2. Buch, « *Der Gottesfreund vom Oberland und Merswin* », 259—262.

complète. Cessant lui-même tout exercice, il recommande de rester sans aucune activité et de laisser Dieu seul agir, ce qui est du pur quiétisme.

Son thème de prédilection, c'est le chapitre des tentations impures, qu'il décrit comme des épreuves envoyées par Dieu, véritables grâces accordées par lui à ses amis et dont on doit se réjouir, de même qu'on doit en regretter l'absence [36]).

Sur sa vieillesse, alors qu'il raconte aux Johannites de l'Ile Verte l'intervention efficace de sa prière et de celle de douze autres Amis de Dieu, ses compagnons, dans leur seconde retraite sur la montagne, il ne sait pas même déguiser son propre style, ses idées ni ses expressions coutumières, palpables du commencement à la fin, non plus que sa marotte apocalyptique d'un châtiment inévitable du Ciel sur la chrétienté coupable : dans l'histoire de la lettre divine tombée du ciel et remontée au ciel dans un tourbillon de flammes sous les regards des treize ermites de la forêt, il s'est évidemment inspiré de l'exemple des Flagellants de l'an 1349, qui, eux aussi, parcouraient les cités, lisant sur les places publiques un message divin invitant les peuples à la pénitence. Le procédé d'imitation et la fiction apparaissent encore ici on ne peut plus clairement [37]).

La fiction n'est pas moins évidente dans le portrait que l'Ami de Dieu nous donne des personnages de second plan dont il raconte la vie. Conversion, développement spirituel, tentations, grâces surnaturelles, individualité propre, tout y est semblable et se confond de l'un à l'autre, dans la seule variété du cadre extérieur. Denifle les appelle, à juste titre, des automates, des figures coulées dans le même moule. Quand une épreuve est finie, au cours de leurs expériences spirituelles, au bout de l'année révolue, Dieu leur en envoie une autre : chez tous, les années d'extases font place aux années d'angoisses, les tentations d'incrédulité succèdent automatiquement aux tentations impures; Dieu les déclanche invariablement, comme ferait l'horloger qui remonte un ressort. Des existences aussi mécaniques, calquées l'une sur l'autre, n'ont pas été vécues [38]).

Enfin, la physionomie générale et tous les traits du portrait de l'Ami de Dieu tiennent avant tout de la fiction.

---

[36]) « *Die Dichtungen Rulman Merswins* » (Ztsch. f. d. Alt., 1880), 496—507
[37]) Cf. Denifle, l. c., 507.
[38]) ib., «*Charakter der historisch nicht beglaubigten Personen in den Schriften des Gottesfreundes*», 474—496.

Partout, il porte l'épithète de « secret » Ami de Dieu. Dès le jour de sa conversion, il se retire, en effet, à l'extrémité de la ville qu'il habite et, plus tard, dans un lieu plus solitaire encore. Seuls, ces automates, personnages de légendes, tous taillés sur le même patron, communiquent avec lui. Ils n'ont aucun nom dans l'histoire et vivent tous en dehors de Strasbourg. C'est le « chevalier captif » et sa femme (1340), les deux recluses Ursule et Adélaïde (1344), les frères du « Livre des Cinq Hommes » (1377), les deux amis de Hongrie, celui de Gênes, celui de Milan (« *Meiglon* »). Et ils connnaissent tous sa résidence, sans avoir besoin de jamais la chercher.

Au contraire, aucune des personnes historiquement connues de son histoire, ni le Maître général des Chevaliers de Saint-Jean en Allemagne, Conrad de Brunsberg, ni les Johannites de l'Ile Verte, ni leur Commandeur Henri de Wolfach, ni le vicaire général de l'évêque de Strasbourg, l'ermite Augustin Jean de Schaftolzheim, pas même le secrétaire de Merswin, le frère Nicolas de Louvain, aucun personnage historique, si ce n'est Merswin exclusivement, ne sait quel est son nom ni où il habite; aucun d'eux ne peut correspondre avec l'Ami de Dieu que par l'entremise de Merswin.

Les « Notices » sur les Amis de Dieu de l'Ile Verte écrites par Nicolas de Louvain racontent que l'Ami de Dieu et R. Merswin avaient chacun un messager secret par lequel ils correspondaient. Ces messagers avertissaient Merswin de leur présence au moyen d'une façon particulière de tousser pendant la messe. Les Johannites avaient bientôt compris la signification de ce langage. Ils épièrent avec le plus grand soin les deux inconnus; parfois ils entrevirent leur ombre dans le corridor; jamais ils n'aperçurent leur visage [39]).

En 1379, Conrad de Brunsberg résolut d'envoyer Henri de Wolfach à la recherche de l'Ami de Dieu, avec lequel il désirait s'entretenir directement au sujet des difficultés créées par l'éclosion du Grand Schisme. L'Ami de Dieu le leur interdit formellement et leur enjoignit d'attendre que Dieu le contraignît d'aller lui-même les trouver. Et « pour leur faire éviter un voyage qui leur eût été une distraction funeste en les remettant en contact avec le monde des créatures », il s'empressa de répondre à leurs questions.

---

[39]) Cf. Ch. Schmidt, « *Nikolaus von Basel Leben…* », Historische Zeugnisse, « *Notizen des Nikolaus von Laufen über die Gottesfreunde* » (aus dem « *Briefbuch* », p. 62, ss).

Jean de Schaftolzheim reçut de lui une réponse analogue à une demande du même genre.

En 1380, Merswin, qui sent sa fin approcher, veut s'enfermer dans un isolement absolu. Il se reproche le plaisir qu'il trouve à correspondre avec son ami et lui propose de suspendre leurs relations épistolaires. Le 10 avril de la même année, l'Ami de Dieu lui écrit, en effet, sa dernière lettre, dans laquelle il prend congé de lui, en lui recommandant de se soumettre à la direction du Commandeur. Ce furent leurs adieux.

Le 18 juillet 1382, le banquier strasbourgeois mourait.

De son vivant encore, quelques notables de Strasbourg s'étaient mis à la recherche de l'Ami de Dieu. Entre autres ermitages qu'ils visitèrent, ils entrèrent aussi dans le sien; ils passèrent la nuit sous son toit, mais sans l'avoir reconnu.

Les Johannites de l'Ile Verte désiraient plus que quiconque pénétrer le mystère. Sur son lit de mort, Merswin, questionné par eux sur la personne du messager par lequel il avait correspondu avec son ami, leur répondit qu'il venait de mourir.

A trois reprises après la mort de Merswin, ils entreprirent de renouer leurs relations avec le mystérieux Ami de Dieu.

Ils envoyèrent d'abord un chevalier et un jeune bourgeois de la ville, avec tous les renseignements utiles. Au bout de quatre semaines de pérégrinations infructueuses, ils revinrent sans l'avoir découvert.

Pendant l'été de l'année 1389, plusieurs personnes honorables de Fribourg-en-Brisgau, après avoir lu le « Livre des Cinq Hommes », racontèrent que Jean de Bolsenheim, Prieur des Bénédictins d'Engelberg, vivait dans l'intimité avec eux et disait d'habitude sa messe dans leur chapelle. Nicolas de Louvain se mit en route le 24 août de cette année, d'après les conseils du Commandeur et de ses frères. Arrivé à Engelberg, il trouva que le récit des gens de Fribourg ne répondait nullement à la réalité. Jean de Bolsenheim, à qui il laissa un exemplaire du « Petit Mémorial Allemand » de l'Ile Verte et d'autres écrits de l'Ami de Dieu, se mit, lui aussi, à la recherche des pieux ermites, mais dut écrire à Nicolas de Louvain son insuccès.

Enfin, en 1390, Henri de Wolfach se rendit à Fribourg dans l'Uchtland, qui est à 13 milles de Klingnau, petite ville près de l'embouchure de l'Aar dans le Rhin. Il s'était guidé sur un détail d'une lettre dans laquelle l'Ami de Dieu raconte qu'en 1377 il se serait rendu auprès de son évêque, dans une ville distante de 13 milles de son ermitage. Toutes ses démarches, qui durèrent un an, furent vaines [40]).

Le récit de toutes ces recherches infructueuses parle éloquemment.

N'oublions pas que Conrad de Brunsberg était Maître de l'Ordre des Chevaliers de Saint-Jean pour tous les pays allemands; que trois Johannites du voisinage étaient venus s'adjoindre à la petite société de l'Ami de Dieu, en son dernier ermitage sur la montagne, situé sur « les terres du duc d'Autriche » [41]). Or, sur les terres d'Autriche, en Suisse, il y avait alors neuf commanderies de Saint-Jean : Rheinfelden, Klingnau, Leuggern, Bibersheim (canton d'Argovie) ; Hohenrein, Reiden (canton de Lucerne) ; Bubikon (canton de Zurich) ; Tobel (canton de Thurgovie) ; Fribourg (diocèse de Lausanne). Par l'une ou l'autre de ces maisons qu'avaient habitées les trois Chevaliers de Saint-Jean devenus les compagnons de l'Ami de Dieu, les Johannites de Strasbourg eussent dû arriver à découvrir la demeure de l'Ami de Dieu.

Jamais personnage historiquement contrôlé n'est parvenu à se mettre en relations avec l'Ami de Dieu, si ce n'est le seul Merswin.

C'est *Merswin* qui reçoit de lui ou lui adresse les lettres et autres écrits.

Leur principal messager, Robert, connu de Merswin seul, prend la précaution de mourir avant lui.

A la mort de Merswin, on n'entend plus un mot, on perd totalement la trace de l'Ami de Dieu.

Le caractère légendaire de ce personnage apparaît donc maintenant de la façon la plus nette [42]).

Les contradictions qui existent entre les différents récits de sa vie, l'invraisemblance de ses données chronologiques ou géographiques, la fantaisie de sa doctrine, l'uniformité de caractère de ses personnages secondaires tous taillés sur le même modèle légendaire, l'inanité enfin des recherches tentées par les personnages authentiques mêlés à son histoire, toutes ces considérations démontrent péremptoirement le bien-fondé de la

---

[40]) Cf. « *Nik. v. Bas.* », l. c., « Notizen », p. 69 ; — A. Jundt, « *Amis de Dieu* » 310, 318—320, 324—327.

[41]) « N. v. B. », l. c., p. 252, 257, 313, 321.

[42]) Denifle, « *Die Dichtungen Rulman Merswins* », l. c., « *Der Gottesfreund hat, als solcher nicht existiert* », p. 471—474.

thèse de Denifle : pas plus que le « Maître de la Sainte-Ecriture »,
l' « Ami de Dieu » n'est un personnage historique; c'est la création imaginaire et fantaisiste d'un auteur qu'il nous reste à identifier.

§ IV.

Qui a créé le personnage de l'Ami de Dieu?
Merswin... ou Nicolas de Louvain?

Tous les écrits concernant l'Ami de Dieu de l'Oberland proviennent
des Archives de l'Ile Verte. Parmi tous les manuscrits qui contiennent
le récit de la Conversion du Maître, seul le « Grand Mémorial Allemand », manuscrit le plus ancien, identifie l' « homme » qui convertit
« un grand docteur » avec cet Ami de Dieu de l'Oberland. Il était donc
tout indiqué, pour la critique, de chercher de ce côté le créateur de ce personnage imaginaire et de ses écrits.

Denifle, aprè avoir établi que l'Ami de Dieu n'a pas existé et que
son histoire n'est qu'une imposture et un mensonge intéressé, crut pouvoir établir, dans une nouvelle série d'articles sensationnels publiés dans
la « Zeitschrift für deutsches Alterthum und deutsche Litteratur »[43]),
la probabilité, puis la réalité de l'imposture sur le compte de Merswin.
W. Preger[44]) rejeta ses conclusions, qui furent, par contre, généralement acceptées.
Jundt lui-même se contenta de combattre, pour la forme, certains
arguments et certaines déductions logiques du P. Denifle. Sans nier les
faits, il chercha seulement à sauver la bonne foi et le caractère moral
de Merswin au moyen d'une explication bizarre d'ordre psycho-physiologique, en le présentant, non comme « un bavard » ou un « menteur »,
mais comme une sorte de victime d'un état psychique particulier.
K. Rieder remit en question, en 1905, les conclusions du
P. Denifle; à la lumière des différents manuscrits de l'Ile Verte, examinés de plus près, il crut pouvoir absoudre Rulman Merswin de toute par-

---

[43]) XXIV, N. F., XII, Berlin, 1880, « *Die Dichtungen Rulman Merswins* »: § III,
« *Wahrscheinlichkeit des Betrugs von seiten Merswins* », 507—512. § IV, « *Würklichkeit des Betrugs von seiten Merswins* », 512—540.
[44]) « *Gesch. d. d. Mystik* », III, l. c., 245. ss.

ticipation à la pieuse supercherie, et substituer à la personnalité du banquier strasbourgeois, comme auteur de la mystification, son ancien secrétaire, Nicolas de Louvain, devenu Johannite au « Grüne Wörth » en 1371.

L'ensemble de la critique, y compris Preger, n'a pas trouvé satisfaisante sa démonstration.

Que penser de ces diverses hypothèses?

1. *Hypothèse de Denifle.*

De l'examen des habitudes littéraires de Merswin, de son portrait d'ensemble, vrai tissu de contradictions d'après ses propres écrits, des particularités de sa manière de penser et d'écrire, de la fraude manifeste qui se constate dans la rédaction du « *Livre des Cinq Hommes* », on est obligé de conclure à l'identité de Merswin et de l'Ami de Dieu, en tant que produit fictif de son imagination.

La *fraude littéraire* était une habitude de travail chez Merswin.

Engelhardt a publié, d'après une copie conservée à la Bibliothèque de Munich (« *cod. germ. 818* »), dans son livre « *Richard v. S. Victor und Joh. Ruysbroek* » [45]), un « *Livre de la Grâce prévenante et de la Grâce méritoire, dans lequel il est aussi question des 7 Dons du Saint-Esprit* ». « Rulman Merswin, notre cher fondateur, dit la rubrique, qui est de la plume de Nicolas de Louvain, a été contraint par Dieu de l'écrire dans les tout derniers jours de sa maladie. » « Il ne lui fut pas permis de s'attribuer ce traité à lui-même; il dut l'inscrire dans le « *Livre des Noces* », et l'attribuer, en donnant toute gloire à Dieu, au frère Jean Ruysbroek, le saint ermite de Brabant, ainsi que le dit explicitement le début, avec le titre de ce livre : « *Instruction vraie et profitable et utile, extraite du commencement du « Livre des Noces* », qui a été écrit par un saint ermite du Brabant, le frère Jean de Ruysbroek, et envoyé par lui dans l'Oberland aux amis de Dieu, dans l'année du Jubilé 1350. »

Le copiste de saint Jean, confiant dans l'humilité du pieux fondateur, ne sait quelle part attribuer à Merswin dans la rédaction de ce traité : d'où son titre contradictoire.

---

[45]) Erlangen, 1838, p. 345. ss.

En réalité, si on le compare au texte bas-allemand ou flamand, « *Die Chierheit der Gheesteleker Brulocht* » [46]), ou à la traduction latine de Surius, « *De Ornatu Spiritualium Nuptiarum Libri tres* » [47]), ou encore à la traduction moderne très littéraire de Maurice Maeterlinck, ou enfin à la traduction française exemplaire des Bénédictins de Saint-Paul de Wisques, à Oosterhout (t. III) [48]), ce n'est qu'une transcription d'une série de longs extraits du livre de Ruysbroek, reliés entre eux par des transitions assez courtes et suivis d'une courte conclusion.

R. Merswin l'a composé pour l'édification des Johannites du « Grüne Wörth », sans même avoir conscience d'une fraude littéraire au détriment du Prieur de Grœndal [49]).

La transcription du traité de Ruysbroek n'est qu'un spécimen du genre de travail auquel se livrait couramment Merswin, témoin cette Notice qui précède le traité « *De la Bannière du Christ* », reproduite par Jundt [50]) : « *was er schreip oder schriben muoste, das het er also gar verborgen under andere materien, und het eteliche geschrift andern gottes frunden und lerern zuo geleit und in ire buechere vermuschet.* »

Par le même procédé d'interpolations, Merswin a composé le Traité des « *Sept œuvres de Miséricorde* » que N. S. accomplit spirituellement dans chaque homme, « aussi souvent que celui-ci le reçoit dignement dans le Saint-Sacrement » [51]).

---

[46]) Cf. texte original flamand (dialecte brabançon) publié par *J. David*, prof. à l'Univ. de Louvain, et édité par les soins de la « Société des Bibliophiles Flamands », en 6 vol., 1858—1868, « *Werken van Jan van Ruusbroec* », Gent (Annoot-Brœckmann). — Cf. *Alfred Wautier d'Aygalliers*, « *Vie de Ruysbroeck l'Admirable (1293—1381), Etude critique des Sources* », Cahors, 1909, p. 30—31.

[47]) « *Joh. Rusbrochii Opera omnia, a Brabantiae germanico idiomate reddita latine* », Coloniae, fol., 1552, p. 303—322.

[48]) Edition de Maeterlinck, Bruxelles, (Lacomblez), 1900 ; — traduction des Bénédictins de l'abbaye de St. Paul de Wisques (Hollande) : « *Oeuvres de Ruysbroeck l'Admirable, traduction du flamand* », Bruxelles, t. I., 3e édition, 1919 ; t. II., 1917 ; t. III, 1920.

[49]) Cf. A. Jundt, « *Amis de Dieu* », p. 22—24 ; — « *Rulman Merswin et l'Ami de Dieu de l'Oberland* », 69—72.

[50]) « *Histoire du Panthéisme populaire . . .* », p. 211. — Cf. K. Rieder, l. c., p. 82, 22, 5.

[51]) « *Dis sint die siben werg der erbermede die unser lieber herre geistliche wurcket mit eime ieglichen menschen alse dicke er in wirdickliche enpfohet in dem heiligen sacramente* ».

La rubrique de Nicolas de Louvain dit que Rulman Merswin l'a transcrit « du livre d'un jurisconsulte », en y déposant secrètement les pieuses pensées et les vœux ardents de son cœur, espérant présenter de cette manière avec une autorité plus grande les exhortations qu'il destinait à ses semblables et qu'il n'osait, par humilité, leur adresser directement. Chacune des sept œuvres est accompagnée de sentences des saints. Suit un Traité « *Des sept dons du Saint-Esprit* », extrait d'un ouvrage composé par des docteurs éprouvés, duquel a été tirée également la « Manière dont l'homme doit se préparer à recevoir dignement le Saint-Sacrement, afin que Dieu puisse accomplir en lui les sept œuvres de miséricorde dont il est question dans le présent livre » [52]).

L'auteur du « Meisterbuch », qui a compilé, pour le premier de ses six sermons, un traité rapportant l'A B C spirituel que l'Ami de Dieu enseigna au Maître et à Nicolas de Louvain lui-même, auquel il écrit « de se bien graver dans l'esprit les 23 lettres de l'alphabet des vertus chrétiennes », de « méditer la leçon qui a été enseignée au « Maître de la Sainte-Ecriture » [53]) ; ce même auteur, qui a inséré dans la deuxième partie du sermon* aux cinq recluses un traité « *Von den drien Fragen* » constaté dans plusieurs manuscrits et que Merswin a utilisé lui-même, ne serait-il pas ce même Merswin?

Dans son livre « *Des trois Etapes de la Vie spirituelle* » (« *Von den drien Durchbrüchen* » [54]), Merswin, après une compilation de passages de l'Ecriture, de Pseudo-Denys, de St. Bernard, d'Albert de Gand, de Maître Eckhart, sur le commencement, le développement et l'accomplissement de la vie mystique, intercale un long entretien de *Maître Eckhart* avec un prêtre qui partage également les doctrines du mysticisme, mais qui reproche aux prédications du Maître de n'être, à cause de leur spéculation, d'aucune utilité aux fidèles.

Un manuscrit de Stuttgart désigne Guillaume de Paris comme l'auteur de ce traité et rapporte que Maître Ingold, Dominicain de Strasbourg († 1465), aurait prêché sur la première de ces questions.

Un grand docteur a entendu Eckhart plusieurs fois prêcher, et il n'en a pas été satisfait. Il vient le trouver et lui dit qu'il a souvent

---

[52]) « *Amis de Dieu* », p. 25.

[53]) Cf. « N. v. B., 292.

[54]) Cf. Jundt, « *Hist. du Panth. pop.* » 226.

réfléchi sur ce proverbe : qu'il « ne faut pas jeter les perles aux pourceaux » ; ses discours sont inutiles.

« *Von den 3 Durchbrüchen.* »	« *Meisterbuch* », 8.
« *Der schuolmeister, der oberste brediger, der su hie zuo schuolen füret, in der schuolen und in der bredigen, do wirt der mensche in eime ougenblicke me gewiset und geleret denn ir und alle die meistere die in ussewendigen schuolen in hundert ioren iemer geleret kundent.* »	« Und wissent, wenne ouch der meister zuo mir kumt, so wiset er mich und lert mich uffe eine stunde me denne ir und alle die lerer die in der zit sint untze an den iûngesten tag iemer getuon mohtent. »

Mais il voudrait lui donner un bon conseil : celui de commencer à se corriger de ses défauts et à pratiquer les vertus et l'imitation de J.-C. qu'il prêche.

« *Von den 3 Durchbrüchen.* »	« *MB.* »
« *Aber wie unwirdig ich sin bin und solte ich uch roten, so wolte ich uch wol usser göttelicher minnen und mit der helffe gottes rotende sin.* »	« Ich gedohte ich solte mit der helfe gottes ettewas rotes schaffen. »

Comme c'est le cas pour l'Ami de Dieu, ce bon ecclésiastique (« *dirre guote pfaffe* ») s'excuse de s'être trop attardé ; il veut s'en retourner chez lui : mais Eckhart l'embrasse et le prie de rester encore et de lui raconter sa vie toute illuminée de la grâce et des bénédictions de Dieu.

« *Von den 3 Durchbrüchen.* »	« *MB.* »
« ... *umbving ihn, gap ime das betze.* »	« ... der meister umbving ihn und gap ime das betze an sinen backen. »

Le Traité se termine par une recommandation de discrétion qui est celle de l'Ami de Dieu au Maître de la Sainte-Ecriture.

Merswin, le compilateur avoué de plusieurs traités conservés parmi les documents de l'Ile-Verte, semble s'être désigné lui-même comme le plagiaire du « Meisterbuch » par l'usage qu'il a fait dans son traité « *Von den drien Durchbrüchen* » de l'écrit antérieur « *Von den drien Fragen* », source commune à ce traité et au « Livre du Maître ».

Sa personnalité implique, du reste, comme celle de l'Ami de Dieu, les mêmes contradictions visibles dans le récit de sa vie avant et après sa conversion, comme dans celui de sa conversion elle-même, décrites l'une et l'autre sur le même modèle.

Dans son autobiographie, c'est-à-dire « *Le Livre des Quatre Années de son Commencement* », il raconte, avant l'événement, une extase qu'il a eue au bout de la quatrième année de sa conversion, et qui est racontée à peu près dans les mêmes termes au début de sa conversion dans le « *Livre des Deux Hommes* », attribué à l'Ami de Dieu.

La voix céleste du « *Livre des Neuf Roches* » annonce, après une dernière extase, que Dieu donnera des tentations impures à Merswin comme croix à porter jusqu'à sa mort. Dans le « *Livre des 4 Ans* » de Merswin, après la même extase, Dieu lui enlève ses tentations et ne lui laisse plus comme croix à supporter que la vue des égarements de la chrétienté.

L'on comprend, dès lors, qu'il s'enveloppe de mystère et ne révèle à personne, pas même à son secrétaire Nicolas de Louvain, le secret de l'Ami de Dieu, ce mystérieux personnage créé par sa fantaisie, dont aucun historien, aucun chroniqueur alsacien, ni Twinger de Königshofen, ni Jacques Trausch, ni Jean Wencker, ne fait mention.

Merswin n'est rien moins que véridique dans ses récits, et l'on ne peut y ajouter foi ni leur accorder aucun fondement historique comme tels.

On pourrait relever quantité d'autres invraisemblances dans ses écrits, et toutes font songer inévitablement aux invraisemblances absolument analogues que nous avons relevées dans les écrits attribués à l'Ami de Dieu et dans le récit même de la conversion du Maître de la Sainte-Ecriture.

Les mêmes visions, d'autre part, ouvrent la série des phénomènes de leur conversion à tous deux. Les mêmes épreuves, doutes et tentations impures, viennent les assaillir. Tous deux, l'un après 5 ans, l'autre après 4 ans de leur vie nouvelle, ils acquièrent la certitude absolue de leur salut.

Invraisemblances d'un côté, — similitudes de l'autre sont également frappantes dans la comparaison qui nous a amenés à rapprocher naturellement ces deux personnages de Merswin et de l'Ami de Dieu, l'un historique, et l'autre légendaire et création imaginaire du premier.

L'identité devient plus sensible encore, lorsqu'on considère, soit dans le détail, soit dans leur ensemble, les doctrines prêtées à l'Ami de Dieu : ce sont celles de Merswin.

Nous l'avons déjà remarqué à propos des diatribes contre le clergé, qui sont communes au « Meisterbuch » et au « *Livre des Neuf Roches* ».

Les degrés de l' « *Escalier spirituel* » et les échelons de l' « *Echelle Spirituelle* » ne sont qu'une réédition des 9 terrasses du « Livre des 9 Roches ». Ces étapes de la vie spirituelle correspondent parfaitement aux 6 degrés de la règle de vie que prêche le théologien de l'école d'Eckhart dans le traité « *Von den drien Fragen* », et qu'a reproduits exactement le sermon aux 5 Recluses.

Bien plus, les locutions habituelles de Merswin, son style, sa syntaxe se retrouvent dans les écrits de l'Ami de Dieu : même prose diffuse, flasque, presque enfantine; mêmes constructions brisées, extrêmement nombreuses; mêmes répétitions fatigantes et interminables; même lourdeur du discours; mêmes constructions vicieuses; même prédilection pour le participe présent employé avec l'auxliaire; même accumulation d'adjectifs synonymes, aboutissant à des tautologies; même tendance à passer du discours indirect au discours direct.

L'existence de l'Ami de Dieu nous est apparue comme des plus problématiques, invraisemblable, impossible même.

La méthode de travail de Merswin, une réelle communauté de vie, d'épreuves et de faveurs spirituelles, mêlées aux plus criantes invraisemblances chez Merswin comme chez l'Ami de Dieu, leur similitude dans la manière de penser, de s'exprimer et d'écrire, nous obligent à n'envisager qu'un seul et même homme derrière ces deux noms, de ne voir qu'un seul et même auteur comme créateur de toute la littérature légendaire de l'Ile-Verte qui s'abrite sous leurs deux noms, comme inventeur du personnage légendaire aussi de l'Ami de Dieu. Et cet auteur unique ne peut être autre que *Merswin*.

Preger a objecté, contre l'identification de Merswin et de l'Ami de Dieu, les absurdités auxquelles on serait acculé, si l'on tenait compte, comme il se doit, des lettres de l'Ami de Dieu, soit à lui-même adressées, soit provenant de lui, telles que nous les a conservées le « Livre Epistolaire » de l'Ile Verte.

Ces absurdités disparaissent dès qu'on admet le caractère fictif également de cette correspondance, créée pour le besoin de sa cause par l'auteur même de la fiction.

Ainsi, parvenu à l'âge des infirmités, Merswin, pour se débarrasser du personnage qu'il a créé, devenu désormais encombrant, lui fait une fin habile: il se fait adresser par lui ses lettres de congé, qui l'invitent personnellement à la retraite absolue.

Il put avoir le talent de tenir son jeu caché jusqu'au bout, sans révolter la confiance des naïfs habitants de l'Ile Verte, remplis pour lui de vénération. Le Commandeur Henri de Wolfach, en raison même de sa vénération pour le fondateur de la maison, pouvait laisser surprendre sa bonne foi. Non seulement au Moyen âge, mais encore de nos jours, il n'a jamais manqué de tels exemples de crédulité; et la manie des lettres anonymes, criminelles ou inoffensives, n'est pas le monopole du XXᵉ siècle, ni de quelques villes de nos provinces françaises, du fond de la Corrèze ou du Morvan [55]).

L'objection beaucoup plus grave sur laquelle Jundt [56]) et Preger [57]) ont surtout insisté est celle que présentent le *dialecte* particulier du « *Livre des cinq Hommes* », différent du dialecte alsacien parlé par Merswin, — ainsi que *l'orthographe* et *l'écriture* de ce même livre, que l'on remarque à première vue en contradiction absolue avec les autographes de Merswin qui nous ont été conservés.

Comparons, en tenant ces autographes sous les yeux,

— dialecte,

---

[55]) Cf. Preger, « *Gesch. d. d. M.* », III, 282. — N'a-t-on pas rencontré, au cours et à la fin de cette dernière guerre de 1914—1919, et dans des contrées diverses, ailleurs qu'en France, et en Allemagne même, des gens assez naïfs ou assez confiants pour accréditer l'imposture de quelques roués ou illuminés se prétendant en correspondance directe avec le ciel et abusant de l'honnête vénération dont les comblaient certaines âmes à la foi plus que robuste, pour atteindre auprès d'elles leur fin très intéressée au moyen de lettres qu'on disait dictées par le Ciel ou des esprits supraterrestres, et qu'on se passait de mains en mains, avec mystère, dans certains milieux très particuliers?

[56]) « *Rulman Merswin et l'Ami de Dieu* », p. 82—95.

[57]) l. c., III, 245—258.

— orthographe et écriture des Livres opposés entre eux, et nous aurons la réponse à cette objection.

Le dialecte particulier du « *Livre des cinq Hommes* », qui se distingue surtout par le changement de la voyelle *e* en *a* dans les syllabes brèves à la fin des mots (« *minan vil lieban brüeder* », « *mir wart etthewas ingesprochan* »), avait principalement servi à déterminer la patrie de l'Ami de Dieu, c'est-à-dire la Suisse.

En 1377, l'Ami de Dieu envoyait ce livre, accompagné d'une lettre [58]), où il s'excusait, en raison de la hâte avec laquelle il l'avait écrit, d'avoir souvent « oublié » sa résolution de n'employer que les formes grammaticales du dialecte d'Alsace, son propre dialecte se pressant malgré lui sous sa plume et s'imposant comme une obsession insurmontable.

« *Vil lieban brüeder, ich hette uch gar gerne alle ding in uwer sproche geschriben, alse ich ouch wol kunde, und wolte es geton haben; also vergas es mir gar vil, und habe uwer sproche und unser sproche underenander geschriben, und darzuo so ist die geschrift gar übele zuo lesende; der es nochschriben sol, der muos der sinne war nemen, mir was not, ich schreip alle dise ding in funf dagen, wan ich muoste Ruoprecht hinweg senden* » [59]).

Jundt a reconnu lui-même que ce traité est bien de Merswin. Mais Denifle ne voyait pas d'autre moyen que l'imposture pour expliquer l'alternance presque rythmée des passages où les formes alsaciennes sont parfaitement pures avec d'autres où la langue de l'Oberland reparait presque irrésistiblement.

La fraude, ici, apparaît d'autant plus irréfutable que, le 29 janvier 1369, l'Ami de Dieu, qui n'ignorait pas le dialecte alsacien, envoya le « Meisterbuch » aux frères de l'Ile Verte, accompagné également d'une lettre [60]), où il déclarait qu'il s'était efforcé de faire disparaître les formes distinctives de son langage et de les remplacer par celles de la langue de ses lecteurs.

« *Ich hette uch gerne das alte büechelin gesant; so ist es wol halbe in einer sollichen frömden sprochen die ir nut gelesen kundent, und ich übete mich selber darane vier tage und naht umbe daz ich ez uch geschribe in uwerre Elsásser sproche* ».

---

[58]) Lettre 11; cf. « *Nik. v. Bas.* », p. 310; K. Rieder, l. c., p. 69—70, ss.

[59]) Cf. « N. v. B. », p. 310; — Rieder, p. 70, 7 ss.

[60]) Lettre 2, cf. « N. v. B. », p. 278; — Rieder, l. c., p. 82.

Pourquoi ne s'oublie-t-il pas dans le « Meisterbuch », qui est deux fois plus gros que le « Livre des cinq Hommes » ?

Si les partisans de l'identité de Tauler et du Maître de la Ste.-Ecriture objectent que la « moitié » (« *wol halbe* ») seulement du « Meisterbuch » était composée dans le dialecte de l'Ami de Dieu, et l'autre moitié dans le dialecte alsacien, c'est un fait encore que même cette moitié du « Meisterbuch » est plus grosse à elle seule que le « Livre des cinq Hommes », et il aurait mis moins de temps à l'écrire (« *vier tage und naht* ») que le « Livre des cinq Hommes » (« *ich schreip alle dise ding in funf dagen* ») !

Mais, malgré des différences plutôt superficielles que profondes, le dialecte de ce traité, en réalité, est absolument celui de Merswin, dans le « *Livre des quatre Années de son Commencement* » et dans son « *Livre des Neuf Roches* », les deux seuls dont les autographes aussi nous soient restés, « *mit sin selbes hant geschriben* », et conservés, l'un dans le « Livre Epistolaire », aujourd'hui parmi les Archives du Bas-Rhin, fonds de St. Jean, et l'autre dans un manuscrit qui fut la propriété de Schmidt et d'après lequel celui-ci publia le premier ce Livre, en 1859, à Leipzig, avec un fac-similé qui achevait de démontrer qu'il avait été bien à tort attribué au Bienheureux Suso [61]).

Denifle a démontré péremptoirement l'identité absolue du dialecte et de l'orthographe même de ces trois livres, jusque dans les détails des mots. On constate simplement de l'un aux autres la substitution à peu près constante de l'*a* à l'*e* dans les désinences, l'usage du *g* à la place du *j* au commencement des mots, du *c* à la place du *z*, le changement des préfixes *er, en, ver,* en *ur, un, vir* ou *fur,* le redoublement des consonnes au milieu des mots et l'aspiration de la dentale *t* surtout dans la dernière syllabe.

Telles sont les caractéristiques particulières qui se rencontrent exactement identiques dans ces trois livres et déterminent le style propre à Merswin. On pourrait en ajouter un certain nombre d'autres encore plus ou moins importantes.

---

[61]) Cf. « *Das Buch von den Neun Felsen von dem Strassburger Bürger Rulman Merswin 1352, nach des Verfassers Autograph herausgegeben. Mit einem Facsimile von Merswins Handschrift* », Leipzig, 1859 (Hirzel). — « *Ueber den wahren Verfasser des dem Mystiker Suso zugeschriebenen Buches von den neun Felsen* » (« Ztsch. f. Histor. Theol. », 1839, II, 61).

Seul Merswin peut donc avoir été l'auteur de tous ces écrits et de chacun d'eux. Ses voyages commerciaux avaient pu le mener dans les contrées du Lac de Constance, au sud de Saint-Gall, où le dialecte suisse avait surtout ces particularités. Ne le possédant pas complètement, il aura pu parler ce dialecte, l'écrire incorrectement, en le faisant servir à sa supercherie.

L'écriture du « Livre des Cinq Hommes » présente, à première vue, des différences notables avec celle du « Livre des Neuf Roches » et du « Livre des 4 Ans ». Mais, à bien considérer les fac-similés donnés en appendice à leurs œuvres par Ch. Schmidt [61]), par A. Jundt [63]) et par K. Rieder [64]), l'on se rend compte simplement que l'écriture du « Livre des Neuf Roches » et du « Livre des Quatre Ans » est une écriture de calligraphe, nette et soignée, la minuscule gothique, où l'*s* a toujours la forme d'une faux, l'*m* et l'*n* ont les jambages rigoureusement égaux, tandis que celle du « Livre des Cinq Hommes » est devenue une écriture cursive, vive et tourmentée.

Si l'on n'admet pas que Merswin ait pu écrire lui-même l'exemplaire du « Livre des Cinq Hommes » qu'il a remis aux Johannites de l'Ile Verte, il faut alors convenir qu'il a fait copier son texte par un aide qui demeurait dans son voisinage immédiat, et qui aura conservé dans sa copie les particularités de son écriture. Et cet aide n'a pu être que Nicolas de Louvain, l'ancien secrétaire de Merswin.

Les nouvelles méthodes d'identification des écritures n'ont plus rien de commun avec les procédés empiriques d'autrefois. Tel procès récent qui a vivement occupé l'attention du public a permis aux spécialistes dans l'expertise des lettres anonymes de contribuer puissamment à doter la technique de l'identification des écritures de procédés rigoureusement scientifiques. Les experts arrivent à une quasi-certitude par la comparaison des graphismes et leur calcul des probabilités réduit à peu de chose leurs chances d'erreur, lorsqu'ils ont établi le signalement métrique

---

[61]) « *Das Buch von den Neun Felsen* », 1859.

[63]) « *Rulman Merswin et l'Ami de Dieu de l'Oberland* ... avec Documents inédits et *Fac-similés en Phototypie* », Paris, 1890: p. 1 de l'« Histoire de ma Conversion » ou autobiographie de Merswin; — p. 12 du « Livre des 5 Hommes », de l'Ami de Dieu de l'Oberland; — les Alphabets de Rulman Merswin et de l'Ami de Dieu de l'Oberland; — Fragments du « Livre des 5 Hommes ».

[64]) l. c., « *12 Schrifttafeln in Lichtdruck* ».

et la moyenne des écritures d'un même individu. Ce qui a été réalisé pour l'éclaircissement d'un grand nombre d'affaires mystérieuses contemporaines pourrait aussi bien, proportionnellement, s'effectuer sur des écritures anciennes et aider à percer le mystère de plus d'un faux littéraire que le recul des siècles semblerait devoir obscurcir davantage encore [65]).

Quoi qu'il en soit, que l'autographe du « Livre des Cinq Hommes » soit de la plume et de la main de Merswin ou de Nicolas de Louvain, ce soin de Merswin, en tous cas, à farcir son dialecte d'Alsace des particularités dialectales de l'Oberland, ce déguisement d'écriture ou bien ce recours à l'aide d'une plume étrangère, prouve davantage chez Merswin l'intention de surprendre la bonne foi des Johannites et le signale mieux que tous les autres chefs d'arguments comme l'auteur de ces écrits mêmes.

D'autre part, l'identité de style, d'expressions, de doctrine et de caractère nous oblige à reconnaître Merswin comme l'auteur des écrits de l'Ami de Dieu, comme le créateur du personnage même de l'Ami de Dieu.

L'Ami de Dieu n'a donc pas existé.

C'est Merswin qui l'a créé de toutes pièces. Dans quel esprit et dans quelle fin, nous le verrons dans un dernier chapitre.

---

[65]) Depuis les travaux poursuivis notamment par Frazer et les experts allemands de Berlin, de Dresde et de Hambourg, par Epicopescou à Bucarest, c'est le Dr. Edmond Locard, directeur du laboratoire de police technique de Lyon, qui a porté les nouvelles méthodes d'identification des écritures à leur degré extraordinaire de perfectionnement, grâce à de longues et minutieuses expériences. — Les spécialistes désignent sous le nom de « *grammas* » tout caractère écrit, qu'il s'agisse de lettres, de chiffres ou de signes de ponctuation. Or, livré à lui-même, l'individu qui écrit, donne au bout de quelques instants une écriture qui est sensiblement sa véritable écriture réelle, une écriture qui est « la moyenne de ses écritures diverses », résultant de conditions différentes. L'expert mesure les grandeurs d'abord et trace l'« axe » des lettres, et il étend cette « mensuration » à des groupes de mots, à des textes plus longs. Après avoir évalué ces « directions » de l'écriture, il tient compte des « interruptions », c'est-à-dire des levées de plume, coupures des mots, retouches, qui établissent des statistiques de « fréquence ». Un même individu garde dans son écriture les mêmes « gestes involontaires » qui constituent la physionomie réelle de son écriture, avec formes spéciales des lettres, des points sur les i et des courbures.

2. *Hypothèse de Rieder.*

On ne peut, me semble-t-il, se refuser à accepter les conclusions générales de Denifle. C'est à lui que revient le mérite d'avoir solidement établi la non-existence de l'Ami de Dieu et d'avoir montré son origine dans l'imagination créatrice de Merswin. On ne sera pas obligé, pour autant, de taxer d'imposture, de mensonge, le procédé de Merswin. Tout peut s'expliquer beaucoup plus simplement, et sans tant de perversité, si l'on veut se reporter sérieusement à l'époque où il vécut.

Il n'est pas non plus nécessaire, pour sauver l'honnêteté absolue de Merswin, de recourir à l'explication subjective si problématique de *Jundt*, en faisant de Merswin un malade, un halluciné, presque un détraqué, un névropathe, qui, par un phénomène plutôt exceptionnel de dédoublement de personnalité, aurait mené une existence double et cru à la réalité objective de l'Ami de Dieu.

Comment un homme aurait-il pu, trente ans de sa vie durant, écrire toute une série de traités spéciaux, récits de conversion, lettres à des personnages divers, sous le masque inconscient d'une fiction née de son cerveau en délire, sans jamais se douter de la réalité?

Comment expliquer que cet homme, avant de mourir, ait pris la précaution d'annoncer autour de lui que son messager auprès du mystérieux inconnu était décédé, lui aussi, au bon moment, afin que nul ne pût vérifier ses dires?

Ni Preger, ni Denifle, ni les amis même de Jundt n'ont accepté cette théorie appuyée sur les faits d'observation moderne de l'école psycho-physiologiste de Paris [66]).

De même que Schmidt [67]), Preger [68]) n'a pas accepté davantage l'attribution faite à Merswin par Denifle de la création du personnage de l'Ami de Dieu. Mais l'argumentation de Preger, attaché surtout, en historien plus qu'en psychologue, à la précision des détails chronologiques, est bien insuffisante à ruiner les conclusions le Denifle.

---

[66]) « *Rulman Merswin et l'Ami de Dieu de l'Oberland. Un Problème de Psychologie Religieuse* », Paris, 1890.

[67]) « *Précis de l'Histoire de l'Eglise d'Occident pendant le Moyen Age* », Paris, 1885, p. 300, rem.; 304, rem.

[68]) « *Gesch. d. d. M.* », III; — « Real-Encykl. », 2. Aufl., Bd. XIII, 102; XV, 251.

Tous les problèmes n'ont cependant pas été résolus par le savant Dominicain. Il reste bien des points obscurs encore à éclaircir. Y parviendra-t-on jamais complètement? C'est douteux.

On est en droit de se demander, par exemple, si Merswin ne s'est pas fait aider par un secrétaire ou quelque compagnon de l'Ile Verte, pour la rédaction de toute cette littérature mystique conservée sous son nom et sous celui du mystérieux Ami de Dieu de l'Oberland. Et c'est ce qui nous semble vraisemblable.

K. Rieder se refuse à voir en Rulman Merswin un falsificateur. Ce fut, selon lui, un homme de bonne foi, qui partagea la croyance commune à tout le Moyen âge de l'utilité des bonnes œuvres et des institutions pieuses. Il s'est uniquement soucié, dans cette pensée, de restaurer le monastère délabré de l'Ile Verte, afin de s'y créer, pour ses vieux jours, puisqu'il était sans enfants, à lui-même et à quelques compagnons, prêtres, laïques et religieux, un refuge avec un lieu de sépulture. Mettant à profit son habileté d'homme d'affaires, il a poursuivi son but avec énergie et est parvenu à faire de la Commanderie de l'Ile Verte une maison modèle de retraite et de piété. Sa mémoire doit rester indemne de tout soupçon de fraude littéraire.

Ce n'est pas lui qui a créé le personnage de l'Ami de Dieu de l'Oberland, ni tous ces personnages de légende qui gravitent autour de lui, chevaliers, prêtres, religieux, Maître de la Ste-Ecriture, etc. Il n'est l'auteur d'aucun des traités ascétiques de l'Ile Verte : il n'y a même pris aucune part.

Mais cet auteur, c'est, au contraire, un Frère de l'Ile Verte, devenu lui-même Johannite en 1371, son ancien secrétaire, Nicolas de Lœwen, c'est-à-dire de Louvain, et non de Laufen, comme le croyaient encore Schmidt, Preger et Jundt.

Il était venu du Brabant à Strasbourg avec son premier maître, le marchand drapier Henri Blankhart, de la famille Blanckaert, de Louvain [69]), lequel, réfugié dans la cité alsacienne pour échapper aux conséquences d'un meurtre dont il s'était rendu coupable dans son pays, porte, dans le « *Straszburger Urkundenbuch* », les dénominations de « *Heinez von (de) Lofen* », « *de Löefen* », « *de Leven* », « *de Levonia* » [70]). Le même Recueil des Chartes strasbourgeoises cite souvent, de

---

[69]) Cf. « *Histoire de la Ville de Louvain* », F.-X. Le Roux, Strasbourg, 1861, II, 693.

[70]) Bd. VII, 254. 38. 43. cf. n. 1478.

la même manière, Nicolas « *von Loewen* », aux années 1371, 1374, 1379, 1382, 1384, 1386-1388, 1390, 1394, comme étant l'homme de confiance de son Ordre, représentant de ce dernier dans la plupart des contrats et actes de donations à l'Ile Verte. Henri Blankhart devint lui-même un des principaux bienfaiteurs de la nouvelle Commanderie, en faveur de laquelle il fonda même une messe en l'honneur de St. Jacques, simple condonation de la pénitence par laquelle il s'était engagé, après avoir été absous de son ancien crime, à faire le pèlerinage de St Jacques de Compostelle.

C'est ce secrétaire de Henri Blankhart et de Rulman Merswin, Nicolas de Louvain, et lui seul, qui est l'auteur de toute la littérature ascétique de l'Ile Verte, du « Meisterbuch » comme de tous les autres traités.

K. Rieder ne fit d'abord qu'énoncer cette hypothèse nouvelle dans un premier article de 10 pages dans la « *Zeitschrift für die Geschichte des Oberrheins* », en 1902 [71]).

Des conclusions de Denifle il retenait comme certaines la non-existence de l'Ami de Dieu de l'Oberland et le caractère fictif de ses écrits, en raison même de leurs contradictions manifestes.

Mais l'attribution à Merswin de la composition de ces écrits par un véritable procédé de supercherie et de mystification ne lui paraissait pas une solution satisfaisante des difficultés si complexes que soulève la question de leur authenticité.

Comment les Johannites ont-ils pu se laisser duper ainsi par leur fondateur?

Comment ne seraient-ils pas parvenus à découvrir la fraude, en considérant un peu toute cette correspondance prétendue de l'Ami de Dieu avec des personnages authentiques de l'Ile Verte et de la ville de Strasbourg?

L'insuccès des démarches racontées par Nicolas de Louvain ne devait-il pas les amener à suspecter l'existence même du mystérieux étranger?

Rieder se sépare complètement de Schmidt, Jundt et Preger, qu'il regarde comme ayant fourvoyé la critique par leurs hypothèses malencontreuses reposant sur un système préconçu. Il estime que, dans l'état

---

[71]) N. F., Bd. 17, Heft 2, Heidelberg, 1902, 205—216: « *Zur Frage der Gottesfreunde. Rulman Merswin oder Nikolaus von Laufen?* »

actuel de nos connaissances, absolument incertaines, relativement à l'âge, à l'origine et aux rédacteurs des manuscrits qui intéressent la question, les considérations linguistiques ne peuvent avancer la solution. C'est uniquement en soumettant à un nouvel examen de critique historique plus approfondi l'ensemble des documents de l'Ile Verte, histoire non falsifiée de la maison de Saint-Jean (1360-1430) et traités contenus dans le « Grand Mémorial Allemand », dans le « Petit Mémorial Allemand », dans le « Livre Epistolaire », que l'on peut espérer résoudre la question de l'origine de tous les écrits attribués à Merswin et à l'Ami de Dieu, et découvrir quel fut l'auteur de chacun d'eux.

Et il distingue ces écrits en deux catégories :

1º Ceux qui, antérieurs à Rulman Merswin et à l'Ami de Dieu, composés en latin ou en allemand, n'avaient primitivement de rapport ni avec l'un ni avec l'autre, et que Nicolas de Louvain a remaniés à une certaine époque de sa vie, au moyen d'habiles interpolations;

2º Ceux que Nicolas de Louvain composa lui-même, soit de son propre fonds, soit davantage encore par un procédé de compilation, avec d'anciens traités ascétiques ou mystiques.

Ce serait ainsi Nicolas de Louvain seul, et non Merswin, qui serait l'auteur du « Meisterbuch » dans la forme où il nous est parvenu, ainsi que de tous les autres écrits prêtés à l'Ami de Dieu ou à Merswin. Il les a composés ou agencés, sur la demande de ses supérieurs, pour glorifier le fondateur et la fondation de l'Ile Verte, pour justifier l'institution des trois administrateurs laïques, pour laisser aux générations qui se succéderaient dans cette maison un brillant modèle de perfection dans toutes les situations d'existence.

En 1905, Rieder développa sa thèse dans un travail fortement documenté, intitulé : « *Der Gottesfreund vom Oberland, eine Erfindung des Straszburger Johanniterbruders Nikolaus von Lœven* »[72]).

Les principaux chefs d'arguments indiqués dans l'article de 1902 y sont surabondamment développés pour aboutir, en définitive, à une reconstruction laborieuse de la pensée et du travail même de Nicolas de Louvain.

De tous les Johannites de Strasbourg, nul n'a été plus enthousiaste que lui pour le mystérieux Ami de Dieu.

---

[72]) Innsbruck, 1905, Wagner'sche Universitäts-Buchhandl.

Cinq d'entre les lettres de ce dernier lui sont personnellement adressées.

Un jour, il demande à faire partie de la petite société réunie autour de l'Ami de Dieu dans son ermitage de l'Oberland. Et il en est aussitôt dissuadé.

D'après les lettres 10 et 11, relatives au « Livre des Cinq Hommes », c'est lui qui est chargé de transcrire ce livre en un langage accessible à ses jeunes compagnons de l'Ile Verte [73]). S'il ne le peut pas, que Merswin le fasse. Et les Johannites eux-mêmes sont invités à s'adresser à Nicolas de Louvain pour solliciter de lui cette transcription. Nicolas n'aura pas décliné l'offre qui lui était faite [74]).

Pour qu'on ajoute foi à ses déclarations, il invoque plus d'une fois le bien-fondé de ses renseignements, recueillis de la bouche même de Merswin, et par celui-ci de la bouche de l'Ami de Dieu! [75]).

Il manifeste encore son zèle pour la diffusion des écrits de l'Ami de Dieu et de l'Ile Verte. Ainsi, c'est lui qui, dans la démarche tentée auprès du Prieur d'Engelberg, remet à Jean de Bolsenheim une copie du « *Briefbuch* » et du « *Pflegermemorial* » [76]).

Chargé par les Chevaliers de l'Ordre de Saint-Jean de réunir en un perpétuel « Mémorial » tous les écrits des deux fondateurs de la Commanderie, c'est lui seul qui a falsifié l'esprit de plusieurs et agencé le tout de manière à exalter la gloire de l'Ordre, et de la maison de Strasbourg en particulier, ainsi que son pieux fondateur, Merswin, l'homme inspiré de Dieu, guidé en tout par les lumières surnaturelles de son émule et maître en sainteté, le « grand Ami de Dieu de l'Oberland ». Il faut

---

[73]) « *Domine Nicolae, darumbe bitte ich uch von göttelicher minnen, daz ir uch sin underwindent und es reht abeschribent Lieber min brüder Nicolae, daz ich geschriben habe, daz behabent ir, und daz ir darnoch schribent, daz gent den jungen brüdern.* »

[74]) « *Lieben brüder, ist es nu, daz ir dise ding nit wol kunnent gelesen und noch iuwerme dutsche anderwerbe abegeschrieben, so befehlent es brüder Nycolause de Lofene daz er es abeschribe: und darumbe so habe ich in och gebetten und habe es ime ernstliche geschriben und habe es mime heimelichen frunde och befohlen.* »

[75]) « *Alse es Ruolman Merswin seite brüder Clausen von Löfen* ». Cf. « N. v. B. », 58.

[76]) « *Da... gap brüder Claus von Lofen demselben von Bolsenheim vil kuntschaft, briefe und ein abgeschrift der drier weltlicher pflegere buoch in dem derselben gottes frunde leben geschriben stot und och etteliche materien dis gegenwertigen büches* ». Cf. « N. v. B. », 64.

que la vie de cet Ami de Dieu devienne l'idéal de toutes les âmes pieuses, désireuses de s'unir à Dieu : ses épreuves, comme les grâces extraordinaires de ses visions, leur serviront de modèle et de promesse. C'est lui encore qui a dicté la règle de la maison et l'institution des trois administrateurs laïques.

Rieder attribue ainsi à Nicolas de Louvain, et à lui seul, la rédaction de tous les documents de l'Ile Verte, des traités ascétiques et de l'histoire de la maison de Saint-Jean, ainsi que de toutes les lettres du « Livre Epistolaire », même celle du « Livre des Deux Hommes ».

Il était à la hauteur d'une pareille tâche. Dès l'âge de vingt ans, secrétaire de Henri Blankhart, pendant sept années ; puis secrétaire de Merswin, dans le monde d'abord, et ensuite au couvent de l'Ile Verte, il pouvait avoir assez de talent pour rédiger l'Histoire de la fondation de la maison, le Livre de correspondances, les deux Vies de Merswin et de l'Ami de Dieu, ainsi que tous ces traités ascétiques, transmis par lui à la postérité. Il était assez doué pour faire subir successivement à ses documents les retouches et les interpolations nécessaires qui pourraient l'amener insensiblement à la réalisation de ses desseins.

Les fictions de Nicolas de Louvain ne prirent pas corps et vie d'un seul coup.

C'est la « Chronique » de l'Ile Verte qu'il entreprit d'abord. Pour célébrer la grandeur et la noblesse de cette maison, il utilise différents traités mystiques trouvés dans la Bibliothèque de Saint-Jean ou bien apportés par lui-même des Pays-Bas ou encore donnés au couvent par R. Merswin et d'autres bienfaiteurs. Leur thème à tous, c'est la lutte de l'homme entre le ciel et la terre ; leur mot d'ordre, l'amour de Dieu et des hommes ; leur fin, le repos éternel en Dieu. Cette fin, on ne peut l'atteindre qu'à l'école d'un guide qui a déjà parcouru lui-même le chemin. Ce guide, c'est l'Ami de Dieu idéal, qui attire dans son orbite d'autres Amis de Dieu, tels que Merswin, converti par une série d'expériences semblables à celles de l'Ami de Dieu.

Nicolas rédige une première série de trois mémoriaux : en allemand, puis en latin, pour les laïques et les prêtres, et un extrait pour les trois administrateurs : c'est le « Grand Mémorial Allemand », un premier « Mémorial Latin » et le « Petit Mémorial Allemand ». Ils comprennent surtout l'histoire de la fondation et l'autobiographie prétendue des deux fondateurs. Ils ont été écrits après la mort de Merswin, de 1385 à 1390.

Dans la dernière décade du XIVᵉ siècle, qui correspond sensiblement aux dix dernières années de sa vie († avril 1402), il donne, par une série de retouches, de corrections ou d'additions, une seconde rédaction des Mémoriaux, pour mieux atteindre la fin qu'il vise. Il veut donner à bien entendre que les deux hommes mentionnés dans les originaux brûlés par Merswin sous les désignations très vagues : « *der eine* », « *der andere* », auxquelles il substitua d'abord celles de « *der elter* » et de « *der jünger* », c'était Merswin et son mystérieux compagnon, « *Ruolmannes heimelicher geselle* », « *der liebe gottes frunt in Oberlant* ». Il ajoute alors des rubriques, fait subir au texte même des traités d'habiles interpolations. Et il compose ainsi les deux recueils qu'il désigne sous le nom de « Première » et de « Deuxième partie » d'un « Mémorial Latin » primitif disparu, ainsi que les trois « *Pflegermemoriale* », destinés aux trois administrateurs laïques.

Enfin, de 1394 à 1400, il réunit en un dernier recueil, qu'il appelle « *Briefbuch* », la correspondance, les deux autobiographies et les principaux traités des deux fondateurs.

Son but est atteint. La gloire du « *Grüne Wörth* » est assurée dans l'histoire, et la sainteté de ses deux fondateurs pourra servir de modèle à la postérité [77]).

Cette hypothèse, extrêmement compliquée, a trouvé un accueil plutôt sceptique parmi les critiques contemporains.

En Allemagne, si Hans Kaiser, dans la « *Historische Zeitschrift* » [78]). lui paraît favorable, Luc. Pfleger, par contre, l'estime « trop problématique encore » [79]).

En France, l'érudit bibliothécaire de la Bibliothèque Nationale, E.-G. Ledos la trouve contredite par des objections bien plus nombreuses et plus graves que les difficultés auxquelles se heurte encore l'opinion de Denifle [80]).

Ph. Strauch ne se montre pas moins sceptique, et ses remarques nous paraissent ébranler sérieusement la reconstitution si laborieuse de Rieder.

---

[77]) Cf. K. Rieder, l. c., spéc. 69—73, 248—269.

[78]) LXXXIX, 89, 351, 541.

[79]) « *Historisches Jahrbuch der Görres-Gesellschaft* », 24, 1903. München, II, 402

[80]) L. c. « Dictionnaire d'Histoire et de Géogr. Eccl. »

Rieder avait déjà écrit son premier article de 1902, quand Ph. Strauch émit un avis contraire, d'abord dans son étude sur le « *Schürebrand* » [81]), puis dans son grand article sur « *Rulman Merswin und die Gottesfreunde* », dans la troisième édition de la « *Realencyklopädie für protestantische Theologie und Kirche* », en 1905 [82]).

Cet article était entre les mains de la rédaction et déjà sous presse, quand parut le gros livre de Rieder, à Innsbruck. Ph. Strauch se contenta alors de déclarer, en appendice [83]), qu'il ne jugeait nullement nécessaire de modifier ses propres conclusions, l'hypothèse de Denifle lui paraissant beaucoup plus vraisemblable que celle de Rieder et en butte à des difficultés beaucoup moins considérables.

Il eût été très intéressant de connaître, sur ce point, la pensée du célèbre sous-archiviste de la Bibliothèque Vaticane, malheureusement décédé cette même année, dans un dernier voyage scientifique de Cambridge à Munich. Depuis son installation à Rome, il s'était à peu près tu sur la question des Amis de Dieu ; et le grand ouvrage annoncé par lui plusieurs fois sur ce problème si discuté ne parut jamais. Heureusement, le savant Recteur de l'Université de Halle continua le P. Denifle, digne héritier de sa méthode critique et de sa haute autorité. C'est à sa manière de voir, plus modérée, moins outrancière que celle du Dominicain de Gratz, que doit revenir le dernier mot. Ses raisons contre le point de vue de Rieder me semblent, en effet, très probantes.

Si Nicolas de Louvain fut le seul rédacteur et auteur de ces falsifications, comment aurait-il pu faire accepter son faux, dans un temps où vivaient encore des témoins dont la complicité collective est bien difficilement admissible ?

Pour glorifier Merswin et la maison de Saint-Jean, fallait-il tout un travail aussi compliqué de rédaction et de contre-rédaction, de retouches et d'interpolations ?

Plutôt que d'admettre simplement la responsabilité de Merswin dans la composition des traités mystiques de l'Ile Verte, obéissant à un même dessein d'édification pour ses frères, est-il besoin de lui substituer le

---

[81]) « *Schürebrand, Ein Traktat aus dem Kreise der Strassburger Gottesfreunde* », Halle, 1903, 55.

[82]) Leipzig, 1905, spéc. 224—227.

[83]) p. 226—227.

personnage de Nicolas de Louvain, se déguisant sous un double nom d'emprunt?

Quel intérêt Nicolas pouvait-il bien avoir encore, après 1390, à inventer les lettres de l'Ami de Dieu relatives, par exemple, à la fondation et aux constructions de l'Ile Verte, alors qu'elles s'expliquent tout naturellement, si elles datent de cette fondation ou de ces constructions mêmes?

Si la falsification doit être tenue comme postérieure à la mort de Merswin, que pouvaient bien signifier ces lettres?

Comment Nicolas de Louvain aurait-il pu être l'auteur de *tous* les écrits prêtés à Merswin et à l'Ami de Dieu de l'Oberland? Et comment ces écrits seraient-ils nécessairement *tous* postérieurs à la mort de Merswin (1382)?

L'original du « *Livre des deux Hommes* », dont le titre est bien, en effet, de Nicolas de Louvain dans le « Grand Mémorial », nous a été conservé. C'est le « *Cod. germ. 642* » de la Bibliothèque Universitaire et Régionale de Strasbourg, provenant du fonds du chan. Straub, et publié à Bonn en 1896 par Fr. Lauchert.

Il fut d'abord la propriété de la seconde femme de Merswin, Gertrude de Bietenheim; et après sa mort vraisemblablement, il devint la propriété de la maison de l'Ile Verte.

On y lit, en effet, à la fin, cette notice, d'une seconde écriture (147 b.) : « *wer dis bůch findet der sol wissen das es ist frouwe gertrut rüleman merswin wip vnd sol es ir durch got nit vor beheben vnd sol es ir widder geben.* »

Vient ensuite cette notice, d'une troisième main : « *Dis bůch ist des huses und der brüdere zů dem grünen werde sant Johans orden vnd ist in worden von iren stiftern Rülman Merswine und sime gesellen dem lieben erluhteten gottes frunde in öberlant durch den och got dise selben gnodenrichen werg wurckete. Dar vmb sol dis selbe bůch dem huse zů dem grünenwerde (148) nieman in keiner wise niemer enpfüren noch abgeziehen oder vor behaben... *»

Ce traité tout au moins existait donc avant 1370 et ne révèle pas la main de Nicolas de Louvain.

Fr. Lauchert, dans son « Introduction », V-XI, en comparant son texte avec celui de Schmidt [84]), qui a reproduit simplement la copie de

---

[84]) Cf. « N. v. B. », 205—277.

Nicolas dans le « Grand Mémorial », démontre que Nicolas de Louvain n'a nullement inventé les énoncés des 13 chapitres du Livre. Le manuscrit ne donne aucun titre au livre. Ce titre seulement est du Johannite, ainsi que l'énoncé du premier chapitre, les numéros des chapitres et la substitution des expressions *« der eltere », « der jüngere », « Ruolemannes geselle, der Gottesfreund in Oeberland »*, aux expressions *« der eine », « der andere »*. Au texte lui-même, le copiste n'a fait aucune modification essentielle.

Nicolas de Louvain a donc pu recopier ce traité pour le « Grand Mémorial », mais il n'en est nullement l'auteur.

L' « Histoire de la Fondation de l'Ile Verte » n'est pas non plus de Nicolas de Louvain.

Elle provient plutôt des notes et des souvenirs conservés par deux vieillards de l'ancienne abbaye Bénédictine d'Altdorf, des premiers prêtres séculiers et des premiers Chevaliers de Saint-Jean. Nicolas de Louvain était du nombre de ces derniers; mais il avait eu aussi pour compagnons Nicolas Zorn Lappe et Heintz von Andlau. Et K. Rieder lui-même n'exclut pas la possibilité d'une collaboration de ces deux religieux avec Nicolas de Louvain [85]).

Le « Livre Epistolaire » n'est certainement pas non plus de Nicolas de Louvain. Dans la transcription qu'il en fit, son rôle se borna, estime Strauch, à ajouter quelques documents nouveaux recueillis par lui pour compléter la collection [86]).

En dehors de sa courte notice autobiographique, écrite à l'intérieur de la couverture du « Livre Epistolaire », nous n'avons qu'un seul écrit un peu plus long, qu'on puisse dire certainement de lui. C'est la seule lettre qui ait pour destinataire l'Ami de Dieu de l'Oberland. Elle est datée de 1371 [87]). Son authenticité n'est pas douteuse. La langue et le style portent l'empreinte manifeste de la pensée de Nicolas, absolument distincte des caractéristiques propres aux écrits de Merswin et de l'Ami de Dieu ou encore à l' « Histoire de la Fondation de l'Ile Verte ». Or, cette lettre nous représente l'ex-secrétaire du banquier strasbourgeois sous un jour tout autre que ne fait K. Rieder.

---

[85]) « N. v. B. », p. 70.

[86]) *« Schürebrand »*, p. 55.

[87]) « N. v. B. », 284, ss.

C'est un jeune homme encore, filialement dévoué à Merswin, enthousiasmé, sans l'avoir jamais vu, pour le secret Ami de Dieu de l'Oberland. Que celui-ci l'exige, il ira garder les troupeaux aux champs. Il abandonne son sort entre ses mains, les yeux fermés. Selon son gré, il restera prêtre séculier ou bien il entrera dans l'Ordre de Saint-Jean, qui lui paraît cependant trop mondain et trop bruyant. Et il expose tout au long ses raisons. Il ne se jugerait pas digne d'être le garçon d'écurie des Johannites; mais il lui répugnerait souverainement aussi (« *so gruwelt mir usser mossen sere* ») de voir ces chevaliers se promener fièrement, à cheval et équipés à la mode des mondains, en habits courts et avec de longs éperons. L'Ami de Dieu semble lui avoir conseillé de demander à entrer dans l'Ordre, sous la réserve expresse qu'on ne lui imposerait jamais aucune charge; mais Nicolas se défend de formuler une telle réserve, car il veut se conformer à la règle sans conditions (« *on allen gedinge* »). Tant que Merswin vivra, peut-être obtempérera-t-on à ses désirs; mais quand il sera mort et quand seront morts les premiers administrateurs?... Finalement il prie l'Ami de Dieu de l'accepter dans sa société, devrait-il se contenter de pain et d'eau, être occupé à mener le fumier ou à conduire des pierres! Cependant, s'il était pénible pour l'Ami de Dieu de lui laisser quitter « son père spirituel », Merswin, eh bien! il resterait à l'Ile Verte. Mais s'il allait vers l'Ami de Dieu, il sait bien que Merswin y consentirait, pour l'honneur de Dieu et son bonheur éternel. Et il termine en s'abandonnant tout entier à la direction de l'Ami de Dieu.

Par cette lettre, le caractère de Nicolas de Louvain apparaît très clairement. Son enthousiasme pour l'Ami de Dieu, à la réalité duquel il croit très sincèrement, ne diminue en rien son profond respect pour Merswin. Et cet enthousiasme chez un homme de trente-deux ans provient de sa grande simplicité de cœur. Nature sans feinte, facilement impressionnable, il pouvait d'autant plus aisément se laisser illusionner qu'il vivait depuis longtemps dans le voisinage de Merswin.

Merswin l'a-t-il initié à son secret? Ce n'est pas croyable, étant donné le caractère de l'un et de l'autre.

Mais on conçoit aisément que Nicolas ait pu être circonvenu par lui, et que Merswin s'en soit servi pour réaliser plus facilement ses vues. Sans en avoir conscience, Nicolas, secrétaire fidèle de Merswin, crédule, simple et incapable de tout soupçon, a très bien pu être employé, par exemple à transcrire, totalement ou en partie, le « Livre des cinq Hommes », dont l'écriture a arrêté l'attention de la critique moderne en raison de ses différences avec celle de Merswin. La foi de Nicolas en la réalité du personnage de l'Ami de Dieu était inébranlable. Et l'on conçoit encore que, de tous les Frères de l'Ile Verte, ce soit lui qui ait été envoyé à la recherche du mystérieux étranger, après la mort de Merswin, qu'il avait approché de plus près que tous les autres.

Pour toutes ces raisons, il ne nous semble pas que l'hypothèse de Rieder ait jamais chance de prévaloir. Elle se heurte à trop de difficultés, plus insolubles encore que celles que peut rencontrer la thèse du P. Denifle.

Avec Denifle, avec Strauch, avec la majorité des critiques les plus récents, je crois que *Merswin seul* doit être envisagé comme le mystificateur et l'auteur de la littérature mystique de l'Ile Verte, et en particulier du « Meisterbuch ». C'est lui qui a créé ces deux personnages fictifs du « Maître de la Sainte-Ecriture » et de l' « Ami de Dieu de l'Oberland », au milieu d'une véritable galerie d'autres personnages secondaires, tous fabriqués plus ou moins sur le même patron. Les contradictions que ces différentes œuvres présentent peuvent être toutes éclaircies et s'expliquer par ce fait que, comme il apparaît par l'histoire de Nicolas de Louvain, Merswin a pu se faire aider par des disciples ou des compagnons gagnés à sa cause !

A *Merswin,* par conséquent, reviennent la composition des traités eux-mêmes et leur falsification plus ou moins répréhensibles ; à lui, l'invention du personnage du « Grand Ami de Dieu », chef mystérieux des « Amis de Dieu », qui sont les colonnes de l'Eglise.

A ses aides, à Nicolas de Louvain, reviennent les titres, les rubriques, les notices introductives qui, dans la suite, précisèrent encore, inconsciemment ou non, la pensée de Merswin.

En résumé, il n'y a pas eu de « *Maître de la Sainte-Ecriture* » converti par un mystérieux « Ami de Dieu de l'Oberland ».

Cet « *Ami de Dieu de l'Oberland* » lui-même n'a pas existé.

Ces deux personnages sont l'un et l'autre purement imaginaires ; ce sont des personnages de légendes, inventés par Merswin et présentés comme un idéal de sainteté et de perfection dans leur conversion même et leur vie de pénitence à l'imitation des Johannites et de la postérité.

Le but poursuivi fut-il aussi noir, aussi coupable que Denifle l'a affirmé? Objectivement parlant, on devrait l'avouer. Mais, si l'on tient compte du temps et des circonstances, il n'en est pas ainsi.

Le « Livre du Maître » se révèle à nous comme une légende ou un roman pieux. Il nous reste à en préciser la nature et les tendances.

Chapitre cinquième

Genre Littéraire,
Origines premières et Tendances
du « Meisterbuch ».

Nature des écrits de l'Ami de Dieu d'après Preger.

§ 1. *Le « Meisterbuch » est un roman pieux.* — L'élément surnaturel et l'élément romanesque dans le « Meisterbuch ». — Laïques et simples femmes, auteurs ascétiques prototypes de Merswin : Ste Hildegarde de Bingen, Ste Elisabeth de Schœnau, la Béguine Mathilde de Magdebourg. — Mystiques du XIVe s., amateurs de fictions et de merveilleux : les « *Vies des Sœurs* » de Töss, de Katharinenthal, d'Adelhausen et d'Unterlinden ; la « *Vie de Suso* » et Elsbeth Stagel. — Caractère romanesque absolu du « Meisterbuch ». — La légende du « Meisterbuch » comparée à deux autobiographies de Saintes mystiques : Ste Catherine de Sienne et Ste Thérèse d'Avila.

§ 2. *Origines Premières du « Meisterbuch ».* — L'Ile-Verte, officine de romans pieux. — Compilation de plusieurs traités anonymes antérieurs. Traités de l'école de Maître Eckhart. L'histoire de « *Swester Katrei, Meister Eckehartes Tochter von Strazburg* ». Quelques idées transposées de Tauler. Types concrets d'Amis de Dieu dans les couvents et ermitages de l'époque. Recueils de légendes mystiques dans les Bibliothèques privées, capitulaires et conventuelles de Strasbourg au XIVe s., à la Bibliothèque de l'Ile-Verte. Relations entre Grœnendael et l'Ile Verte. Le « *Dialogue des Miracles* » de César de Heisterbach.

§ 3. *Tendances du « Meisterbuch ».* — Denifle sévère à l'excès contre Merswin : le « Meisterbuch », selon lui, écrit tendancieux contre les Prédicateurs du temps, exaltation des laïques ignorants, mais remplis de la grâce de Dieu. — Habileté financière de Merswin. Son ambition, non pas temporelle, mais spirituelle: son prosélytisme mystique. Crédulité du XIV⁰ s. Merswin n'est pas un précurseur de la Réforme. — Caractère aristocratique du mouvement mystique de l'Ile-Verte. Prospérité croissante de la maison de St Jean.

Preger qui, de tous les critiques, s'est montré le plus obtiné à soutenir jusqu'au bout l'historicité du récit de la conversion de Tauler et l'authenticité du « Meisterbuch », reconnaissait lui-même dans tous les autres écrits de l'Ami de Dieu de l'Oberland des traités didactiques sous forme historique. Ce sont, disait-il, des leçons d'ascétisme données, comme des exemples concrets, aux Frèrcs de l'Ile Verte, dans un but d'édification.

Il tint toujours Merswin pour un personnage distinct de l'Ami de Dieu. Nous avons à faire à deux auteurs.

Le banquier de Strasbourg était un écrivain inexpérimenté, sans lettres et sans culture théologique. Et ses traités se caractérisent bien par les défauts que Denifle signala le premier : défaut de faculté créatrice, d'imagination, monotonie fatigante, lourdeur de la phrase, impuissance à généraliser, sentimentalité [1]).

L'Ami de Dieu, au contraire, bien qu'ignorant les classiques, les Pères de l'Eglise et la scolastique, s'était familiarisé avec la Bible et ses tours de langage particuliers. Son vocabulaire est plus riche, son discours plus abondant. Sans doute son style n'était pas encore exempt de longueurs, de redondances et de redites : Nicolas de Louvain s'est appliqué à les supprimer le plus possible dans ses copies. Mais son imagination vive et féconde, son attention à noter les phénomènes de sa vie intime, son habileté dans le choix des expressions de nature à frapper l'esprit des lecteurs, mettent ses œuvres bien au-dessus des productions en prose de cette époque.

Il ne faut pas considérer les récits de l'Ami de Dieu comme la relation de phénomènes réels, vécus par lui ou par les personnages qu'il met en scène. Les questions, les réponses, les prières, les visions, les extases qu'il rapporte ne sont pas nécessairement authentiques : elles sont

---

[1]) « Gesch. d. d. M. », III, 262—268, *Charakter der Schriften Merswins* .

simplement l'expression de sa pensée, l'exposé de sa doctrine sous une forme sensible. Ce sont des symboles, dénués ou non de tout fondement historique, peut-être partiellement vécus, tout au moins en imagination, mais qu'il ne prétendait nullement représenter comme des faits authentiques.

Le cas de l'Ami de Dieu est celui de *Suso*, son contemporain. Dans son « *Livre de la sagesse éternelle* », le Bx. Suso a soin de nous prévenir que les visions qu'il rapporte n'ont pas été perçues par les sens, mais que ce sont simplement des figures poétiques : « *Die Gesichte, die hienach stehen geschahen auch nicht in leiblicher Weise, sie sind allein eine ausgelegte Gleichnuss.* » Le Dialogue du Serviteur avec la Sagesse Eternelle n'est qu'une fiction poétique. L'Ami de Dieu, comme Merswin d'ailleurs également, dans le « *Livre des neuf Roches* » par exemple, recourt aussi à cette fiction du dialogue entre l'âme humaine et la voix divine qui lui parle au fond du cœur. Leurs visions n'ont pas été perçues par les yeux du corps, elles sont purement intellectuelles.

En lisant ces traités ascétiques, mélange de vérité et de fiction, c'est à *Gœthe*, à « *Dichtung und Wahrheit* », qu'il faut songer, et ne jamais perdre de vue la notion de ce procédé littéraire. Nous sommes en présence de compositions qui visaient avant tout à édifier, à instruire et à entraîner les âmes vers la perfection. Pas plus que Merswin, l'Ami de Dieu ne voulait nous donner précisément son autobiographie : il voulait simplement appuyer ses leçons mystiques sur les phénomènes surnaturels dont lui-même peut-être et d'autres encore autour de lui avaient été les bénéficiaires, et auxquels son imagination ajouta tout un luxe de détails extraordinaires ou bizarres de nature à frapper davantage ses contemporains, épris de mystère et de surnaturel.

Dans leur ensemble, ces traités sont des « Nouvelles » religieuses, rien de plus [2]).

Nous savons maintenant à quoi nous en tenir sur la distinction à garder entre les deux personnages de Merswin et de l'Ami de Dieu de

---

[2]) « *Dichtung und Wahrheit* » *haben wir auch in den Schriften des Gottesfreundes vor uns. Dieselben sind zum grösseren Teile nichts weiteres als religiöse Novellen... Er wollte erbauliche Geschichten schreiben und damit lehren und anregen, nach der Vollkommenheit zu streben; dazu verwendete er seine oder andere Erlebnisse oder dichtete zu der Wahrheit weiteres hinzu* ». l. c., 280—281.

l'Oberland. Ils ne font qu'un seul et même personnage. Merswin est
l'unique auteur des écrits prêtés à l'un et à l'autre.

Quant à la distinction établie par Preger entre les écrits abrités
sous leurs noms, et parmi les écrits mêmes de l'Ami de Dieu entre des
écrits purement fictifs et d'autres écrits historiquement authentiques, tels
que l' « Histoire de la Conversion du Maître de la Sainte-Ecriture » ou
l' « Epître à la Chrétienté », on ne comprend pas, lorsqu'on a retourné
et envisagé le problème sous toutes ses faces, et qu'on a discuté, pesé,
contrôlé la valeur des arguments pour et contre l'authenticité du
« Meisterbuch », pourquoi ni comment l'on pourrait admettre d'une part
le caractère fictif de la plupart des traités mystiques de l'Ami de Dieu, et
l'on persisterait d'autre part à faire exception à peu près exclusivement
pour le « Livre du Maître ».

Le « Meisterbuch », lui aussi, est un roman pieux, qui ne rentre
nullement dans le genre littéraire de la « Chronique » religieuse. Ce n'est
pas une histoire ou une vie d'ascète. C'est une légende mystique, à
l'usage surtout des monastères ou d'une élite de chrétiens.

Sans être encore à même de les identifier toutes, on peut remonter
pas à pas, avec assez de vraisemblance, jusqu'à ses origines premières.

Dans la forme où la tradition nous l'a conservé, parmi les documents de l'Ile Verte, ce petit traité d'édification, absolument étranger
à la personne de Tauler, porte les traces visibles de l'arrangement que
lui firent subir Rulman Merswin et les copistes placés sous sa direction,
en vue d'un but déterminé à atteindre, but assez facile à discerner
d'après les tendances très nettes de cet opuscule.

§ 1.

Le « Meisterbuch » est un roman pieux.

Le « Livre du Maître » est une légende, dans le sens rigoureux du
mot. C'est une de ces « nouvelles religieuses » destinées à des cénobites
vivant sous l'obéissance à une règle monacale ou simplement à des supérieurs en dehors de tous vœux de religion, à de pieux laïques groupés
autour d'une maison religieuse dont l'influence s'exerçait sur l'orientation de leur vie spirituelle.

Pas plus les indications chronologiques que le qualificatif de
« Maître de la Sainte-Ecriture » ou les faits racontés dans cette histoire ne conviennent au grand prédicateur strasbourgeois, Jean Tauler.
Ce n'est pas de lui qu'il s'agit ici. Les six sermons transmis dans le Livre
ne ressemblent en rien à ses sermons authentiques.

Il n'y a pas eu d'Ami de Dieu de l'Oberland. Ce pieux laïque venu
de la montagne, franchissant les trente milles qui le séparaient de la
ville où prêcha le grand docteur, n'a pas existé.

Les noms de personnes et de lieux intentionnellement sont omis :
on ne doit pas tenir compte davantage des dates, d'ailleurs contradictoires
entre elles.

Ce récit de conversion ne se rapporte à aucun personnage réellement existant. Il est purement fictif. C'est un roman pieux, comme il
s'en est tant rencontré au XIVᵉ siècle et précédemment déjà, parmi
les habitants des cloîtres et des béguinages ou parmi leurs habitués. Il
tient tout autant de la fiction que ces autres récits de conversion qu'on
nomme : « — « Le Livre des deux Hommes », prétendue biographie de l'Ami
de Dieu de l'Oberland, en réalité récit des entretiens que l'Ami de Dieu
de l'Oberland aurait eus dans le courant de l'année 1346 avec un autre
ami de Dieu plus âgé que lui et domicilié dans la même ville ou une
localité du voisinage, puis rédigé ensuite et remis par l'Ami de Dieu en
1352 à Rulman Merswin ; — « Le Livre des quatre Années », récit des
« Commencements » de Rulman Merswin dans sa nouvelle vie, composé
par lui en 1352 ; — et « Le Livre des cinq Hommes », autobiographie
de l'Ami de Dieu de l'Oberland, écrit par lui vers la Pentecôte de l'année
1377 pour les Frères du Couvent de Saint-Jean. Le « Meisterbuch »
complète ces divers opuscules, qui ne sont eux-mêmes autre chose que
des traités de mysticisme. Comme eux, il ne constitue nullement un récit
d'événements historiques authentiques, mais bien un assemblage plus ou
moins adroit de fragments de biographie purement imaginaires.

L'auteur, Merswin, veut exercer un apostolat sur la société laïque
et ecclésiastique de son temps : il veut s'opposer à la décadence qu'il voit
devenir toujours plus menaçante. Nature sensible, il souffre de la corruption envahissante ; et il ne recule devant aucun moyen pour tâcher de
l'enrayer. Il s'est fixé un rôle : par le mythe, par la légende, par une
pieuse fraude littéraire, sans le moindre scrupule, il n'hésite pas à se
jeter dans la mêlée pour faire rentrer ses frères dans le chemin du salut,

pour déterminer les prédicateurs du verbe divin à donner les premiers l'exemple de la conformité de leur conduite avec leur enseignement.

Chrétien du XIVe siècle, il a la foi intense au miracle, à l'intervention merveilleuse du surnaturel dans les moindres expériences de la vie mystique. De très bonne foi, il croit avoir éprouvé lui-même quelqu'un de ces miracles. Il en attribue le privilège aux âmes exceptionnelles qui gravitent dans son orbite et subissent son influence. Pour elles comme pour lui, il est dans la vie des moments particuliers d'illumination et d'inspiration d'En-Haut, où la communication avec le monde surnaturel a pu déterminer un changement radical d'existence, une conversion proprement dite. Ce ne sont cependant pas les récits merveilleux d'extases, de visions et d'interventions surnaturelles, tels qu'en renferme le récit de la Conversion du « Maître de la Sainte-Ecriture », qui peuvent ni qui doivent nous déterminer à les envisager, par le fait même, comme autant de légendes. L'existence du surnaturel dans ces récits de conversion n'est nullement la preuve de leur caractère fictif.

Mais le « Livre du Maître » renferme plus d'une anecdote évidemment romanesque : par exemple, la correspondance avec le païen en pays musulman, l'aventure du sermon brisé par les sanglots, l'état cataleptique des quarante auditeurs tombés en extase dans le jardin des Religieuses.

Les fameuses historiettes de la femme adultère et de l'usurier sont, en réalité, deux cas de morale dramatisés, qu'on pourrait faire rentrer dans la casuistique spéciale d'un roman en raccourci ; exposition, crise et épisodes, dénouement et morale du drame : rien n'y manque.

Deux marchands, jeunes et riches, habitent la même ville. Liés par l'amitié, ils sont les époux de deux femmes, également jeunes et belles. Un Maître de de la Sainte-Ecriture complète ses études dans leur ville. C'est l'exposition du drame.

L'un d'eux voyage pour ses affaires. Le Maître reçoit à confesse sa jeune femme, qui se déclare « affreuse pécheresse » et rien moins qu'un « tison d'enfer ». Quand, après un déluge de larmes, elle a recouvré ses esprits, elle avoue le fruit de son péché avec le compagnon de son mari : péché remontant à quinze années. Conseils maladroits du confesseur. Résistance de la femme coupable. C'est la crise.

Les deux amis marient leur fils et leur fille, en réalité le frère et la sœur. L'imprudent confesseur, qui n'a pas su donner le seul conseil utile, ne peut les séparer. Il quitte la ville, lorsque l'union incestueuse a déjà vu l'erreur des amis et le crime couronnés par une faute matérielle plus grande encore. C'est le dénouement.

Malgré ces éléments romanesques, il se pourrait cependant, pour le fond même de l'histoire du « Meisterbuch », qu'un jour, à n'importe quelle époque et en n'importe quelle ville, un Maître de la Sainte-Ecriture, un confesseur célèbre, un grand prédicateur se soit effectivement converti sur les conseils et l'intervention d'un pieux laïque, dans des circonstances plus ou moins analogues à celles du récit du « Meisterbuch ». Il se pourrait que la tradition s'en fût transmise et conservée dans les milieux ecclésiastiques, et plus particulièrement dans le voisinage des principaux centres de prédication au Moyen âge, autour des couvents les plus importants de Frères Prêcheurs, tels que ceux de Cologne et de Strasbourg. Ce qu'il nous importe de retenir, c'est qu'il ne peut être question ici de Jean Tauler ; c'est qu'il ne s'agit pas de Cologne, comme l'a cru le Chartreux Surius : de 1346 à 1352, l'antique couvent de la « Stolkgasse » se trouvait en pleine guerre avec la cité de Cologne, comme vient de le prouver le P. Gabriel Löhr, Prieur actuel du Couvent de Dominicains de Düsseldorf[3]) ; et le P. Denifle[4]), suivi par Ph. Strauch[5]), s'est même demandé, non sans raison, s'il pouvait même être question de Strasbourg.

Quoi qu'il en soit, il est certain que Merswin a composé cette Histoire de la Conversion d'un Maître de la Ste-Ecriture, sous les traits généraux où elle se présente à nous, comme on fait une légende, selon les réminiscences ascétiques et apocalyptiques qui hantaient son esprit et dans les mêmes dispositions qui inspirèrent plus d'un autre laïque illettré et tant de simples femmes se tenant pour investies d'un magistère intérieur ou d'une mission divine afin d'instruire et réprimander l'Eglise, son clergé et ses docteurs : tous auteurs de traités ascétiques sur la génuinité desquels la critique s'est si souvent égarée, et qu'ils ont pu d'ailleurs composer sans dédain de la hiérarchie.

Merswin, le « Maître de la Ste-Ecriture », l'Ami de Dieu de l'Oberland, ne nous apparaissent-ils pas comme les héritiers de cette

---

[3]) « *Beiträge zur Geschichte des Kölner Dominikanerklosters im Mittelalter* », t. I, « *Darstellung* », dans « Quellen und Forschungen zur Geschichte des Dominikanerordens in Deutschland ». 15. Heft, Leipzig, 1920 (Harrassowitz), p. 81, ss.

[4]) « *Taulers Bekehrung kritisch . . .* », 34—36.

[5]) « *Taulers Bekehrung kritisch . . . von P. H. S. Denifle* », recension, l. c., p. 205—206.

lignée de prophètes et de prophétesses visionnaires, qui se sont succédé, sur les bords du Rhin ou dans les contrées avoisinantes, depuis le XIIe siècle, insufflant leur idéal sévère de justice chrétienne dans des périodes de dissolution sociale?

Les reproches de pharisaïsme adressés au Maître de la Ste-Ecriture, les deux sermons du Maître contre les vices de la Chrétienté, et du clergé en particulier, ne rappellent-ils pas le ton d'indignation de sainte Hildegarde († 1179), de sainte Elisabeth de Schœnau († 1165), de Mathilde de Magdebourg († 1280), dans leurs oracles apocalyptiques sur la décadence de l'Eglise au Moyen âge?

L'imitation est si frappante qu'elle ruine d'autant l'historicité même de ce récit de conversion.

« L'Eglise a perdu son éclat et sa pureté, s'écrie *sainte Hildegarde;* sa couronne est ternie par le schisme et l'hérésie; ses serviteurs, les prêtres, qui devaient faire resplendir son visage comme l'aurore et son manteau comme l'éclair, ont, par leur simonie, leur rapacité, leurs mœurs dissolues, couvert son visage de boue, souillé et déchiré son vêtement. L'inconduite leur est aussi habituelle que si elle leur était commandée: ils se plaisent dans le péché comme les vers dans la pourriture. Sourds et muets, ils n'entendent plus l'Ecriture qui leur parle et ne l'enseignent plus aux autres; aussi toutes les classes de la chrétienté sont-elles déchues » [6]).

Merswin, le laïque sans lettres, qui subit la « contrainte divine » pour se résigner à écrire et avertir ses frères et aider à les convertir, pouvait ne pas ignorer l'exemple de cette initiatrice du mouvement apocalyptique au Moyen âge, son absence aussi de culture littéraire, qui fit recourir la sainte abbesse du Rupertsberg à l'aide de plusieurs collaborateurs pour consigner ses visions : à Wolmar, moine de Disibodenberg; à Louis, abbé de St-Euchaire de Trèves; à Wescelin, prévôt de St-André de Cologne; à Guibert, moine de Gembloux [7]).

---

[6]) Cf. Migne, Patrologie Latine, t. 197, p. 270 A, 1013 D.

[7]) Cf. F. Vernet, art. « *Ste Hildegarde* », dans le « Dictonnaire de Théologie Catholique » de Vacant et Mangenot, fasc. XLIX, Paris, 1920, col. 2468—2480.

Cf. P. Pourrat, « *La Spiritualité Chrétienne* », t. II, « Le Moyen Age », 2e éd., 1921, ch. 3: La Mystique Cistercienne en Allemagne; Ministère prophétique de Ste Hildegarde, Ste Elisabeth de Schœnau, Ste Gertrude la Grande, Ste Mechtilde d'Hackeborn, Ste Mechtilde de Magdebourg, pp. 119—133, spéc. 119—125.

Il n'ignorait sans doute pas la tradition d'après laquelle la voyante de Bingen aurait exprimé ses oracles dans une langue et au moyen d'une écriture inconnues.

Il devait avoir connaissance du langage plus énergique encore de *sainte Elisabeth de Schœnau*, qui apprend de son ange familier la course échevelée du monde vers les souillures et la débauche.

« Tous accourent vers cette fosse comme altérés de plaisir, et l'on en trouverait à peine un qui ne s'y précipite. Mais je le jure par ma droite et mon trône, dit l'Eternel, cela ne continuera pas ainsi... Bergers de mon Eglise, vous dormez, mais je vous réveillerai. Considérez vos prédécesseurs, les Apôtres et les saints Docteurs de l'Eglise : ils annonçaient, sans crainte des hommes, ma parole aux rois et aux princes et souffraient toutes sortes de tourments pour l'honneur de mon nom : mais vous avez secoué mon joug et affermi l'injustice sur la terre. Repentez-vous sans retard. Et, vous tous, princes et juges, que j'ai établis, loups rapaces, qui dévorez votre propre troupeau, vous qui faussez la justice par les présents et encouragez les cœurs de mes peuples à l'iniquité, je vous arracherai de votre hauteur si vous ne vous amendez pas, et vous partagerez le sort des démons, vos modèles, dans l'éternel incendie de l'enfer » [8]).

Merswin sait qu'Elisabeth a vu la vallée ténébreuse de l'enfer remplie de feux sombres où les démons torturent les damnés, et tout à côté la montagne de Dieu, couronnée d'un palais resplendissant ; qu'elle a vu les diverses classes de la société chrétienne gravir la montagne par des chemins différents et les âmes bienheureuses franchir la porte de l'édifice.

Il sait encore qu'Elisabeth a raconté le récit de ses effrayantes visions et de sa vie intérieure à son frère bien-aimé, le diacre Eckbert, alors chanoine à Bonn, et son confident jusqu'à la fin de sa vie, lequel l'écoutait toujours la plume à la main et lui remit les notes qu'il avait prises. Elle les avait cachées sous son lit, décidée à ne les montrer à personne, quand, un dimanche, jour de la St-Cyriaque, vers la troisième heure, « toute chancelante, elle se rendit dans son oratoire et entra en extase » : et voici que l'Ange du Seigneur leva son fouet et lui en donna

---

[8]) Cf. E. Roth, « *Die Visionen der hl. Elisabeth von Schœnau* », Brünn, 1884, pp. 71, 74, 77.

cinq coups très douloureux qui ébranlèrent tout son corps, lui imposant d'une voix très dure de livrer aux hommes le livre qu'elle avait caché [9]).

Merswin connaissait certainement aussi les révélations de la béguine Mathilde de Magdebourg, apprises « à l'école du St-Esprit » et transmises au confident de sa pensée, le Dominicain Henri de Halle, avec les feuilles sur lesquelles elle notait ses inspirations religieuses et poétiques.

« O chrétienté sainte, couronne resplendissante, que ton éclat s'est obscurci! Tes pierres précieuses sont tombées, ton or s'est corrompu dans la fange de l'impureté! O fiancée de Dieu, ton visage si pur et si chaste a été noirci par le feu des plus coupables passions; sur tes lèvres il n'y a plus que mensonge et qu'hypocrisie; les fleurs de tes vertus sont fanées. O saint clergé, couronne lumineuse, que ta gloire a pâli! Ta beauté s'est évanouie! Tes forces t'abandonnent! Ta ruine approche! Ta ruine spirituelle a été l'occasion de ta chute; c'est par elle que tu t'attaques à Dieu et à ses amis en absolvant l'impie et en privant l'honnête homme de son bon droit pour de l'argent. Celui qui ignore le chemin de l'enfer n'a qu'à regarder le clergé corrompu et débauché: la vie qu'il mène y conduit tout droit » [10]).

Merswin, comme tous les chrétiens pieux, ecclésiastiques ou laïques, adonnés à l'ascétisme au XIVe siècle, vit sur ce fonds de traditions mystiques transmises par les voyantes apocalyptiques de l'âge précédent. Leur esprit s'est nourri de leurs récits; toutes ces visions, ces extases et ces prédictions leur sont familières. C'est sur ce ton de l'inspiration directe, faveur insigne du Très-Haut à ses amis particuliers, que, désireux d'allumer le zèle pour la perfection dans l'âme surtout de ceux auxquels il a ouvert et restauré un abri, le fondateur de l'Ile Verte entend leur parler. Et son principal moyen d'apostolat, c'est le livre, parsemé de récits merveilleux, d'apparitions, d'extases, d'interventions surnatu-

---

[9]) ib., pp. 3, 28, 37. — 2e éd., ib., 1886: « *Die Visionen der hl. Elisabeth von Schœnau und die Schriften der Aebte Eckbert und Emecho von Schœnau* », avec la vie d'Eckbert, pp. 448—454; — cf. art. « *Eckbert* », par Fr. Heurtebize, O. B., dans le « Dict. de théol. Cathol. » de Vacant et Mangenot, fasc. XXXI, Paris, 1910, col. 2081.

[10]) Cf. Gall Morel, « *Offenbarungen der Schwester Mechthild von Magdeburg* », Regensburg, 1869, p. 198. — Cf. A. Jundt, « *Rulman Merswin et l'Ami de Dieu de l'Oberland* », p. 3—16.

relles, dans le goût du temps ; le livre, écrit sous la dictée du St-Esprit, composé par lui au moyen de toutes ces réminiscences mystiques, pour atteindre le plus d'esprits possibles, et dicté peut-être aussi dans la suite à quelques copistes de l'Ile Verte.

Il met donc ses souvenirs et ses expériences religieuses au service de ses frères ; et. pour les rendre plus sensibles, il recourt de bonne foi au voile de la fiction, comme faisaient ses contemporains.

Vers 1340, *Elsbeth Stagel* (Stäglin), originaire de Zurich, Dominicaine au couvent de Töss, près de Winterthur, fille spirituelle du bienheureux Suso, copiait dans sa cellule tout ce qui lui paraissait profitable à l'avancement spirituel de ses Sœurs. Elle composa ainsi, soit d'après des notes antérieures, soit d'après ses propres expériences ou les renseignements de ses compagnes, la « *Vie des Sœurs de Töss* », recueil de notices sur 30 religieuses qui vécurent à Töss de 1250 à 1350. Le couvent de Saint-Gall en possède un manuscrit très ancien (*N. 603*).

Le merveilleux et le surnaturel y répondent au but d'édification visé par l'auteur. Tous ces récits de visions, d'extases, de macérations extraordinaires, laissent nettement entrevoir la mentalité d'Elsbeth. Toutes les Sœurs, par exemple, ont à lutter dans leurs commencements avec le démon, qui leur apparaît sous des formes sensibles: à Mathilde von Stanz, sous la figure d'un tambourinier ou d'un ménétrier ; à Ida von Tengen, avec la menace aux lèvres, faisant mine de la jeter dans la Töss. Marguerite Fink ne connaît ni sommeil ni repos: elle entend jour et nuit les trompettes du jugement dernier. Metzi Sidweberin, au nom par lui-même déjà si doux, chante, en s'accompagnant d'un luth, les douceurs de la paisible retraite bercée par les caresses d'un gai soleil alpestre.

D'un bout à l'autre, c'est la légende la plus charmante, c'est le roman des Sœurs de Töss [11]).

Le même caractère, mélange de fiction et de vérité, distingue la « *Vie des Sœurs de Katharinenthal* » près de Diessenhofen et de Schaff-

---

[11]) Cf. Ferd. Vetter, « *Ein Mystikerpaar des 14. Jahrhunderts, Schwester Elsbeth Stagel in Töss und Vater Amandus (Suso). Vortrag gehalten zu Bern* », Basel. 1882, 7—18. — Cf. Hafner A., « *Das Dominikanerinnenkloster Töss* (ds. « Neujahrsblatt der Stadtbibliothek », Winterthur), 1879 ; — H. Greith, « *Suso und seine Schule unter den Ordensschwestern zu Töss bei Winterthur* » (ds. « Schweizerblätter für Wissenschaft und Kunst »), 2, 56 f. ; 137 f. ; 399 f. ; — F. Vetter, « *Das Leben der Schwerstern zu Töss* » (ds. « Deutsche Texte des Mittelalters », 6), Berlin, 1906.

house, qui vient, dans le même « *cod. 603* » de Saint-Gall, après une
« Vie de sainte Marguerite de Hongrie », autre Dominicaine, de même
que la « *Vie des Sœurs d'Adelhausen* » à Fribourg-en-Brisgau par Anna
Münzingen (1318), et la « *Vie des Sœurs d'Unterlinden* » à Colmar par
Catherine de Guebwiller [12]).

Toutes s'offrent à nous comme le roman des couvents de Dominicaines au XIVᵉ siècle.

La « *Vie* » de Suso, enfin († 1366), qui se présente, dans l' « *Exemplaire* » de ses Œuvres revisé par lui à la fin de sa vie, comme sa propre
biographie, rédigée d'abord par sa fille spirituelle, Elsbeth Stagel, n'est
pas du tout une autobiographie authentique. M. H. Lichtenberger a définitivement démontré [13]) que c'est plutôt « une apologie, qui *peut* contenir
certains renseignements exacts », mais où la fiction se mêle à la vérité,
sans qu'il nous soit possible de faire un départ exact.

La « *Vie* », par ses éléments romanesques, par son élément surnaturel et son idéal ascétique, absolument en contradiction avec les
données historiques, avec le concept du surnaturel et la religion de la
souffrance que révèlent les ouvrages sûrement authentiques de Suso,
apparaît comme l'œuvre d'un disciple qui aura recueilli tous les renseignements qu'il pouvait trouver sur la personne du Serviteur, avec les
notes réunies par Elsbeth Stagel, pour la première partie; et, pour la
deuxième partie, comme d'un ami ou un admirateur d'Elsbeth, qui aura
utilisé les lettres reçues par cette sainte fille de son directeur spirituel
ou ses propres récits sur l'histoire de ses relations avec Suso, et aux
documents qui lui étaient ainsi transmis aura ajouté beaucoup d'additions de son crû.

------

[12]) Cf. C. Greith, « *Die deutsche Mystik im Prediger-Orden (von 1250—1350)
nach ihren Grundlehren, Liedern und Lebensbildern aus handschriftlichen Quellen* »,
Freib. i. Br., 1861, 289—302; — Bern. Pez, « *Bibliotheca ascetica antiquo-nova* »,
Ratisbonae, 1725, t. VIII; — Cf. Hurter, « *Nomenclator Literarius* », l. c., t. II,
col. 1101—1103. — Cf. E. Krebs, « *Die Mystik in Adelhausen* » (« Festgabe für
Heinrich Finke », 41 f.), Münster, 1904; — A. Birlinger, « *Die Nonnen von Sᵗ Katharinenthal bei Diessenhofen* » (ds. « Alemannia », 15, 150 f.). — Josef Nadler, « *Literaturgeschichte der Deutschen Stämme und Landschaften* », t. I, Regensburg, 1912,
2. Bd., 4. Kap., 1, « Landschaften der Mystik », p. 162—182, spéc. 175, 176, 180.

[13]) « *Le Mysticisme Allemand. Le Mystique Suso* », dans « Revue des Cours
et Conférences », 18ᵉ année, 1909—1910, II, 433, 443, 600, 683, ss.; 19ᵉ année,
1910—1911, I, 7, ss.; spéc. 73, 155, 203, ss.

Pendant longtemps on avait considéré cette « Vie » de Suso « comme un document original d'une haute valeur, comme la première confession de mystique écrite en langue allemande », et ce n'est pas autre chose qu' « une vie de saint composée avec des documents que nous ne pouvons plus contrôler, par un religieux crédule, épris de merveilleux ».

L'Histoire de la Conversion de Tauler a été tenue longtemps aussi pour un document de premier plan dans l'histoire de la vie du grand prédicateur strasbourgeois. Et ce n'est non plus qu'une légende; mais, à la différence de la « Vie » de Suso, des « Vies des Sœurs » de Töss, d'Œtenbach, de Katharinenthal, d'Adelhausen et d'Unterlinden, une légende sans aucun rapport avec les deux héros sous les noms desquels on a abrité les événements merveilleux qui y sont racontés. Ici, par rapport à Tauler, par rapport au mystérieux Ami de Dieu de l'Oberland, tout est fiction, jusqu'aux personnages eux-mêmes; il n'y a aucun fond de réalité, pas le moindre fondement historique.

Elsbeth Stagel et ses disciples ou ses admirateurs, les Dominicaines des couvents de Colmar, de Fribourg et de Diessenhofen ont, du moins, mêlé la vérité à la fiction, en imaginant, dans le goût de l'époque, toute une série d'anecdotes ou de faits extraordinaires ajoutés au cadre authentique de la vie tranquille des pieuses moniales, afin d'exciter l'admiration et l'émulation des lecteurs, afin de mieux honorer la mémoire de personnages bien réels et ayant un nom indubitable dans l'histoire, vénérés par ailleurs pour leurs mérites et leur sainteté.

Ici, avec le « Meisterbuch », tout est pur roman, fiction absolue. C'est le traité édifiant, l'ouvrage avant tout ascétique, visant, sous le voile de la fiction, au perfectionnement d'un grand nombre, sans la moindre base historique ni la moindre portée biographique.

Une comparaison tirée de la « Vie » authentique de deux grandes saintes mystiques, sainte Catherine de Sienne et sainte Thérèse, nous montrera mieux encore comment il convient d'apprécier le genre et le caractère littéraires du « Meisterbuch ».

Les révélations de sainte Hildegarde sont entrées dans le domaine de l'histoire : le pape Eugène III (1145-1153) encouragea la voyante de Bingen à écrire tout ce que lui faisait connaître le Saint-Esprit. Sans que Rome les impose à la foi des fidèles, c'est assez pour qu'une haute valeur morale leur soit attribuée, dans le monde catholique, en dehors de toute déclaration positive d'authenticité [14]).

La « Vie » du bienheureux Suso est passée dans les Bollandistes, tout au moins à titre documentaire. Ce fait, d'ailleurs, ne prétend nullement prouver que nous ayons là un portrait concret, historique et authentique, du grand Dominicain. Il est loisible de n'y voir, avec M. H. Lichtenberger, qu' « un type abstrait de l'évolution du parfait mystique », traitant, non d'une vie individuelle, mais du religieux en général.

Dans ce même siècle, le bienheureux Raymond de Capoue (1330-1399), de la noble famille Des Vignes, Maître Général de l'Ordre des Frères Prêcheurs, écrivit d'abord une biographie de la bienheureuse Agnès de Montepulciano, puis il composa une vie de *sainte Catherine de Sienne* (1347-1380), dont il fut le confesseur, après Thomas de Celano.

Cette admirable Vie de Sainte n'est qu'un récit d'extases, d'apparitions, de ravissements ineffables. Mais elle se présente avec un tout autre caractère que notre « Merveilleuse Histoire de Conversion ». L'auteur, Raymond, prend « à témoin », dans sa préface, « Celui qui est la vérité même », et jure à quiconque le lira, qu' « il n'a inséré dans ce livre aucune fiction, aucune invention, aucune erreur substantielle, autant du moins que sa faiblesse a pu s'en rendre compte ». Afin d'assurer plus de créance à ses affirmations, il prend soin de dire, à la fin de chaque chapitre, où et comment il a appris tout ce qu'il raconte.

Ainsi, nous lisons au chapitre 1er : « Tout ce que j'ai appris dans ce chapitre est connu de presque toute la ville ou de sa plus grande partie. J'ai appris le reste soit de notre sainte vierge elle-même, soit de Lapa, sa mère, soit de plusieurs religieux et séculiers, voisins, connaissances ou parents de Jacques (Jacques Benencasa, père de la sainte) ».

Au chapitre 6, IIe partie, sur les « Ravissements de Catherine », on lit : « J'en ai pour témoins quelques Sœurs de la Pénitence du bienheureux Dominique, en particulier Catherine, fille d'un certain Thecco de Sienne, longtemps compagne intime de notre vierge, puis, si ma mémoire est fidèle, Lysa, sa cousine, encore vivante aujourd'hui, et enfin Alexia, déjà nommée plus haut » [15]).

---

[14]) Cf. F. Vernet, « *Ste Hildegarde* », l. c., § 3, « Valeur des Révélations », col. 2472 - 2474.

[15]) Cf. « *Vie de Sainte Catherine de Sienne par le Bienheureux Raymond de Capoue, Confesseur de la Sainte et Maître Général des Frères Prêcheurs* ». Traduction nouvelle par le R. P. Hugueny, O. P., 2e éd., Paris, Lethielleux, 1903. —

Sainte Catherine de Sienne était contemporaine de Merswin et presque de Tauler.

En 1873, le célèbre professeur de droit canon et d'histoire ecclésiastique à l'Université de Madrid, don Vicente de la Fuente, donnait une reproduction photo-lithographique du « *Livre de la Vie de Sainte Thérèse écrit par elle-même* » [16]), qui parut à Salamanque en 1588, en tête des Œuvres de sainte Thérèse, avec ce titre : « *La Vida de la Madre Teresa de Jésus, y algunas de las mercedes que Dios le hizo, escritas por ella misma, por mandado de su Confessor, a quien lo embia y dirige, y dize ansi* », et dont le manuscrit, composé au courant de la plume, sans la moindre préoccupation littéraire, fut déposé, dans l'original, à l'Escurial, de par la volonté de Philippe II, et richement relié en étoffe de brocart d'or.

Sainte Thérèse, la grande mystique du XVIe siècle (1515-1582), entreprit à 41 ans, en 1556, elle aussi, le Livre de sa Vie, sur l'ordre de ses confesseurs, pour leur faire connaître les extases dont Dieu la favorisa et la voie qu'elle tenait dans l'oraison. Elle tait les noms, les dates et les circonstances qui eussent pu devenir pour ses lecteurs une révélation. Mais sans cesse, dans le cours de l'œuvre, comme défiante d'elle-même, elle s'adresse aux Pères Dominicains, Pierre Ybañez, Dominique Bañez et Garcia de Toledo, dont la science théologique lui imposait, afin de s'assurer de son orthodoxie.

Elle avait d'abord soumis sa première relation écrite à son saint ami, don François de Salcedo, gentilhomme d'Avila, afin d'éclairer son âme sur les motions tout à la fois délicieuses et irrésistibles qui l'entraînaient. Puis elle avait fait appel aux lumières des Pères de la Compagnie de Jésus : de saint François de Borgia, en 1558; de saint Pierre d'Alcantara, en 1560, 1561. Sur les conseils de Dominique Bañez, en 1562, elle complétait et retouchait son Livre : « *Torno a añadir y reformar el dicho libro.* » L'Inquisiteur Don François Soto y Salazar retint le manuscrit original, et, malgré le conseil suprême, le Saint Office ne le livrait à l'impression qu'en 1588, après la mort de sainte Thérèse.

Cf. « *Sainte Catherine de Sienne, Essai de Critique des Sources* », par Robert Fawtier, Paris (Beauchesne), 1922. (Thèse de Doctorat ès-Lettres soutenue en Sorbonne le 27 Mars 1922.)

[16]) Cf. « *Vida de Santa Teresa de Jesus, publicada por la socieda foto-tipografico-catolica, bajo la direccion del Dr. D. Vicente de la Fuente, conforme a l'original autografo que se conserva en el real monasterio de san Lorenzo del Escurial* », Madrid. Inprenta de la viuda e hijo de D. E. Agnado, Pontejos, 8, 1873.

L'autobiographie de sainte Thérèse, la biographie de sainte Catherine de Sienne par son confesseur, le bienheureux Raymond de Capoue, nous offrent, dans l'Histoire de la Mystique chrétienne, l'une au XVIe siècle, l'autre au XIVe siècle, dans le siècle même de Tauler et des « Amis de Dieu », deux exemples d'histoires authentiques, de vies réellement vécues de deux grandes extatiques. Les apparitions, les visions, les phénomènes surnaturels, les faits supranaturels les plus exceptionnels s'y rencontrent à chaque pas, bien plus nombreux et plus importants que dans le « Meisterbuch ». Et cependant ces deux Vies se présentent à nous avec tous les caractères d'authenticité et d'historicité qui peuvent être désirés dans une vie de « saint ». Elles nous aident d'autant mieux à comprendre le caractère légendaire et purement romanesque d'un récit excentrique tel que celui de la « Conversion du Maître de la Sainte-Ecriture ».

Dans ces deux vies, cependant remplies de merveilles surnaturelles extraordinaires, absolument comme dans les « Révélations » de sainte Hildegarde, de sainte Elisabeth de Schœnau, de Mathilde de Magdebourg, nous touchons facilement des faits réels et contrôlés par de nombreux garants et des témoins irrécusables, nous voyons se mouvoir, avec les idées, la mentalité et les vertus de leur milieu, des personnages authentiques, que l'histoire ne peut révoquer en doute.

Dans le « Meisterbuch », au contraire, nous n'avons affaire à aucun personnage historique ; nous nous trouvons en dehors des cadres de l'histoire, en plein monde de fantaisie, dans le domaine de la fiction et de la fable.

Le « Meisterbuch » n'est rien autre chose qu'une « *nouvelle religieuse* », un « *roman pieux* » dans toute l'acception du terme.

La meilleure preuve à en donner, c'est de montrer comment nous pouvons remonter presque pas à pas jusqu'aux origines premières de la fiction de Merswin.

§ 2.

Origines premières du « Meisterbuch ».

Le « Livre du Maître », dans la forme définitive où il nous est parvenu, doit être envisagé comme l'un de ces multiples traités ascétiques anonymes qui, recueillis à l'Ile Verte, véritable officine d'opuscules religieux, puis copiés, remaniés, interpolés et compilés, donnent aux conversions, visions, tentations et macérations figure d'exemples édifiants et de traits historiques.

L'idée fondamentale, chez tous, est la même : c'est le combat spirituel, la lutte entre l'amour du monde et l'amour de Dieu dans le cœur humain. Et tous cherchent à se débarrasser de la forme sèche et classique du traité didactique, en empruntant les apparences de la vie et les couleurs de l'histoire.

Les personnages, choisis parmi tous les rangs de la société, comme types d'épreuves mystiques, seigneurs, marchands, chevaliers, nonnes, recluses, religieux, confesseurs, prédicateurs, maîtres de la Sainte-Ecriture, n'ont pas réussi, en réalité, à prendre mouvement et vie. Ce ne sont pas des êtres de chair et d'os, mais des phantasmes, des automates, tous plus ou moins coulés dans le même moule, des marionnettes obéissant au déclic d'un mécanisme merveilleux dont Dieu lui-même tient les fils.

Pour combattre dans leur cœur l'amour du monde, ils ont besoin d'un conseiller et d'un guide, lui-même rempli de la grâce et de l'amour de Dieu; il leur faut un Ami de Dieu, qui les transforme à leur tour en amis de Dieu, c'est-à-dire qui les mène jusqu'à ce degré de perfection spirituelle où leur âme, tous les obstacles du salut franchis, sera sûre d'elle-même et jouira de la vue immédiate de Dieu, dans le commerce direct avec l'Etre infini.

L'Ami de Dieu de l'Oberland, le compagnon secret de Merswin, est purement et simplement l'incarnation de ces deux ou trois idées mystiques. Sous la plume du fondateur du « Grüne Wörth », tous ces traités, qui, dans le principe, ne visaient nullement à rapporter des entretiens ou des faits historiques, ont revêtu assez habilement la forme du dialogue, de la lettre spirituelle ou même du sermon. Avec la complicité, peut-être inconsciente, de quelques Frères plus cultivés, tous dévoués à sa cause, avec l'aide surtout de Nicolas de Louvain, son secrétaire, il a transformé les traités ascétiques qu'il avait empruntés à des auteurs inconnus, et il en a fait des sortes d'autobiographies de lui-même et de son saint ami, pour la plus grande gloire de sa maison et le profit spirituel de ses Frères. Ce sont des romans religieux, pillés à droite et à gauche et inspirés par une pieuse fraude, dans une bonne intention [17]).

Pendant trente ans, pour cacher son jeu, Rulman les a tenus secrets : quatre ans seulement avant sa mort, il s'est décidé à en copier quelques-

---

¹⁷) Cf. Rieder, l. c., p. 74—81.

uns pour les Frères de l'Ile Verte sur des tablettes de cire, en supprimant tous les noms de personnes et de lieux, et il a brûlé les originaux.

Nicolas de Louvain recueillit ensuite tous les écrits de son maître et de l'Ami de Dieu vénéré de l'Oberland; c'est sa rédaction qu'il nous a transmise dans le « Grand Mémorial Allemand ». Il nous a laissé dans ses *rubriques* les indications suffisantes pour nous permettre de découvrir approximativement les origines premières du « Meisterbuch ».

Un coup d'œil jeté sur l'état et le contenu mystique des bibliothèques à Strasbourg au XIVᵉ siècle, à la maison de Saint-Jean en particulier, comme dans les Chapitres et chez les particuliers, contemporains de Merswin, nous servira à compléter nos inductions.

C'est d'abord un fait, qu'aucun des manuscrits autres que celui de Strasbourg n'attribue à « l'Ami bien-aimé de Dieu de l'Oberland » (« *der liebe gotes frunt in Oberland Rùlman Merswines geselle* ») la conversion du « Maître », pas plus que la composition du Livre. Ils ne disent pas davantage que ce Livre ait été envoyé par lui en 1369 aux prêtres séculiers de l'Ile Verte. Il n'y est question que d'un laïque, d'un homme rempli de la grâce d'En-Haut, « *ein leye, ein gnadenricher man* ». Nous avons vu que ces manuscrits n'identifient pas davantage le « Maître de la Sainte-Ecriture » avec Tauler.

Une comparaison entre les suscriptions des chapitres Iᵉʳ, II et X du « Grand Mémorial Allemand » et le texte, sinon antérieur, tout au moins contemporain, du « Premier Mémorial Latin », autant qu'il nous est possible de juger de l'état de ce dernier d'après la version allemande de Gœtzmann, prouve également que Nicolas de Louvain a ajouté cette précision, relativement à l'identification du pieux laïque avec l'Ami de Dieu de l'Oberland, que cet Ami de Dieu était « le secret compagnon de Merswin » (« *Rùlman Merswins unsers stifters geselle* »). Le copiste du « Grand Mémorial » n'a rien changé d'autre au texte latin et au texte primitif allemand qu'il avait sous les yeux.

Le texte latin est disparu.

Nous n'avons plus le premier texte allemand, celui d'avant 1369.

Mais c'est Merswin qui a attribué la composition du Livre à l'Ami de Dieu. Et la lettre qui en accompagnait l'envoi, cette même année, aux prêtres séculiers de l'Ile Verte, nous dit que c'est l'Ami de Dieu qui l'écrivit lui-même pour eux sur papier de sa propre main, « *in eime bapire mit sin selbes hant geschriben* » : expression qui se retrouve identiquement dans la lettre accompagnant l'envoi du « Livre des cinq Hommes » [18]).

Ni Nicolas de Louvain, ni Merswin n'identifient nulle part le « Maître de la Sainte-Ecriture » avec Tauler. La fiction ne redoutait rien avec le personnage purement imaginaire du mystérieux Ami de Dieu de l'Oberland, que nul, sauf Merswin, n'avait jamais vu ni entendu; tandis que, en 1369, ou même après 1382, les souvenirs de la vie authentique du grand Dominicain strasbourgeois étaient encore trop précis dans l'âme de ses fils spirituels, de ses Frères et de ses Sœurs en religion, non seulement dans les couvents d'hommes et de femmes et dans la ville de Strasbourg, mais encore dans toute la vallée du Rhin, de Cologne à Bâle, où sa renommée n'avait fait que grandir avec l'écho de ses ardentes prédications.

Nicolas de Louvain n'a pas inséré dans le « Grand Mémorial Allemand » le « Meisterbuch » au complet : il en a supprimé la lettre d'envoi et le sermon sur le Saint-Sacrement, qu'il avait joints au « Petit Mémorial Allemand », aujourd'hui encore non retrouvé [19]).

Ces deux morceaux ont été reproduits, par ailleurs, dans la deuxième partie du « Premier Mémorial Latin » restaurée par Nicolas de Louvain.

La rubrique qui précède le Sermon sur le Saint-Sacrement y est très instructive. L'Ami de Dieu n'aurait envoyé ce sermon à *un* prêtre séculier de l'Ile Verte que six mois après la réception du « Meisterbuch » [20]) :

« *Das 22. capitel* im lateinischen *handelt von einer predig, so oftgemeldeter magister gethan von dem heiligen sacrament des altars, welche der obangezogene weltliche, des magisters geistlicher sohn, ratgeber und getreüer freünt gottes* im Oberland, *einem weltlichen priester zum Grünenwert abgeschriben überschickt,* ein halbjahr nach ankunft *und übersendung dises gegenwärtigen büchs mit dem a b c oder alphabet der 23 büchstaben.* »

---

[18]) Cf. Rieder, l. c, 82', 21—26; 70', 7—17; 71', 28.

[19]) ib., 42', 13—15: « *Die selbe missive und ouch eine bredige von dem heiligen sacramente ist hie under wegen gelossen, wenne su geschriben stont in dem XXVIII. capitele des andern kleinen tutschen memoriale buches* ».

[20]) ib., 227', 16—23.

N'est-ce pas l'équivalent d'un aveu? Le « Meisterbuch » et les sermons qu'il renferme n'ont donc pas été composés en même temps. Car, si tel est le cas pour le sermon sur le Saint-Sacrement, il peut en être de même tout aussi bien pour le sermon aux cinq recluses ou pour tout autre sermon du livre. Et l'on comprend dès lors qu'un certain nombre de manuscrits du « Meisterbuch » ne contiennent point ces sermons, que certains en aient supprimé complètement quelques-uns ou les aient écourtés assez sensiblement.

Le « Meisterbuch », dans l'état où il nous est parvenu, et si l'on tient bien compte de l'état des divers manuscrits, est une compilation de plusieurs morceaux différents, sortis cependant, il se peut, d'un même cercle d'auteurs anonymes de petits traités ascétiques en latin ou en allemand. Et le texte du « Grand Mémorial Allemand » rédigé par Nicolas de Louvain d'après un premier texte allemand disparu, avec les additions de détail relatives à Merswin que nous avons relevées, n'est que l'un des nombreux textes répandus *avant 1369*.

Ce texte allemand primitif, nous ne l'avons plus. La première partie du « Grand Mémorial Allemand » nous affirme seulement qu'il était textuellement identique au « Premier Mémorial Latin » [21]).

Il est possible qu'il ait constitué un petit traité particulier formant déjà un tout distinct.

Quoi qu'il en soit, à la lumière des manuscrits de Munich, de Vienne, de Karlsruhe, etc., on est obligé de conclure que le traité primitif de la Conversion d'un Maître innommé de la Sainte-Ecriture par un laïque également innommé ne voulait aucunement, dans le principe, rapporter une histoire authentique; qu'il s'est formé petit à petit de pièces

---

[21]) Cf. K. Rieder, l. c., 18', 1, ss. « *Item zů dem ersten ist in* latine *zůsamene in ein bůch geschriben alle die urkunde und mirackele, domitte dis selbe hus zů dem Grünenwerde ist ernuwert worden* ...

« *Item donoch ein brief, den der liebe gottes frunt in* Oberlant *harabe sante den weltlichen priestern, die zů dem aller ersten mole hie inne zů dem Grünenwerde wonetent unde die kurche besungent sub anno domini millesimo CCCo. LXIXo.*

« *Item das bůch, in dem die oberste zile geschriben stot, das der liebe gottes frunt in* Oberlant *mit dem selben briefe den weltlichen priestern harabe sante, wanne er selber der leye was, der den grossen meister der heiligen geschrift wisete und lerte, das er kam uf den weg der worheit und ein erluhteter übernatürlicher begnodeter gottes frunt wart,* also das selbe bůch seit, *das wir och* zu tutsche hant von worte zů worte noch dem latine ... »

rapportées, empruntées à des traités anonymes antérieurement existants ; et qu'il s'est répandu à travers les couvents et les cercles mystiques de la vallée du Rhin supérieur ou inférieur ainsi que dans la Haute-Allemagne, sous une forme et avec un contenu passablement différents, quoique toujours sous la forme générale d'un traité d'édification, d'un récit anonyme de conversion. C'est la plume et l'imagination de Rulman Merswin, continué ensuite par le ou les copistes des Mémoriaux de l'Ile Verte, qui firent du pieux laïque du Livre l'Ami de Dieu mystérieux, imaginé afin d'assurer plus de crédit à ses productions littéraires.

Il est vraisemblable que ce fut Rulman Merswin lui-même qui rapporta ensemble les diverses parties constitutives du « Meisterbuch », pour en faire un tout plus ou moins cohérent, l'œuvre que nous discutons aujourd'hui.

Nous avons déjà noté quelle était sa méthode de travail.

C'était un compilateur, nous déclare lui-même son secrétaire, dans la préface au treizième traité de la première partie du « Grand Mémorial ». Cette confidence est pour nous de la plus haute importance. Sa véracité se trouve contrôlée par la constatation déjà faite des sources auxquelles puisa Rulman Merswin pour son « Livre de la Grâce prévenante et de la Grâce méritoire » et pour celui des « Sept œuvres de miséricorde ».

Il a plagié Jean Ruysbroek surtout et d'autres maîtres ou docteurs mystiques qui l'ont précédé ; et il s'est borné souvent à relier par de simples transitions de longs emprunts recueillis de différents côtés.

A quelles sources précises Rulman a-t-il puisé principalement la matière du « Meisterbuch » ?

Le P. Denifle le premier a révélé quelles sont les sources du sermon aux Cinq Recluses : le traité « *Von den drin Fragen* », passé presque entièrement aussi dans le livre « *Von den drien Durchbrüchen* » de Merswin. Nous avons relevé, à ce propos, la similitude frappante qui existe entre le « Meisterbuch » et l'entretien de Maître Eckhart avec le prêtre dont le « Livre des trois étapes de la Vie spirituelle » raconte la conversion miraculeuse.

Preger et Jundt, Denifle et Strauch ont signalé d'un commun accord les rapports marqués que l'on peut établir entre le « Livre du Maître » d'une part, et le « Livre des neuf Roches », l' « Echelle spirituelle » et l' « Epître à la Chrétienté » d'autre part, relativement aux invectives contre les vices de la chrétienté, contre les vices des prêtres en particulier, dans le sermon du samedi 17 mars, fête de sainte Gertrude.

Denifle a prouvé contre Preger le plagiat du Maître dans son sermon sur les « 24 Articles » de la perfection chrétienne, qui n'est qu'une contrefaçon maladroite du traité « *Diu Zeichen eines warhaften Grundes* », le septième parmi les dix-huit traités attribués à Maître Eckhart par Franz Pfeiffer [22]).

Avec Denifle [23]), il est permis de penser que Merswin, aussi bien pour le premier sermon du Maître que pour celui aux Cinq Recluses, a particulièrement emprunté aux traités en provenance d'*Eckhart* ou de son école.

Les deux traités « *Von den 3 Fragen* » et « *Diu zeichen eines warhaften grundes* » ne se rencontrent que dans des manuscrits contenant des sermons ou des traités de Maître Eckhart et de ses disciples.

Fr. Jostes a montré comment les religieuses, dans les monastères, principalement de l'Ordre de Saint-Dominique, avaient l'habitude de grouper, dans les bibliothèques de leurs couvents, les sermons et traités communément attribués aux Pères les plus célèbres de leur Ordre. Le manuscrit « *Cent. IV, 40* », de la bibliothèque de Nuremberg, et qui provient du couvent des Dominicaines de Sainte-Catherine, de la fin du XIVe siècle, en est une preuve très curieuse et un exemple des plus typiques : Jostes l'a publié au fascicule IV des « *Collectanea Friburgensia* » [24]).

Cette conjecture relative à un emprunt fait aux œuvres d'Eckhart ou de ses disciples immédiats par Merswin se trouve confirmée par la parenté évidente qui rapproche le sermon aux Cinq Recluses et le livre « *Von den 3 Durchbrüchen* » d'une part et, d'autre part, le sixième traité compté par Pfeiffer parmi les traités d'Eckhart qu'il a édités et qui est ainsi intitulé : « *Daz ist Swester Katrei Meister Ekehartes Tochter von Strasburc* », « *daz sagt von einem bescheyden peichter daz er selber*

---

[22]) « *Deutsche Mystiker des 14. Jahrhunderts* », 2. Bd., « *Meister Eckhart* », p. 419–448.

[23]) « *Die Dichtungen des Gottesfreundes im Oberland* », l. c., p. 279. (« Ztsch. f. d. Alt. », 24. Bd., 1880).

[24]) « *Meister Eckhart und seine Jünger, Ungedruckte Texte zur Geschichte der deutschen Mystik* », l. c., Friburgi Helvetiorum, 1895, spéc. p. X—XXVII, 113—143.

(Eckhart) oder ein ander may sein und von einer bewerten tochter dez selben peychtigers. » Il a été traduit plus tard en latin par le moine bénédictin Oswald du couvent bavarois de Brewtzenhausen, afin « d'éviter aux simples laïques le risque de s'en scandaliser, en ne comprenant pas bien sa doctrine subtile » [25]).

L' « Histoire de la sœur Catherine, la fille (spirituelle) de maître Eckhart, de Strasbourg », est encore une de ces légendes ou récits merveilleux de conversion qui durent exercer une grande influence sur les milieux ecclésiastiques du XIVᵉ siècle.

Une Béguine strasbourgeoise est devenue l'admiratrice enthousiaste de la doctrine du Maître. Soumise d'abord aux directions de son confesseur, sœur Catherine, altérée de mysticisme, lui déclare bientôt qu'il lui a été un obstacle sur le chemin du salut. La discipline ecclésiastique est vaine, et les préceptes des prêtres ne sont pas paroles d'Evangile. Elle les répudie et s'avance désormais de ses propres forces dans l'imitation de la vie pauvre du Christ : elle quitte la vie régulière de son béguinage et mène pendant plusieurs années une existence errante et misérable dans des contrées étrangères. A son retour, le confesseur ne la reconnaît pas : elle lui déclare que son âme demeure au sein de la Trinité dans la jouissance de la félicité céleste, mais elle ne possède pas encore le pouvoir de s'abîmer et s'anéantir dans la lumière divine.

Son confesseur connaît par les lectures le moyen d'atteindre ce but suprême, mais il n'a jamais eu le courage de mettre lui-même en pratique ses connaissances mystiques. Il faut que sa pénitente fasse abstraction de tout sentiment personnel et anéantisse dans son âme jusqu'au désir de parvenir à Dieu.

Elle s'anéantit ainsi. Alors elle est transportée au sein de la lumière divine. Elle demeure longtemps sans proférer une parole et enfin elle s'écrie : « Réjouissez-vous avec moi ! Je suis devenue Dieu ! » Assise dans le coin le plus obscur de l'église, elle passe des journées entières à jouir de son anéantissement en Dieu, sans plus donner signe de vie. On la croit morte, et l'on s'apprête à l'enterrer ; mais survient son confesseur, qui la fait transporter dans sa demeure, où elle continue à vivre dans l'oubli absolu de tout ce qui est terrestre et humain [26]).

----

[25]) « ... *etlich subtil sprůch darjnn seyn gesetzt, dye nit zymen vor dem einvaltigen leyen zu lesen.* »

[26]) Cf. A. Jundt, « *Histoire du Panthéisme Populaire au Moyen Age et au XVIᵉ s.* », Paris, 1875, p. 93.

Rulman Merswin a pu s'inspirer de cette singulière histoire de la sœur Catherine, en la dépouillant de son caractère spéculatif inaccessible au commun des lecteurs.

Grâce à l'esprit mystique qui régnait au « Grüne Wörth », il est certain qu'on y recueillit de très bonne heure, bien avant la fin du XIVe siècle, en de beaux manuscrits, les traités et sermons, non seulement de Maître Eckhart, mais encore de Tauler, de Suso, de Ruysbroek et d'autres docteurs de la même école : le catalogue des manuscrits de l'Ile Verte dressé au XVIIIe siècle par Jacques Witter en fournit la preuve évidente.

Et ce qui se passait au couvent de Saint-Jean de l'Ile Verte, à Strasbourg, était le cas dans bon nombre de couvents, en particulier de l'Ordre Dominicain. C'est ce que prouve encore le catalogue publié par Fr. Jostes des manuscrits rédigés, copiés et usités dans les couvents contemporains des Dominicaines de Schœnensteinbach en Alsace et de Sainte-Catherine à Nuremberg. Ce catalogue comprenait textuellement les subdivisions suivantes, particulièrement d'après leur ordre alphabétique :

§ *E* : « *Predigten und religiöse Traktate* », I-LXIX.

§ *J* : « *Heiligenleben, Schriften und Predigten berühmter Dominikaner* », I-XXXVIIII.

§ *L* : « *Gebet und Erbauungsbücher* », I-XLVII.

§§ *M* et *N*, même rubrique [27]).

Merswin, pénitent lui-même de Tauler, n'avait pas été sans être frappé par les sermons du grand prédicateur, par leur sincère accent à la fois de mâle franchise et de tendresse paternelle.

Il est donc tout naturel de retrouver dans le « Livre du Maître » quelques-unes des idées familières à Tauler, transposées dans le sens des conceptions particulières de l'ancien banquier, infidèle interprète de la pensée de son directeur.

Tauler, en effet, a émis, lui aussi, et Merswin a répété, en la défigurant ou en l'exagérant, l'idée de l'amitié divine, centre de sa doctrine. Les amis de Dieu sont exposés à la souffrance en ce monde, ils doivent faire à Dieu l'abandon absolu de leur volonté propre ; ils doivent demeurer dans l'attente passive de l'action intérieure de Dieu quand les tentations

---

[27]) l. c., p. 113—143.

les assaillent. Et il arrive ainsi, par une déformation de l'esprit de discipline avant tout qui inspira Tauler, à sa doctrine très particulière de la soumission de l'homme « en place de Dieu » à quelqu'un « des secrets amis de Dieu », seuls capables, selon lui, de diriger les âmes d'après les conseils du Saint-Esprit, de lire « le livre vivant des œuvres merveilleuses de Dieu », que les théologiens des écoles ne savent comprendre, parce qu'ils ne connaissent que les gros livres écrits par les hommes. De là à l'idée de la possibilité de l'inspiration immédiate des laïques il n'y avait qu'un pas. Dieu peut parler au « Maître de la Sainte-Ecriture » par la bouche du laïque de l'Oberland, « de même qu'il a parlé autrefois par celle de Caïphe », et le « Maître » peut s'humilier, se courber devant l'autorité divine dont il était revêtu, « se soumettre » entièrement à sa direction religieuse [28]).

Pour son idée d'un grand Ami de Dieu, chef spirituel d'une petite société d'amis de Dieu, Merswin ne manquait pas d'exemples, dans la vie monacale du temps, qui aient pu lui suggérer sa fiction.

C'était, au couvent « *Unser Frauen Zell* » du Berenberg, près de Winterthur, couvent en relations avec les Johannites du « Grüne Wörth », le Prieur Henri von Linz, qui vivait là avec quatre jeunes Frères, « *ein gar sunderlicher grosser beynodcter gottes frunt, dem got vil grosses heimlichest offenbart* » [29]).

C'était le saint prêtre-ermite du Brabant, le « Docteur admirable », « *doctor divinus* », « *doctor ecstaticus* », universellement connu dans les centres mystiques d'alors, Jean Ruysbroek, le Prieur de la Vallée verte, Grœnendael, près de Bruxelles, où il reçut la visite de Tauler, semble-t-il, et qui envoya très certainement à Strasbourg son livre « De l'ornement des Noces spirituelles », composé en 1350 et reproduit par Merswin sur la fin de sa vie dans son « Livre de la Grâce prévenante et de la Grâce méritoire ».

---

[28]) L'idée de l'amité divine, qui fait le centre de la doctrine de tous les grands Mystiques, se trouve plus particulièrement développée par Tauler, « *Cod. Arg. A. 89* », Nos XLIII, LXI, XIII, LXXII, XXXIV, XV, LXXII, LXX, LIII, XLVII, XXXVIII, LIX, LXXX, XLIV, VIII, IV, VII, I. Cf. éd. de Bâle, 1522, fol. 129 a., 14 a., 43 a., 159 a., 87 a., 35 a., 153 a., 128 b., 87 b., 146 b., 178 a., 135 a., 160 b., 102 b., 92 b., 105 b., 29 a., 141 a., 149 b., 35 a., 21 b., 37 b., 28 a., 7 a.

[29]) Cf. Ph. Strauch, « *Schürebrand* », 39, 17; — « *Strassburger Urkundenbuch* », VII, N. 1478.

Mais nous ne faisons là que de simples rapprochements, sans prétendre leur attribuer une valeur probante qu'ils n'ont évidemment pas.

Bourgeois riche et pieux, le banquier de Strasbourg ne fréquentait pas seulement une élite religieuse animée de l'esprit mystique le plus intense; il ne se contentait pas d'assister aux sermons de son directeur de conscience, Tauler. Il vivifiait encore par des lectures les idées maîtresses qu'il avait spécialement retenues dans ces fréquentations et qui naturellement correspondaient davantage à ses propres aspirations. Il dut lire chez lui, il lut certainement dans sa retraite de l'Ile Verte des traités mystiques allemands, peut-être des recueils de « nouvelles religieuses », de légendes, et sans doute aussi, avant sa conversion, des copies de romans de chevalerie ou de poèmes d'amour.

Le prix des livres était alors tel que les particuliers, clercs ou laïques, ne pouvaient guère s'en procurer ou fort peu. Cependant, pour qu'un sire Ulrich de Rathsamhausen donnât à sa fille le nom insolite de « *Blantschflor* », il fallait que lui ou sa femme eussent lu le conte de « *Flore et Blanscheflur* », l'histoire d'amour la plus répandue au Moyen Age.

Ph. Strauch [20]) et d'autres ont relevé les motifs littéraires dont Merswin paraît avoir pu s'inspirer pour poétiser le voile de ses fictions.

L'histoire de la jeunesse de l'Ami de Dieu peut bien avoir subi, par exemple, l'influence de cette légende de saint Alexis, alors universellement connue, comme la « Légende dorée », qui la recueillit. C'est la Légende de saint Alexis qui avait déterminé la conversion de l'initiateur du mouvement vaudois, à la fin du XII° siècle, le père des « Pauvres de Lyon », du riche marchand lyonnais Pierre Valdo († 1197). Et le recueil du Dominicain Jacques de Voragine (de Varaggio), mort archevêque de Gênes en 1298, recueil dont le titre primitif avait été celui de « Légende des Saints », transformé très vite par l'enthousiasme contemporain en celui de « Légende d'Or » (« *Legenda Aurea* »), se lisait alors partout, dans les monastères et dans les châteaux, dans les béguinages et dans les demeures patriciennes et bourgeoises : œuvre alors peut-être la plus goûtée et accueillie avec la conviction la plus profonde comme étant l'expression la plus naïve et la plus sincère des croyances de cette époque; nulle

---

[20]) Art. « *Rulman Merswin und die Gottesfreunde* », « RE. f. Pr. T. u. K. », l. c., p. 222—223.

part on ne pouvait se rassasier de tout ce merveilleux qui avait le don d'enflammer les esprits. « Il serait possible, a dit quelque part François de Neufchâteau, que Jacques de Voragine, en écrivant la « Légende dorée », n'eût voulu composer *que des contes moraux et des romans mystiques* ». Et cependant les manuscrits, dès le début du XIVᵉ siècle, s'en reproduisirent à l'infini dans tous les couvents et dans les milieux plus particulièrement religieux. Au XVᵉ siècle, l'imprimerie se hâta de publier un ouvrage qui était certain de trouver une foule de lecteurs. Or un bibliophile très versé dans la connaissance des éditions du XVᵉ siècle, le Dʳ Kless, de Francfort, assigne la priorité à une édition exécutée à *Strasbourg* en 1471-1473 [31]).

Dans l'histoire du « *Chevalier captif* » (composée par l' « Ami de Dieu » en 1349, dit la rubrique, et envoyée aussitôt à Rulman Merswin [32]), on peut voir aussi une réminiscence de la « Légende » et des « Miracles de Notre-Dame ».

Quelques riches familles strasbourgeoises s'intéressaient d'une façon très directe à la vie religieuse de la cité : on constate ainsi le rôle très important des deux familles principales d'alors, celles des Zorn et des Mullenheim, en parcourant l'histoire de l'Eglise de Strasbourg à cette époque [33]). Ces familles riches parvenaient, en fait, à se procurer de ces sortes de livres d'édification et quelques exemplaires de cette littérature romanesque et pieuse à la fois. Elles se faisaient un honneur de les prêter et de les faire lire, dans une pensée de prosélytisme.

Il n'est donc pas étonnant que Gertrude von Bietenheim, la seconde épouse de Merswin, possédât des traités mystiques en son bien propre. Le manuscrit original du « Livre des deux Hommes » (« *Cod. Germ. 642* » de la Bibliothèque Universitaire de Strasbourg) pouvait bien être sa propriété.

La famille Merswin, d'ailleurs, était tout entière adonnée au courant mystique qui se développa encore, sous son influence, avec un redoublement d'intensité, autour de la maison de Saint-Jean. L'élément laïque, dans la chrétienté du Moyen Age, il faut le remarquer,

---

[31]) Cf. Jacques de Voragine, « *La Légende dorée* », Classiques Garnier, Paris, 2 vol. « Traduite du Latin et précédée d'une Notice historique et bibliographique », par M. G. B., pp. 1—9; — cf. « *Légende de Sᵗ-Alexis* », t. I., p. 168—171.

[32]) Publiée dans « N. v. B. », Wien, 1866, 139—186.

[33]) Cf. W. Kothe: « *Kirchliche Zustände Strassburgs im XIV. Jahrhundert* », l. c., 75—108, 108—122, spéc. 125—126.

était beaucoup plus étroitement mêlé qu'on ne croit à la vie intime de l'Eglise, et nullement avec un rôle hostile vis-à-vis du clergé, du moins en règle générale.

En deux articles, publiés, l'un en 1877, à Mulhouse, dans la « Revue d'Alsace », et réédité en allemand à Strasbourg en 1882 [34]), l'autre en 1893 dans la « Revue trimestrielle de la Faculté des Lettres de Nancy », les « Annales de l'Est » [35]), Ch. Schmidt, après s'être principalement documenté dans les Recueils de Chartes authentiques de la ville de Strasbourg, nous a renseignés sur les « Livres et Bibliothèques à Strasbourg au Moyen Age ».

Or il nous apprend que, en 1308, Henri de Belheim, par exemple, chanoine de Saint-Etienne, légua par testament à Nicolas, curé de Thalheim, entre autres livres, les écrits attribués à Denys l'Aéropagite ou Pseudo-Denys, une « *Imago mundi* », *un recueil de légendes* et une «*Summa virtutum et vitiorum* » [36]).

Le chroniqueur Jacques Twinger von Königshofen († 1420), chanoine aussi de Saint-Thomas, nous a conservé le Catalogue de la Bibliothèque de cette célèbre collégiale. Schmidt estimait que les livres inscrits par lui devaient en faire partie depuis longtemps. Nous y relevons, entre autres, des « Postilles », des recueils d'Homélies, le traité de Hugues de Saint-Victor sur « les Sacrements », la « Légende dorée », l' « *Historia scolastica* » de Pierre Comestor et les « Vies des Saints ». Il devait posséder, en outre, à titre personnel, ou il a dû trouver dans la Bibliothèque de quelque autre Chapitre ou de quelque monastère de la ville le « *Speculum Historiale* » de Vincent de Beauvais, puisqu'il l'utilisa pour sa « Chronique » [37]).

Les Chapitres et les Couvents possédaient naturellement un plus grand nombre de manuscrits.

---

[34]) « *Livres et Bibliothèques à Strasbourg au Moyen Age* », Mulhouse, 1877 ; cf. : « *Zur Geschichte der ältesten Bibliotheken und der ersten Buchdrucker zu Strassburg* », Strassburg, 1882.

[35]) « *Livres et Bibliothèques à Strasbourg au Moyen Age* », l. c., 7e année, n° 4, Oct. 1893.

[36]) Cf. « *Strassburger Urkundenbuch* », t. III, p. 166 ; — « Annales de l'Est » l. c., p. 569.

[37]) « Annales de l'Est », l. c., p. 570.

Parmi les 91 volumes que le Chapitre de la cathédrale, le « Grand Chapitre », comptait dans sa bibliothèque en 1372, parmi de nombreux ouvrages patristiques, on remarquait la « Vie des Saints » [36]).

Les Frères Ermites de Saint-Augustin, établis au Faubourg Blanc en 1379, faisaient traduire en latin par leur savant « lecteur » Jean de Schaftolzheim les traités mystiques de Rulman Merswin.

La Chartreuse, fondée en 1340 hors des portes de Strasbourg, occupait ses religieux à la copie de livres utiles : leurs cellules virent ainsi donner le jour à toute une collection de sermons, de Vies de Saints, de traités mystiques, entre autres à l' « *Horologium Sapientiae* » *de Suso*.

Les Dominicains, dès le temps des grands docteurs et prédicateurs, Eckhart, Tauler et Suso, avaient à leur disposition une riche collection de livres: le Prieur Pierre de Gengenbach en avait, à lui seul, recueilli plus de cent.

Un manuscrit du couvent des Dominicaines de Saint-Nicolas-aux-Ondes (celui où mourut Tauler), aujourd'hui à la Bibliothèque de Paris (*« Ms. allem. n. 222 »*), renferme quelques sermons mystiques anonymes et plusieurs traités de Suso [39]).

Les Dominicaines du couvent de Saint-Marc avaient une « *Legenda Sancti Dominici* », écrite sur parchemin du XIVe siècle.

Celles du couvent de Sainte-Madeleine avaient un recueil de légendes, de contes, d'anecdotes à tendance morale, et une traduction des « *Vitae Patrum* » en un même volume in-folio; Grieshaber, de Rastatt, l'acheta chez un bouquiniste de Strasbourg, et Fr. Pfeiffer en a publié un extrait sous le titre de « *Predigtmärlein* » dans la « *Germania* » en 1858.

Mais la plus riche bibliothèque en ouvrages ascétiques était celle des Johannites mêmes à l'Ile Verte.

Primitivement, elle aurait renfermé, affirme Schmidt [40]):

— le traité « *De Adventu Christi* », du Dominicain Nicolas de Strasbourg (1326), et

— deux exemplaires de l' *A B C* spirituel enseigné au « Maître », tous deux conservés dans le « *Cod. B 135* », in-4º, et le « *Cod. B 146* », in-12, de la Bibliothèque de Strasbourg.

---

[36]) « Annales de l'Est », l. c., p. 544.

[39]) « Annales de l'Est », l. c., p. 558—564.

[40]) « *Tauler* », Hamburg, 1841, p. 6; 82, rem. 1,

Il est à noter que, dans ces deux exemplaires de l' *A B C* spirituel, il n'est nullement question d'un « secret ami de Merswin », de l' « Ami de Dieu de l'Oberland ».

Tous deux ils commencent ainsi : « *Dise ober zile lerte ein gnoden-richer bewerter gottes frunt, ein leige, einen hohen meister der heiligen geschrifft.* »

Le goût des études théologiques, l'attrait pour la mystique permirent à cette bibliothèque de s'accroître d'année en année par des achats, des dons, des copies faites dans la maison même.

Dès 1386, le premier Commandeur Henri de Wolfach obtint quelques manuscrits de la Commanderie de Saint-Jean à Fribourg. Un acte de vente en date du 27 mai 1386, conservé aux Archives du Bas-Rhin [41]) et confirmé par le Maître de l'Ordre en Allemagne, Conrad de Brunsberg, dans le Chapitre tenu la même année à Heimbach, signale, entre autres, comme composant ce premier fonds : — des sermons du moine cistercien Soccus, — le traité « *De profectu vitae religiosae* » du Franciscain David d'Augsbourg, — un traité « *De profectu cordis* », les « *Sermones rusticani* » du Frère Berthold de Ratisbonne, les sermons de Jacques de Voragine et le livre « *De patriarchis* » de Richard de Saint-Victor.

En 1395, le « Grüne Wörth » achetait, du couvent de Baumgarten, huit volumes en parchemin, parmi lesquels les ouvrages du Pseudo Denys.

En 1746, le commandeur Jean-Baptiste Kentzinger chargea deux savants de dresser les Catalogues de la Bibliothèque de Saint-Jean.

Nicolas Weislinger, curé de Kappel-Rodeck (Bade), fit celui des imprimés.

Jean-Jacques Witter, professeur de philosophie à l'Université Protestante, fit celui des manuscrits : en tout, 899 volumes, dont 164 sur vélin [42]).

Neuf manuscrits du XIVᵉ siècle sont datés : entre autres,

— une « *Thomae Aquinatis summe pars ultima* », « *scripta 1312* » ;

—- le traité de « *Johannes de Tambaco, de consolatione theologiae* », 1366.

Malheureusement, à côté de manuscrits de Saint Bernard, du Bien-heureux Albert le Grand, de Suso, Tauler, Eckhart, Ruysbroek, une quan-

---

[41]) Cf. « *Strassb. Urk.-B.* », VII, 647.

[42]) « *Catalogus Codicum Manuscriptorum in Bibliotheca S. Ord. Hierosolymitani Argentorati asservatorum confectus a Joh. Jacobo Wittero* », Argentorati, 1746.

tité de traités mystiques sont indiqués sans mention ni de date ni d'origine, mêlés à quelques vieux poèmes allemands, tels que le roman de « Wolfdietrich », les « Aventures de Morolf », la « Guerre de Troie » par Conrad de Wurtzbourg, une « *Mere von der Minne* », attribuée à Gotfried de Strasbourg, le « *Liber Apum* », de Thomas de Cantimpré [42]).

Plusieurs de ces traités anonymes, analogues au « Livre des deux Hommes », purent servir d'originaux à Merswin. K. Rieder [43]) signale les principaux avec leurs rubriques dans le « Catalogue » de Witter :

A 92, 2 : « *Hübesche rede von zwein weltlichen gesellen, wie die zü gotte gezogen wurdent* ». (Original peut-être du « Traité des deux jeunes gens de quinze ans ». La rubrique du « Grand Mémorial ajoute à ce titre : « L'un, fils d'un noble chevalier, l'autre, fils d'un riche négociant. Ce dernier a été, avec Rulman Merswin, le fondateur et l'ami de notre maison de l'Ile Verte. » — C'est le récit de la jeunesse de l'Ami de Dieu et des premiers incidents de sa conversion, suivie, quatorze ans plus tard, de celle du chevalier, son ami d'enfance (1326-1358), de sa quatorzième année à la sixième année après la conversion du chevalier) [44]).

B 84, 4 : « *Tractatus quidam mystici* », « *Germanice* ».

B 134, 2 : « *Die Lehre des meisters* ».

B 134, 4 : « *Lere, die ein gut frunt dem andern geschriben* ».

C 18, 15 : « *Visio cuiusdam Heremitae continens in se altercationem corporis et animae* », « *carminice* ».

D 110 : « *Ioh. Rueschenbroech Ornatus spiritualis desponsationis* », « *ex teutonico translatus a Gerhardo Magno de Daventria* », ch. 4.

D'après cette longue énumération, dont il est impossible de déduire un argument absolument probant, vu l'incertitude des dates auxquelles remontent ces nombreux manuscrits des anciennes bibliothèques conventuelles, — capitulaires, — ou même particulières à Strasbourg, et vu l'ignorance où nous sommes de l'usage que Merswin put en faire, nous pouvons cependant déduire que la mode était partout, à Strasbourg, au XIVᵉ siècle, aux légendes pieuses, aux Vies de Saints, aux traités ascétiques, aux romans pieux. On dirait que la piété de ces âges de foi, moins

---

[42]) Cf. « Revue d'Alsace », l. c., 1877, p. 15—21.

[43]) l. c., 257—258.

[44]) Publié par Ch. Schmidt, « N. v. B. », 79—101.

tâtillonne que la piété des âges qui suivirent, se souciait fort peu des chartes d'authenticité nécessaires pour accréditer à nos yeux les récits merveilleux près desquels on cherchait alors avant tout l'édification, le profit spirituel et l'élévation mystique, au contact le plus étroit possible avec le surnaturel.

« Légende Dorée », « Légende de Saint Dominique », « *Liber Apum* » de Thomas de Cantimpré, sermons de Jacques de Voragine, histoires de Vincent de Beauvais, trouvent également crédit auprès des chanoines cultivés de Saint-Thomas, dont plusieurs sont Maîtres en Sorbonne, auprès des religieuses lettrées du Tiers Ordre de la Pénitence, auprès des Chevaliers de Saint-Jean.

Merswin, dont la femme même, Gertrude de Bietenheim, possédait en bien propre un de ces écrits ascétiques anonymes, dut sacrifier au goût du temps et se nourrir l'esprit de toute cette littérature mystique, que sa condition de fortune et ses relations en tant qu'argentier de l'évêque lui mettaient facilement à la portée de la main.

L'usage d'une bibliothèque sans doute n'était réservée qu'aux seuls frères du couvent ou aux chanoines du Chapitre auquel elle appartenait. Mais les Chanoines de Saint-Thomas, par exemple, jouissaient du privilège d'emporter les volumes de leurs « *repositoria* »; Saint-Thomas confiait son exemplaire de la « Légende Dorée » au curé de l'église pour y prendre la matière de ses sermons pour les fêtes des Saints. Il n'était pas rare non plus qu'un couvent prêtât un livre à un autre : chez les Dominicains, « *librarius* », « lecteur » et Prieur avaient chacun une clef pour ouvrir les cadenas des chaînes fixant les livres à leurs rayons.

Merswin, dont la famille entière fut honorée du privilège de l'indulgence plénière « *in articulo mortis* » par une insigne faveur du pape Clément VI [16]), devait facilement se voir ouvrir toutes les portes pour un travail de documentation parmi les bibliothèques existantes.

Comme nous l'avons pu procéder avec les traités d'Eckhart et de ses disciples, avec la doctrine de Tauler, avec ses propres écrits, pour composer les sermons du Maître de la Sainte-Ecriture, il a pu emprunter le thème même de la « Conversion du Maître », aussi bien que le thème de la plupart de ses traités ascétiques, à des traités anonymes qui lui furent fournis par quelqu'une des bibliothèques de sa ville natale.

---

[16]) Cf. W. Kothe, l. c., « *Anhang* ». p. 125—126. D'après les « *Reg. Vatic. Clem. VI* ». fol., *cod. 194*, fol. 321.

Les deux exemplaires de l'*A B C* spirituel, *Cod. B 138* et *Cod. B 146*, le *Cod. B 134* du « Catalogue » de Witter, « *Die lehre des meisters* », et le *Cod. B 84, 4*: « *Tractatus quidam mystici, germanice* », paraissent plus particulièrement désignés comme ayant pu lui servir de sources probables pour la composition du « Livre du Maître ».

Tous ces traités anonymes eux-mêmes, d'où provenaient-ils?

Pour répondre avec assez de probabilité à cette question, il faudrait que les rayons de nos grandes bibliothèques et leurs catalogues cessassent un jour de porter leurs rubriques par trop générales : « *Ascetica* », « *Mystica* », et qu'il leur fût substitué une subdivision systématique, si ce n'est par noms d'auteurs ou par dates chronologiques, du moins par contrées ou par écoles d'origine. C'est ce qu'Ad. Becker a entrepris en 1914, par exemple, avec son Catalogue des « Manuscrits germaniques » de la Bibliothèque de l'Université de Strasbourg [47]).

Nous avons remarqué plusieurs fois les rapports que présentent les écrits de Merswin avec les ouvrages de Ruysbroek. K. Rieder a encore relevé la grande ressemblance qu'il y a entre le « Livre des neuf Roches », entre le sermon du « Meisterbuch » par conséquent sur les vices de la chrétienté, et le chapitre de Ruysbroek : « *Collatio praelatorum ecclesiae istorum temporum cum illis, qui primitivae ecclesiae praefuerunt* » [48]).

L'hypothèse de Rieder, que les traités anonymes de l'Ile Verte aient été apportés des Pays-Bas, n'offre rien d'impossible ni d'invraisemblable. Le Prieur de Groenendael était en relations avec le cercle mystique de Strasbourg, il lui envoyait ses traités ascétiques, son « Livre des Noces spirituelles » en particulier. Des relations assez étroites existaient très certainement entre le Brabant, les Pays-Bas et les contrées du Rhin inférieur et l'Alsace elle-même.

Tous les traités anonymes en question peuvent avoir soit Cologne soit les Pays-Bas pour patrie première d'origine. Il est certain que les foyers principaux du mysticisme dans le Brabant comme dans la capitale rhénane des archevêques-électeurs furent de bonne heure, dès le XIIIe siècle, enveloppés d'un épais réseau de légendes d'ordre surnaturel et merveilleux. D'un côté, c'étaient Thomas de Cantimpré, Vincent de Beauvais

---

⁴⁷) « *Katalog der Kaiserlichen Universitäts- und Landesbibliothek zu Strassburg* », Strassburg, K. Trübner, 114 p.

⁴⁸) Cf. « *Rusbrochii Opera* », Coloniae, 479, ss.

et Jacques de Voragine qui s'étaient insinués petit à petit. De l'autre, c'était un fils de Cologne même, César de Heisterbach (1180-1275 environ), le pèlerin de Rocamadour, le biographe de sainte Elisabeth de Thuringe et du saint archevêque de Cologne Engelbert, l'auteur du « Dialogue des Miracles » (« *Dialogus Miraculorum* »), dont les « Merveilleuses et mémorables Histoires » [49]) se répandirent avec une rapidité inouïe dès qu'elles furent écrites, une vingtaine d'années après sa conversion et son entrée au monastère cistercien du Val-St-Pierre (1220). Devenu Prieur de Heisterbach, il devait acquérir une influence extraordinaire par l'enthousiasme qu'il susciterait avec ces récits merveilleux où, sous forme d'un dialogue entre un novice curieux de surnaturel et un moine qui lui raconte quantité de faits miraculeux, de visions, d'extases, d'interventions diaboliques et célestes, la vie mystique, ses aspirations et ses conceptions très particulières au XIIe et au XIIIe siècle, se déroulent, concrètes, sous nos yeux, derrière le voile de la fiction poétique, dans son cadre de couvents cisterciens de Himmerode, Heisterbach, Hoven, Walberberg. Les 12 livres ou « distinctions » qui formaient l'ensemble de ce livre, tous ces récits de « visions merveilleuses » (« *De diversis visionibus* », liv. 8, I-XCVII), ces « légendes mariales » (« *de Sancta Maria* », l. 7), ces « conversions extraordinaires » (« *De Conversione* », l. 1, I-XLII) faisaient le ravissement des chrétiens de cette époque, avides de merveilleux, et le bonheur des nombreux couvents de Cologne et de l'archidiocèse. Lus au réfectoire, ils poursuivaient les esprits dans la quiétude silencieuse et méditative des cellules. Bien vite ils marquèrent leur empreinte profonde dans la mentalité des milieux mystiques de cette vallée du Rhin qui avait été de tout temps le sol propice de prédilection pour l'éclosion des légendes de tout ordre. Nul recueil de « nouvelles pieuses » ne connut jamais pareil succès [50]).

---

[49]) Cf. Alexander Kaufmann, « *Wunderbare und Denkwürdige Geschichten aus den Werken des Cäsarius von Heisterbach ausgewählt, übersetzt und erläutert* », dans « Annalen des Historischen Vereins für den Niederrhein, insbesondere die alte Erzdiöcese Köln », 1888, 47. Heft, Köln, XIII—228 p.

[50]) Dans sa Biographie de César de Heisterbach (qui précédait celle du Hollandais Wessel-Gansfort dans son édition des Oeuvres de ce dernier, « *M. Wesseli Gansforti Opera* », 1614) Albert Hardenberg écrivait un peu malicieusement : « *Habet ordo Cisterciensis librum Dialogorum Caesarii valde ineptum qui in coenobiis ejusdem ordinis solebat ad mensam legi, nam novitas delectabat monachos parum peritos. Ad illum semper auscultabat Wesselus et subinde suave ridebat. Rogatus causam dicebat: Rideo crassa mendacia.* » Cf. Alex. Kaufmann, l. c., p. 1, not. 1.

Groenendael ou Cologne, patrie des béguinages ou cité sainte « aux cent clochers », l'une et l'autre peuvent très bien, à défaut de Strasbourg, la ville mystique par excellence, avoir donné le jour à cet ensemble de récits légendaires dont l'Ile Verte devint la terre d'adoption au XIVe siècle, et parmi lesquels le « Meisterbuch » est peut-être le plus typique et le plus considérable, à en juger par l'influence qu'il a exercée, capable de duper cinq siècles d'une crédulité trop grande. Il nous est impossible toutefois de pousser plus avant nos investigations.

Quoi qu'il en soit de l'origine première des traités où puisa Merswin pour la rédaction du « Meisterbuch », il nous suffit de retenir que ce fut de sa part un travail de compilation incontestable, par lequel il assembla des documents mystiques de provenance diverse et dont il fit un roman pieux devant servir, comme ses autres traités mystiques, à l'édification et au progrès spirituel des Frères de l'Ile Verte.

Disons un mot, pour finir, sur les tendances auxquelles il obéit en composant ce traité.

§ 3.

Tendances du « Meisterbuch ».

Le « Meisterbuch » est un écrit tendancieux.

Denifle, sévère à l'excès dans son jugement sur l'histoire de l'Ami de Dieu, l'a qualifiée d' « imposture » et de « mensonge intéressé » de la part de Merswin [51]).

Il refuse donc à Merswin tout caractère moral.

Merswin, qui s'est dérobé « avec une astuce remarquable » derrière ce personnage de son invention, « le grand Ami de Dieu », chef mystérieux des « amis de Dieu », qui sont « les colonnes de l'Eglise », n'a été qu'un égoïste, un ambitieux, désireux de faire prévaloir ses idées, d'étendre son autorité sur les Johannites, sur le vicaire général de l'évêque,

---

[51]) Cf. « *Die Dichtungen Rulman Merswins* », § 5, « *Epilog* », (« Ztsch. f. d. Alt. u. d. Lit. », 1881, p. 116: « *Ich habe Merswin... als Menschen zu günstig beurteilt. Der Nimbus, in dem man ihn eingehüllt, ist ja geschwunden. Merswin hat seine ganze Umgebung betrogen und zum besten gehabt. Damit ist alles gesagt* ».

Jean de Schaftolzheim **). Il n'a été qu'un « cagot » (« *ein Betbruder* »), volontaire, agité, exalté (« *ein Gemisch von Unruhe, Eigensinn und Ueberspannung, Factoren, die so häufig den Charakter sogenannter Betbrüder ausmachen* »), aveuglé par le sentiment de sa justice propre, ne voyant partout que « brebis galeuses » autour de lui (« *alle um ihn herum sind räudige Schafe* ») et s'attribuant la mission divine de corriger l'Eglise de ses vices « réels ou imaginaires ».

Il eût continué longtemps ses fourberies (« *diesen Schwindel* »), si l'âge et la maladie ne lui avaient fait détruire sa fiction. Mais, préalablement, « dans son extravagance », il s'est fait prescrire par l'Ami de Dieu une vie de reclus mitigée. Et alors il fait une belle fin à l'Ami de Dieu de l'Oberland, holocauste volontaire pour les vices de la chrétienté, dont il retarde le châtiment en se constituant le « captif du Seigneur ». Il a lui-même pris congé de lui, fait mourir à temps son messager secret et tenu ses livres cachés « pour les soustraire à tout contrôle ».

Après sa mort seulement, les Johannites découvriront ces livres, mais ils ne verront jamais apparaître l'Ami de Dieu de l'Oberland, dont Merswin leur avait fait espérer la visite comme possible pour toute consolation ⁵³).

Merswin, l'auteur de toute cette littérature mystique et romanesque de l'Ile Verte, n'est qu'un faussaire, indigne de la moindre estime, un plagiaire qui a déguisé son écriture et sa langue pour mieux tromper les Frères de St-Jean et tous ses lecteurs présents et à venir, pendant cinq siècles.

Dans le « Meisterbuch », il a voulu d'abord fustiger le pharisaïsme des prédicateurs de son temps : clercs très instruits, maîtres parfois de la Sainte-Ecriture, aux distinctions nombreuses et subtiles, aux paroles redondantes, farcies de citations latines; mais plus nuisibles qu'utiles à leurs ouailles, parce qu'ils n'avaient pas le courage de mettre leur conduite en conformité avec leur haute science : aussi fallait-il se méfier de tous leurs beaux discours, systématiques et scolastiques, dans le genre du sermon aux vingt-quatre articles, lequel sert d'exemple au début du

---

⁵²) Cf. ‹ Taulers Bekehrung kritisch . . . ›, p. 134: « . . . *er will herrschen und seinen Ideen bei den andern Eingang verschaffen.* ›

⁵³) « *Die Dichtungen Rulman Merswins* », l. c., p. 118.

Livre, et auquel se relient les cinq autres transcrits par l'Ami de Dieu après la conversion du « Maître ». Ces prédicateurs, si fiers de leur savoir purement humain (« *vernunftige sinneliche meisterschaft* »), mais qui n'aiment pas Dieu à la vérité (« *in dem buochstaben minnende und meinende* »), que l'esprit ne vivifie point, mais que la lettre tue, uniquement épris d'eux-mêmes et soucieux de plaire aux hommes, sont responsables, dans la chaire comme au confessionnal, de toutes les fautes de leurs contemporains : car ils ont toute indulgence pour le mal.

Telle est bien, en effet, la démonstration, en particulier, des deux sermons contre les vices de la chrétienté. Et c'est encore le sens du réquisitoire de Merswin contre la corruption de l'Eglise dans le « Livre des Neuf Roches », dans l' « Epître à la Chrétienté » et dans le « Livre des deux Hommes ».

En face du pharisaïsme des prédicateurs de son temps, Merswin voulait encore, par l'ensemble du récit de la Conversion du « Maître », exalter la supériorité des laïques ignorants, mais illuminés par la grâce d'En-Haut, dont ils vivent. Ni parmi les frères de son couvent, ni ailleurs autour de lui, il n'y a quelqu'un qui soit à même d'éclairer cet illustre « maître », réputé pour sa science et son éloquence à trente lieues à la ronde. Un seul homme en est capable, un laïque, qui n'a pas fréquenté les écoles des savants, qui n'a pas la science de l'Ecriture, mais qui a toujours appris à l'école du St-Esprit. Par sa bouche, comme jadis par la bouche de Caïphe, par celle de Catherine d'Alexandrie, le St-Esprit parlera, et il convertira ce docteur infatué de lui-même.

Les rôles sont intervertis : le laïque devient le Maître, et le Maître son disciple. Et le docteur est devenu semblable à un écolier : il lui faut apprendre l'*A B C* spirituel que lui remet l'Ami de Dieu. Quand, après deux ans de retraite, il aura commencé à se convertir lui-même, non, il est vrai, sans devoir recourir maintes fois à l'avis du pieux laïque, alors seulement, à l'âge de 50 à 52 ans, il pourra songer à convertir les autres, parce qu'il aura déposé tout son orgueil pharisaïque ; et un seul de ses sermons désormais vaudra mieux que cent avant sa conversion. Le sermon sur l'Epoux mystique de l'âme jette, en effet, tous ses Frères dans l'admiration : ils n'ont jamais entendu doctrine aussi divine. L'effet de ce discours est tel que 40 de ses auditeurs sont ravis en extase avant qu'il ait pris fin ; sa parole est si prenante qu'un assistant le prie de ne pas insister, car l'impression est telle que mort pourrait s'en suivre !

Pas plus que Jundt [54]), Strauch [55]) et Kothe [56]), je ne crois pouvoir partager la critique excessive de Denifle.

Merswin, pour autant que son caractère nous est révélé par ses écrits et par les recueils des Chartes de la Ville de Strasbourg où il est fréquemment nommé, lui et plusieurs membres de sa famille, ne nous apparaît pas sous un jour aussi noir, ni ses intentions et ses tendances comme aussi déloyales et perfides.

Nous ne devons pas juger le XIVe siècle et ses œuvres ni ses hommes d'après nos mœurs actuelles et les exigences de nos habitudes littéraires.

Il n'est d'abord pas possible de discerner exactement et dans le détail quelles furent les intentions précises de Merswin dans chacune des propositions qu'il émit au cours de ses œuvres. Pour cela, il faudrait connaître tous les détails des événements qui se déroulèrent de son vivant dans la maison de St-Jean de Strasbourg. Car c'est surtout pour les Johannites qu'il écrivait. Et nous ne pouvons pas reconstituer complètement le portrait de Merswin, ni pénétrer chacune de ses intentions cinq siècles après lui, puisque, somme toute, tel ou tel de ses écrits, même le « Livre du Maître », peut abriter, à la rigueur, derrière la fiction littéraire, le récit poétisé et dramatisé d'un fait authentique qui se sera produit nous ne savons plus pour qui ni où ni quand ni comment, et dont le thème général aura pu, sur les aides de la légende, avec ses multiples porte-voix dans ces siècles crédules, parvenir jusqu'aux oreilles de Merswin.

Pour apprécier de façon adéquate le caractère et les intentions de Merswin, il nous faut, avant tout, ne pas perdre de vue le tableau authentique des mœurs, de la mentalité de Strasbourg à cette époque, et en particulier du « Grüne Wörth » et de ses cénobites. C'est ce que W. Kothe surtout a su reconstituer à la lumière des seuls documents historiques dont se composent les Recueils de Chartes de la Ville de Strasbourg. L'âme de Merswin, ses rêves et ses intentions nous y apparaissent absolument autres que d'après le réquisitoire plutôt violent de Denifle.

---

[54]) « *Rulman Merswin et l'ami de Dieu de l'Oberland* », Paris, 1890, p. 89—93.

[55]) « *Rulman Merswin und die Gottesfreunde* » (art. « RE. f. p. T. u. K. »), 1905, p. 223.

[56]) « *Kirchliche Zustände Strassburgs im 14. Jahrhundert* ». Freib. i. Br., 1902, 84—90, 102—107.

On conviendra que la fiction de cet idéal du conducteur d'âmes vers les sommets de la perfection, dans le personnage imaginaire d'un ami de Dieu de l'Oberland élevé au-dessus de tous les autres amis de Dieu par sa sainteté personnelle, présente tout au moins, en soi, un caractère assez original dans le domaine de la littérature pieuse et romanesque.

Qu'il y ait eu feinte, c'est certain; mauvaise intention, nullement; imposture et mensonge, absolument parlant, sans aucun doute, mais selon les manières de voir du Moyen âge et du milieu, beaucoup moins sûrement.

W. Kothe a bien mis en relief l' « astuce » réelle du financier Merswin [57]).

Emule des Zorn, Zorn-Lappe, Zoin de Bulach, les principaux patrons de St-Thomas et de St-Pierre-le-Jeune; émule des Mullenheim, restaurateurs et patrons de l'ancienne abbaye de Prémontrés de la Toussaint, le banquier Rulman Merswin montra une extrême habileté, dès 1367-1368, pour se faire céder à bon compte par les Bénédictins d'Altdorf le couvent délabré du « Grüne Wörth » et les terrains adjacents, prés, jardins et maisons, jusqu'au couvent de Ste-Marguerite.

Son frère, Jean Merswin, qui lui succéda dans sa banque, et fut aussi principal argentier de l'évêque et plus tard un des trois administrateurs laïques de St-Jean, lui fut d'un précieux secours dans cette affaire; car il semble n'avoir nullement négligé alors sa créance auprès de l'évêque Jean III de Ligny (1366-1371), débiteur envers lui pour la modique somme de 1356 livres, 14 schillings et 4 pfennigs [58]) !

Ce n'est pas une raison suffisante pour suspecter les intentions de Merswin.

Son habileté incontestable dans cette affaire ruine définitivement l'hypothèse « psychologique » d'un phénomène de double personnalité invoquée par Jundt. Elle ruine davantage encore l'opinion traditionnelle maintenue par Preger. Elle autorise, si l'on veut, le reproche d' « astuce inimaginable » dont le P. Denifle a chargé la mémoire du subtil banquier strasbourgeois.

Et cependant Merswin ne fut-il pas lui-même le premier dupe d'une tentation très forte, qui s'est rencontrée à toutes les époques, celle

---

[57]) l. c., 85—88.
[58]) cf. « *Strassburger Urkundenbuch* », VII, 1254; cf. V, 1308, 745. 787.

d'exercer, dans une période de décadance, une influence simplement religieuse, philosophique ou morale? Il a pu sacrifier, en vérité, l'honnêteté des moyens à l'importance de la fin poursuivie. Peu scrupuleux dans le choix de ses moyens, son habileté d'homme d'affaires et de finance a pu l'aveugler même au point de le rendre imprudent et maladroit. Car enfin il commet les plus vulgaires maladresses, tout à fait capables de le trahir, dans la composition de son roman, où, négligeant de se relire, alors qu'il n'eût eu, pour cela, tout simplement qu'à ouvrir son tiroir, il ne reste pas même identique à lui-même.

Il choisit, à bonne portée d'information des Johannites, dans l'Ile Verte même, le copiste dont il veut faire passer un jour l'écriture pour celle de l'Ami de Dieu.

Il admet, dans l'ermitage de l'Ami de Dieu, trois subordonnés du Provincial Conrad de Brunsberg. Il lui fait délivrer une bulle consistoriale par Grégoire XI, sans se douter qu'il donnait de la sorte aux Frères de l'Ile Verte un moyen infaillible de découvrir sa fraude, s'ils l'avaient simplement crue possible.

S'il avait été tellement avide de domination, plutôt que d'acheter, réparer et doter de ses deniers un vieux monastère pour servir de refuge à tous ceux qui désireraient fuir le monde; plutôt que de soumettre à son ambition quatre prêtres, un jeune homme, son ancien commis-secrétaire, et quelques pensionnaires : il n'avait, lui, homme jeune encore et riche, qu'à imiter ses parents : Jean Merswin, devenu burgrave (intendant) de l'évêque; Nicolas Merswin, quatre fois « *stettmeister* », de 1398 à 1418; et le fils de ce dernier, un autre Jean Merswin, sénateur en 1446 et « *stettmeister* » en 1450. L'accès des fonctions réservées aux ministériaux de l'évêque, l'accès des Conseils et des charges de la Ville lui étaient ouverts.

Caractère en réalité maladif, inconstant, sentimental et éminemment religieux, sans se départir de son habileté d'homme de finance, il a voulu se lancer à corps perdu dans le courant mystique qu'il sentait comme invinciblement l'emporter. Et il a cherché à y jouer un rôle, par des offrandes matérielles, par la parole et par la plume.

Trop peu instruit dans la doctrine officielle de l'Eglise et sans grande culture théologique ou même simplement littéraire, esprit d'ailleurs plutôt superficiel, comme sont généralement ce qu'on appelle les « brasseurs d'affaires », il fréquenta les sermons, il put lire passablement.

Et la pensée d'autrui servit à alimenter ses propres réflexions, par elles-mêmes assez monotones et sans portée générale.

Ayant subi lui-même sa crise religieuse vers l'âge de 40 ans, il se mit à écrire, à l'aide de documents à la portée de sa main, des récits de conversions, des anecdotes spirituelles édifiantes, toute une série de « nouvelles religieuses » et de « romans pieux », calqués sur les modèles qu'il avait lus dans tel ou tel recueil de « Légendes » spirituelles parvenu entre ses mains, et contrôlés peut-être par ses propres expériences surnaturelles. Ce seraient pour lui autant de moyens d'exercer un apostolat légitime et fécond.

L'état de décadence relatif de la société chrétienne au XIV⁰ siècle lui servit de stimulant. Et c'est là le seul fonds historique certain que l'on puisse reconnaître à l'Histoire de « la Conversion du Maître de la Sainte-Ecriture ».

Rencontra-t-il lui-même réellement un jour un « grand docteur » avec lequel il tint une conversation dans le genre de celle du « Livre » ? C'est possible. Mais cette possibilité, qui serait encore une pure conjec-ture — ce que Quétif et Echard appelaient une « parabole », pouvant même provenir de Tauler [59]) —, ne prouverait nullement l'authenticité du récit.

Ce qui est certain, c'est l'état de décomposition qui allait de jour en jour en s'aggravant au sein de la société chrétienne au XIV⁰ siècle, ce sont les scandales de plus en plus fréquents dans les rangs mêmes du clergé. Nul ne peut révoquer en doute les attestations, par exemple, des Actes synodaux de Strasbourg, recueillis déjà par Martène [60]), complétés par Sdralek [61]), et dont Alvaro Pelayo s'est fait l'écho dans son « De Planctu Ecclesiae » (Venetiis, 1560).

Cet état de démoralisation plus ou moins généralisé, qu'attestent, mais sans les excès ni les exagérations qu'on a prétendu y trouver, les

---

[59]) l. c., p. 678 : « in tota illa historia laici præceptoris quiddam suboleo para-bolicum nec ad litteram accipiendum, praecipue si ejus auctor est, ut quidam volunt, ipse Taulerus. »

[60]) « De antiqua Ecclesiae disciplina », 4 in-fol., Antverpiae, 1736, t. IV, p. 529, ss. — Bénédictin de la célèbre Congrégation de St-Maur (1654—1739), Martène avait parcouru, non seulement la France, mais encore l'Italie, l'Espagne, l'Angleterre et l'Allemagne, mettant surtout son application à dépouiller les plus anciens auteurs ascétiques. — Cf. Hurter, « Nomenclator Literarius », l. c., II, 1109—1111.

[61]) « Die Strassburger Diözesansynoden », Fr.-i. Br., 1894.

Chartes de la Ville de Strasbourg également [62]), pouvaient bien être de nature à émouvoir les esprits capables d'un peu de réflexion et déterminer les laïques un peu influents à tenter d'élever leur voix pour tâcher de collaborer à la réforme des mœurs existantes.

Les cerveaux s'échauffaient d'autant plus, en ces contrées, que les populations y gémissaient alors sous le coup de fléaux plus grands et répétés : excommunication, interdit, famine, inondations, épidémies, « Mort Noire », tremblements de terre [63]). Et l'émotion, de moins en moins contenue, s'extériorisait en des manifestations violentes, extraordinaires, regrettables ou tout au moins étranges : massacres des Juifs, pèlerinages des Flagellants, Danses des Morts [64]).

C'est dans cette atmosphère générale que naquit la création romanesque de Merswin : cet Ami de Dieu de l'Oberland, idéal de l'âme parvenue, par le renoncement absolu à toutes les choses d'ici-bas, jusqu'à l'union directe, immédiate, avec Deu ; laïque sans lettres et· sans culture, mais rempli de la grâce de Dieu, lui seul, il pourrait convertir les âmes sincères, laïques ou ecclésiastiques, qui le prendraient pour guide et en faire d'autres « amis de Dieu ».

La situation politique de Strasbourg vers le milieu du XIVᵉ siècle avait enhardi Merswin à concevoir le plan et l'exécution de la mission qu'il s'imposait.

La Ville venait, en effet, de faire sa Révolution et de se donner une constitution nouvelle, reconnaissant aux individus le droit de revendiquer le respect de leurs propres consciences. Et le clergé de Strasbourg, les Dominicains en particulier les premiers, avaient habilement développé ce sens de la conscience individuelle parmi les fidèles, en mettant à la portée des classes de la société qui y étaient accessibles les leçons de la mystique chrétienne [65]).

-----

[62]) « *Strassb. Urk.-B.* », V, N. 451, 580, 863, 962, 999, 1340, 1413.

[63]) Cf. « *Basel im 14. Jahrhundert* », « *Geschichtliche Darstellungen zur 5. Säcularfeier des Erdbebens am St Lucastage 1356* ». (Herausgegeben von der « Basler Historischen Gesellschaft »), Basel, 1856. — « *Der grosze Sterbent mit seinen Judenverfolgungen und Geiszlern* » von Dr Theodor Merian, ib., p. 149—211.

[64]) « *Der Todtentanz* » von Wilh. Wackernagel, ib., p. 375—425.

[65]) Cf. Rodolphe Reuss, « *Histoire de Strasbourg depuis ses origines jusqu'à nos jours* », Paris (Fischbacher), 1922. Liv. 1ᵉʳ, ch. VI, VII et VIII, « Strasbourg sous la domination du patriciat. — Les premières émeutes populaires et la réforme de la Constitution. — La Peste noire, le massacre des Juifs et la révolution de 1349 », p. 43—64.

L'enthousiaste Merswin se mit donc en tête de gravir lui-même ces roches, ces échelons et ces degrés qui, d'après l'enseignement mystique transmis jusqu'à lui, mènent l'âme à l'union immédiate avec Dieu. Et, dans son ardeur de prosélyte, il s'enhardit à conseiller aux âmes qui voudraient l'imiter et échapper à la corruption toujours de plus en plus envahissante, de se placer sous la direction du guide expérimenté qui l'avait dirigé lui-même, l'Ami secret de Dieu de l'Oberland.

L' « Ami de Dieu » sera donc l'idéal pour tous, et dans sa pensée il devra agir sur tous les milieux : pape, évêques, chanoines, simples prêtres, religieux. « Maîtres de la Sainte-Ecriture », « lecteurs », gens du monde, tous devront se plier à sa direction, parce qu'il est éclairé des lumières de l'Esprit-Saint.

Le « Meisterbuch », dans ce sens, peut être appelé un écrit de « tendance ».

Ce n'est pas la science, ce ne sont pas les prédicateurs ni les confesseurs qui peuvent mener à la perfection ; mais l'entière soumission d'esprit et de cœur à un Ami de Dieu, qu'il soit prêtre ou laïque, peu importe, pourvu qu'il ait expérimenté lui-même les voies de la perfection. Que les docteurs infatués d'eux-mêmes et fiers de leur science humaine, serait-ce de la science des Saintes-Ecritures, commencent donc par se réformer eux-mêmes ; après mûres réflexions, qu'ils prennent conseil et se mettent à l'école de l'humilité, de l'ignorance et du renoncement. Il est des laïques craignant Dieu et le servant qui les dépassent de beaucoup aux yeux du Très-Haut, malgré toute leur science et leurs titres.

Le Livre est destiné aux Johannites, prêtres ou laïques. C'est une leçon de modestie qui leur est donnée ; et ils pourront en faire bénéficier les prêtres et religieux de leur connaissance. Ce roman a été dicté par une intention très droite. Il ne me semble pas permis qu'on en puisse douter. Le moyen était moins pur : nous l'appellerions aujourd'hui malhonnête. Mais la mentalité d'alors était autre : et le goût, nous l'avons vu, était aux légendes pieuses et merveilleuses. Il ne vint même à l'esprit de personne de suspecter la bonne foi de Merswin.

Souvenons-nous que c'était alors le siècle crédule par excellence, partout à la recherche, par exemple, des Reliques de Saints plus ou moins authentiques, qui s'acquièrent — l'histoire a prouvé au milieu de quelles fraudes souvent ! — à grand prix d'argent.

En 1346, si nous nous bornons à des exemples pris seulement dans les cercles mystiques qui nous intéressent, Henri de Nördlingen se rend de Bâle à Aix-la-Chapelle, à Cologne, à Burtscheid, pour rapporter à Marguerite Ebner, lorsqu'il retournera à Medingen, avec une insigne relique de sainte Agnès, des reliques des légionnaires de saint Géréon et des 11.000 Vierges compagnes de sainte Ursule [66]).

Plus tard, il entreprend un semblable voyage à Bamberg, au nom du diocèse de Bâle.

Religieux et religieuses n'étaient pas moins enthousiastes que le mystique souabe pour l'acquisition de ces précieux trésors. Les Dominicaines d'Unterlinden à Colmar en envoyaient à leurs Sœurs à Medingen [67]).

Plus sceptique, il est vrai, qu'Henri de Nördlingen sur l'authenticité de toutes ces reliques, la grande abbesse de Helfta, sainte Gertrude, avait cependant émis cette critique : « *Die würdigsten Reliquien auf Erden, so offenbarte ihr der Herr, sind meine Worte* » [68]).

N'oublions pas non plus que Merswin, d'accord en cela parfaitement avec la mentalité de ses contemporains, ne voyait dans les « Vies des Saints » ou les « Légendes » alors connues et partout répandues, que matière à édification. Ainsi, il ne voyait certainement rien à reprendre au récit, par exemple, des visions de sainte Elisabeth de Schœnau s'entretenant avec les 11.000 Vierges, qui lui racontent, sur sa demande, l'histoire de leur martyre et répondent aux objections historiques qu'elle hasarde contre leur récit [69]).

------

[66]) Cf. Ph. Strauch, « *Margaretha Ebner und Heinrich von Nördlingen* », l. c., p. XLVI, 71 ; XLVIII, 62 ; p. LIV.

[67]) ib., p. XL, 103.

[68]) ib., p. LXVI—LXVII ; — cf. Preger, « *Gesch. d. d. M.* », I, 129.

[69]) Sur la légende de *Ste-Ursule*, cf.: H. Crombach, « *Vita et martyrium. S. Ursulae et sociarum undecim millium virginum (S. Ursula vindicata)* », Köln, 1647 ; — « *Auctarium sive liber duodecim. S. Ursulae vindicatae* », Köln, 1669 ; — E. v. Winheim, « *Sacrarium Agrippinae* », p. 62 (ouvrages encore excellents) ; — O. Schade, « *Die Sage von der hl. Ursula u. den 11.000 Jungfrauen, Ein Beitrag zur Sagenforschung* », Hannover, 1854 (mythologique) ; — J.-H. Kessel. « S. *Ursula und ihre Gesellschaft* » ; (« Annalen des historischen Ver. f. den Niederrh. » Bd. 26—27, 116) ; — A.-G. Stein, « *Die hl. Ursula und ihre Gesellschaft* » (traditionnalistes) ; — H. Huntzer, « Monatsschr. f. d. Gesch. Westdeutschl. » Bd. 6, 1879, 47 ; — P. Jaerres, « Bonner Jahrb. », Bd. 87, 1889, 192, (critiques) ; — « *Ursule, princesse britannique, d'après la légende et les peintures d'Hemling, par un ami des lettres et des arts* », 1818 ; — F. Kellerhoven, « *La Légende de Ste Ursule et de ses 11.000 Vierges,*

On aurait tort de compter Merswin parmi les ancêtres lointaines de la Réforme, du fait qu'il a stimulé la tiédeur des ecclésiastiques par l'exemple d'une supériorité possible des laïques, dans la personne de l'Ami de Dieu de l'Oberland.

Malgré ses imprudences et son inexpérience de la doctrine, il n'a attaqué, en somme, aucun point du dogme ni de la morale, pas plus que la hiérarchie.

L'Ami de Dieu le premier proteste qu'il n'est pas dans l'ordre qu'un prêtre le prenne, lui, son « fils » spirituel, « pauvre pécheur » (« *armer sundiger sun* ») et son pénitent, pour père spirituel (« *geistlicher ratter* »). Il n'usurpe jamais non plus les fonctions sacerdotales. Denifle lui-même l'a reconnu, tout en protestant contre l'identification de Schmidt qui, établissant une distinction entre les Amis de Dieu orthodoxes et d'autres Amis de Dieu hérétiques, rangeait parmi ces derniers l'Ami de Dieu de l'Oberland, qu'il identifiait avec le Vaudois Nicolas de Bâle [70]).

Pas plus que le « Livre des deux Hommes », l' « Echelle spirituelle », l' « Escalier spirituel », le « Livre des neuf Roches » ou l' « Epître à la Chrétienté », le « Livre du Maître » ne doit nécessairement être considéré comme un livre hostile au sacerdoce en lui-même. Cette manière de voir, qui était encore celle du P. Denifle, me paraît répondre à la réalité. Tous ces livres, en définitive, ne s'en prenaient qu'aux défauts d'un certain nombre de représentants du clergé, et non au clergé dans son ensemble. Disons, si l'on veut, que, dans l'ardeur de son apostolat et dans la fougue de son tempérament impulsif et nullement pondéré, Merswin, pour mieux atteindre son but, a été parfois excessif et que ses expressions, dans l'invective, ont de temps en temps dépassé sa pensée, et l'ont rendue effectivement outrancière et injuste.

Aussi bien, W. Kothe, qui a étudié l'attitude du « Magistrat » et de la population de Strasbourg à cette époque vis-à-vis du clergé séculier

d'après les tableaux de l'église de Ste Ursule à Cologne: Reproductions de chromolithographies », Paris, 1863 (esthétiques).

Sur le martyre de la Légion Thébéenne et la légende de St Géréon et de ses compagnons, cf. J. W. J. Braun, « *Zur Gesch. d. Thebäischen Leg.* », Winkelmann, Progr. Bonn, 1855 ; — St. Beissel, « *Gesch. der Trierer Kirchen, ihrer Reliquien und Kunstschätze* », Trier, 1889, 16. — Cf. Leonard Korth, « *Köln im Mittelalter* », Köln, 1890, p. 5, n. 16, n. 17.

[70]) Cf. « *Nikolaus von Basel und die Gottesfreunde* », « *Eine kritische Studie* » (« Histor.-polit. Bll. »). München, 1875, 86 p.

et régulier, a montré combien il serait faux de voir une attitude hostile, à Strasbourg, chez les laïques du XIVᵉ siècle vis-à-vis de l'Eglise.

Le Magistrat n'aurait pas souffert alors une atteinte à la doctrine de l'Eglise universellement reconnue : il menait au bûcher les hérétiques, sans autre forme de procès. Il punissait d'amendes le blasphème contre Dieu et contre la Sainte-Vierge [71]) ; il avait en horreur les peines canoniques, alors si en usage [72]).

Quant à la prospérité de la Commanderie de Saint-Jean de l'Ile Verte, qui ne fit que s'accroître jusqu'à la fermeture de cet illustre couvent, à la Grande Révolution. Denifle est bien obligé de la trouver en contradiction avec l'histoire de ses origines, qu'il fait reposer sur une imposture et un tissu de mensonges. Pour l'expliquer, il recourt à la comparaison tirée des progrès continus de la branche Capucine de l'Ordre tripartite de Saint-François : les Capucins n'ont fait que grandir depuis le premier jour de leur scission d'avec le tronc si vigoureux de l'Ordre Séraphique, et cependant ils n'ont jamais voulu reconnaître aucun de leurs trois réels fondateurs, ni Mathieu Bassi, ni Louis de Fossombrone, ni Bernardin d'Ochino [73]).

La réalité, pour le « Grüne Wörth », est cependant bien plus simple.

C'est un fait, qu'en 1478 le Magistrat de Strasbourg, puis le savant pape Pie II félicitèrent le Grand Maître de l'Ordre à Rhodes de la discipline qui régnait parmi les Johannites de l'Ile Verte.

C'est encore un fait que, lors de l'adoption de la Réforme par la ville, la maison de Saint-Jean se tint à l'écart et devint le refuge unique des catholiques pendant un temps [74]).

---

[71]) Cf. *Str. Urk.-B.* VI, 1541, 839.

[72]) ib., V, 1413 ; I, 365 ; II, 130, 500 ; VI, 843. — Cf. W. Kothe, l. c., p. 64.

[73]) *Die Dichtungen Rulman Merswins* », l. c., « Ztsch. f. d. Alt. u. d. Lit. », 1881, § 5, « *Epilog* », p. 119.

[74]) Cf. Grandidier, « *Nouvelles Oeuvres inédites* », 1900, V. p. 34, 44. — « L'*Intérim* », mis en vigueur à Strasbourg en 1550, permit la célébration de la Messe dans 4 couvents qui survécurent à la révolution religieuse de la Réforme : dans les églises des deux monastères de Dominicaines de Stᵉ-Marguerite et Stᵉ-Agnès et de St-Nicolas « *in Undis* », et dans celle des « Repenties » ou de la Madeleine, dont cependant l'accès était interdit sous peine d'amendes et de prison : mais surtout dans l'église des Johannites, où les familles demeurées catholiques préféraient se rendre, avec mystère, pour y entendre quelques instructions. — Cf. Th. de Bussierre, « *Histoire des Religieuses Dominicaines du Couvent de Stᵉ-Marguerite et Stᵉ-Agnès à Strasbourg* », (Strasbourg, 1860) p. 115—116.

Sa prospérité grandissante, même après l'apparition du protestantisme, mais surtout aux XIVe et XVe siècles qui nous intéressent ici davantage, s'explique plutôt par la faveur de jour en jour grandissante aussi dont elle jouissait parmi les fidèles et par la qualité comme par le caractère de ses habitants.

Depuis le procès de Maître Eckhart, depuis les aberrations panthéistiques des Frères du Libre Esprit, dans le genre de l'Histoire de la « *Schwester Katrei* », on peut bien affirmer que les doctrines mystiques professées même par des théologiens et des prédicateurs distingués restaient un objet de suspicion ; et il importe de bien s'entendre lorsqu'on parle de diffusion des théories mystiques dans l'élément laïque. Le gros des fidèles, préoccupé de gagner le pain de chaque jour, la masse des chrétiens, toute absorbée par ses intérêts matériels, ne se souciait guère plus alors qu'aujourd'hui de spéculation mystique. Jean Merswin, le frère de Rulman, ne suivit pas son frère au « Grüne Wörth » ; il accepta d'en être l'un des trois administrateurs, mais il préférait de beaucoup à la situation de cénobite la succession de Rulman dans sa banque.

C'est une élite seulement qu'on voit, parmi les laïques du XIVe siècle, s'adonner aux spéculations mystiques.

De même, les Frères de la maison de Saint-Jean ne se recrutaient que parmi les patriciens : n'y étaient admis, nous dit Grandidier [75]), que ceux dont les parents et grand'parents n'avaient appartenu à aucune corporation de métiers.

Les quatre premiers chevaliers, en dehors du prêtre Nicolas de Louvain et du Commandeur Henri de Wolfach, étaient par leurs ancêtres des chevaliers : von Erstein, von Andlau, von Heiligenstein, Zorn-Lappe. Aussi peut-on dire que la mystique dans laquelle ils étaient nourris revêtait, à l'Ile Verte, un caractère nettement aristocratique.

Les prédicateurs mystiques des Ordres Mendiants prêchaient au peuple dans les églises, dans les béguinages et les ermitages des recluses d'une façon différente que devant leurs Frères ou Sœurs des couvents également recrutés parmi les classes supérieures de la société.

A l'Ile Verte, les Chevaliers de Saint-Jean lisaient et méditaient à loisir, sous le cloître de leur vieux monastère, ou dans les allées de leur jardin que Merswin avait fait orner de gloriettes et de fontaines, ou bien encore à la fraîcheur du portique élevé près des bains dans le verger, se distrayant à la lecture des traités édifiants écrits à leur intention par le

---

[75]) l. c., V, 1.

fondateur de la maison. Tous ces traités arrangés par Merswin, histoires de conversions merveilleuses et autres « nouvelles religieuses » édifiantes, servaient d'aliment et de récréation à leur piété. Ils les avaient acceptés comme tels sans défiance, mais au contraire avec reconnaissance, et ils n'y avaient trouvé aucun sujet de scandale. Ils tiraient parti des avertissements de l'Ami de Dieu au « Maître de la Sainte-Ecriture » pour éviter la suffisance et l'orgueil et pratiquer l'abandon absolu à Dieu dans l'obéissance à leurs supérieurs ; et ils travaillaient à se réformer eux-mêmes et à devenir de véritables « amis de Dieu », afin d'éviter les châtiments prédits contre la chrétienté dégénérée [76]).

L'opinion publique ne considérait pas non plus la fondation de Merswin comme une œuvre d'ambition et d'orgueil.

Le changement de vie subit et si complet de l'ancien banquier avait attiré l'intérêt de toute la ville sur l'Ile Verte, si bien que la maison de Saint-Jean jouit de plus en plus de la faveur des familles patriciennes de Strasbourg.

Les Johannites supplantèrent ainsi bientôt les deux grands Ordres Mendiants. Le nombre des prébendes ne fit que grandir, ainsi que celui

---

[76]) Le mouvement en profondeur dans lequel les deux moines Franciscains du XIIIe s. David d'Augsbourg (1250) et Berthold de Ratisbonne († 1272), entraînèrent les masses bavaroises, doit être qualifié assurément de mouvement « populaire » par excellence. Le sermon en plein air, sur les places publiques, aux carrefours des grands chemins, où stationnaient les foules avides et curieuses, était devenu, sous l'emprise de ces disciples ardents du « Poverello » d'Assise, partie intégrante de la vie du peuple de Bavière, et comme un élément nouveau de culture, une sorte de besoin littéraire désormais inhérent à la mentalité de ces masses naïves, sur lesquelles le roman de chevalerie et le lai d'amour n'exerçaient plus d'attrait.

La Thuringe, au contraire, puis les provinces Palatines et Rhénanes avaient les premières connu les *spéculations* mystiques de Maître Eckhardt, s'adressant de préférence, dans les couvents de St-Dominique, à une élite capable de le comprendre et assez instruite pour le suivre dans ses hautes envolées, aux filles et aux fils de patriciens formés dans les maisons de son Ordre.

Autre fut évidemment la prédication d'Eckhart et de ses disciples, Tauler et Suso, parlant, eux aussi parfois au peuple et aux enfants du peuple, dans les églises, les béguinages ou même les grandes cathédrales, à Constance, à Bâle, à Strasbourg, à Cologne ; autres, leurs méditations profondes dans les couvents surtout de leur Ordre, recrutés presque exclusivement parmi les rangs de l'aristocratie ou de la bourgeoisie instruites.

On peut donc parler d'un *mouvement mystique populaire* très intense aux XIIIe et XIVe ss. visant surtout aux *pratiques* de l'ascétisme chrétien, sous l'action des fils de St-François ; et de *spéculation mystique* au caractère plutôt *aristocratique* parmi les clients des fils de St-Dominique.

des anniversaires fondés en faveur des prêtres de l'Ile Verte. La famille
Zorn se distingua particulièrement comme la bienfaitrice de la maison.

De 1372 à 1378, le nombre des prêtres pour lesquels des messes
furent fondées à l'Ile Verte était monté de 4 à 7. Et l'on peut relever,
parmi les chartes de fondations pieuses de la ville de Strasbourg au profit
des Johannites les noms des familles strasbourgeoises Albrecht, Bar-
pfennig, von Blumenau, Bock, Büchsener, von Ehenheim, von Grostein,
Gürteler, Klette, Knobelauch, Kölbelin, Lentzelin, Manesse, Rebstog,
Swarber, Süzze, Wetzel, Wurmser; et en dehors de Strasbourg, ceux des
familles von Andlau, von Utenheim, von Wangen [77]).

En 1381, le Chevalier Conrad « zu der Megeden » et sa femme,
qui s'étaient eux-mêmes retirés à l'Ile Verte, construisirent à leurs frais
un hôpital annexe à la maison de Saint-Jean [78]).

Ni les Johannites, ni l'opinion publique ne s'étaient scandalisés
des romans pieux de Merswin. Au contraire, grâce à leur voile emprunté
à la fiction, ces romans avaient pu atteindre leur fin sans heurt. Et, en
fait, ils ne firent qu'édifier les habitants de l'Ile Verte et leur entourage.
Le procédé serait funeste et coupable aujourd'hui. Il en était tout autrement alors.

Nous ne pouvons donc être si sévères pour l'œuvre de Merswin,
mais nous devons lui rendre justice en l'appréciant, non à la lumière de
nos mœurs et de nos habitudes littéraires du XXe siècle, mais en fonction des coutumes et des principes communément reçus à l'époque où il
vécut. Si nous jugeons donc cette œuvre au point de vue des résultats et
de la manière de voir du temps, il est permis d'affirmer qu'elle ne fut
pas préjudiciable à l'esprit ni à la moralité de ceux qui s'y instruisirent.

Au milieu de cette œuvre, le « Livre du Maître » reste comme le
spécimen par excellence du roman pieux au XIVe siècle, roman à tendance moralisatrice. Il appartenait à la critique moderne, mieux outillée
dans la recherche des sources littéraires, d'en étudier et d'en reconnaître
les origines premières.

---

[77]) Cf. W. Kothe, l. c., p. 102—107.
[78]) Cf. « *Strassburger Urkundenbuch* », VII, 1801, 2428, 2919; — VII, 1978.

CONCLUSION.

L'« Ami de Dieu de l'Oberland » est un mythe, qui doit disparaître des cadres de
l'histoire. — Le groupe des « Amis de Dieu » a-t-il pu réellement exister ?
Sociétés « secrètes » catholiques, absolument authentiques.
Légendes à bannir de la vie de Tauler.
Etat actuel de la question de Tauler en général.

Pendant cinq siècles on avait considéré Tauler comme le héros
de cette histoire. Depuis l'argumentation absolument probante du
P. Denifle, on ne peut plus soutenir cette opinion. Elle fut pendant longtemps comme une sorte d'épisode historique dans la vie d'un grand
homme ou du moins acceptée comme tel, sur la base d'une fausse tradition créée plus de cent ans après la mort de Tauler. Cette tradition était
partie d'une simple conjecture émise par le dernier manuscrit en date
de 1486, qui avait lui-même servi de point de départ aux premières éditions imprimées de Tauler.

Le Maître de la Sainte-Ecriture ne pouvait pas être Tauler. Le
caractère du célèbre prédicateur, sa doctrine, et les faits connus de son
histoire sont en contradiction avec les données du « Meisterbuch ».

Il n'y a même jamais eu de « Maître de la Sainte-Ecriture » répon-
dant au personnage invraisemblable décrit dans le livre.

Le pieux laïque ou l'Ami de Dieu de l'Oberland est une figure non
moins légendaire que celle du Maître.

L'un et l'autre sont des fictions.

Et l'auteur de ces fictions, c'est Merswin, le fondateur de la maison de l'Ile Verte, où le « Meisterbuch » s'est conservé dans la forme sous
laquelle il est parvenu jusqu'à nous.

Après la mort de Merswin, Nicolas de Louvain, son ancien commis-greffier, a pu lui donner, grâce à quelques retouches de détail, son empreinte définitive dans le « Grand Mémorial Allemand », dont il fut le rédacteur.

Mais le « Livre du Maître », comme tous les autres écrits de Merswin, est un roman pieux, une « légende » religieuse, à tendance moralisatrice.

L'ancien banquier strasbourgeois en a puisé le thème général dans des traités ascétiques anonymes préexistants. L'origine première de ces traités ne peut être déterminée avec certitude. Nous connaissons seulement de source certaine trois ou quatre traités où Merswin a sûrement et largement puisé. La plupart sont nés dans l'entourage de Maître Eckhart.

Un nom doit par conséquent disparaître désormais de l'Histoire de la Mystique et de la Littérature allemande : c'est celui de l'Ami de Dieu de l'Oberland. Sous ce nom, il n'est plus permis de voir qu'un mythe, un symbole, une création de l'imagination de Merswin. Le « grand Ami de Dieu », en réalité, n'est pas autre chose que la personnification de l'âme humaine, détachée de la terre et du monde, et qui s'est élevée, dès ici-bas, jusqu'à l'union immédiate avec Dieu, puisant en lui l'illumination et la grâce nécessaires pour mener ensuite à Dieu toute âme qui a besoin de se convertir.

Là plupart des critiques sont convaincus de l'inexistence d'une société ou d'une fraternité d' « Amis de Dieu » au XIVᵉ siècle.

Ce n'est pas mon avis.

Ici, le nom importe peu. Nous devons accepter l'évidence des relations dans lesquelles nous voyons vivre, prêcher, écrire et se mouvoir toute une élite de religieux, de prêtres et de laïques, adonnés tous aux expériences ascétiques et mystiques, de Bruxelles à Cologne, du Rhin inférieur à Strasbourg et Bâle, de la Suisse à la Bavière.

Jean Ruysbroek reçoit à Grœnendael la visite de Jean Tauler, et il envoie à Strasbourg une copie de son « Livre des Noces spirituelles ».

Tauler, à plusieurs reprises, devient l'âme, à Cologne, d'un petit noyau de fidèles particulièrement épris de communication directe avec le divin ; et leur centre de ralliement semble avoir été le couvent des Dominicaines de Sainte-Gertrude, derrière l'église des Saints-Apôtres.

A Bâle, Tauler vivifie tout un petit cénacle mystique, avec Henri de Nördlingen comme intermédiaire de ses pensées les plus intimes.

Vers les années 40, Tauler et Henri sont en communication permanente avec leurs amies, Christine et Marguerite Ebner, les deux moniales des couvents bavarois d'Engelthal et de Medingen.

Et de Bavière on tient les yeux fixés sur Strasbourg, le centre principal de l'activité de Tauler, la métropole du mysticisme dans toute cette vallée du Rhin.

A Strasbourg, nombreuses sont les âmes d'élite, dans ce siècle d'épreuves particulièrement accablantes, qui demandent à « l'amitié divine » le secret de la paix que le monde ne leur procure pas. Toutes elles se rallient à l'appel de l'éloquent Frère Prêcheur, dont la doctrine à la fois sublime et pratique est partout renommée; ou bien elles se groupent autour du couvent des Johannites de l'Ile Verte, qui est devenu le foyer du mysticisme parfait, grâce à la fécondité littéraire et à l'activité spirituelle de son fondateur, Rulman Merswin, lui-même pénitent de Jean Tauler.

Toutes ces âmes, plus ou moins ardemment éprises d'union, et d'une union la plus étroite possible avec Dieu, n'étaient-elles pas faites pour se comprendre, s'aimer, se rechercher, se grouper, et, soumises ou non à la discipline d'un secret relatif, pour constituer une sorte d'élite spirituelle au sein de la grande Eglise, dans laquelle chacun cherchait à gagner le plus de vrais « amis de Dieu » possibles?

Le groupement des élites ne fut jamais contraire à l'esprit de l'Eglise.

Je ne prétends nullement que ces « Amis de Dieu », spécialement originaires des contrées rhénanes, tous orientés vers Cologne ou vers Strasbourg, aient formé une petite église dans la grande. Et je répudie absolument l'idée que le « Grand Ami de Dieu de l'Oberland (c'est-à-dire Merswin) ait été le pape invisible d'une église invisible » [1]).

Mais il est certain que le secret et la discipline du secret furent toujours une force et furent considérés comme telle dans l'Eglise même, j'ajouterai, dans toute société solidement organisée. Il est certain, d'autre part, que, prêtres ou laïques, les esprits sincèrement religieux, animés

---

[1]) Cf. Hagenbach. « *Kirchengeschichte* », 1869. II. 496: « *Ihm waren die Geister unterthan, wie nur immer einem Papste: er war der unsichtbare Papst einer unsichtbaren Kirche* ».

d'un grand idéal commun, déterminés par la force invincible des mêmes aspirations généreuses, ont subi de tout temps la loi de l'attraction les portant à se rechercher et à s'unir, la plupart du temps dans une même pensée de prosélytisme. Au XVIIe, au XIXe siècle, dans certains rangs du clergé français lui-même, c'est un fait acquis et certain. Et, même dans le monde laïque exclusivement, se souvient-on de ce qu'était, au temps de la Restauration, la trop célèbre « Congrégation », l'auteur indirect ou du moins l'occasion d'un célèbre coup d'Etat et de l'exil d'une dynastie ? [2]).

En vertu de ce principe indéniable d'une attraction et d'un groupement presque spontanés des élites, je crois, non pas à l'existence absolument certaine, — ce n'est pas encore un fait prouvé et qu'on doive

---

[2]) Il s'est créé en France, entre 1630 et 1666, un certain nombre de Sociétés « secrètes » catholiques : « *Société du-St. Smt.* » à Paris, Marseille, Toulouse, Limoges, Caën, Strasbourg, etc.; Société « *Pour les intérêts de Dieu* », à Paris, Bordeaux, La Rochelle et ailleurs encore ; « *AAs* » de Toulouse et autres lieux, toutes soumises à une discipline du secret plus ou moin rigoureuse.

Cf. « *Université Catholique* » (organe des Facultés Catholiques de Lyon), juin 1893, art. de « Bibliographie » signé *P. D.*: « *Une Société secrète d'ecclésiastiques aux XVIIe et XVIIIe ss. L'AA cléricale. Son histoire. Ses statuts. Ses mystères* », recension d'une brochure de 88 pages, qui se dit éditée à 100 exemplaires (dont aucun ne doit être vendu) « à *Mystériopolis, chez Jean de l'Arcane, libraire de la société, rue des trois cavernes, au Sigalion, dans l'arrière-boutique, 1893. Avec permission.* » — Cf. art. « *Une société secrète d'ecclésiastiques aux XVIIe et XVIIIe siècles* », par Copin-Albancelli (« *France d'hier et France de demain* » (1re an., n. 30, 27 Mai 1911, p. 3—4; n. 32, 10 Juin 1911, p. 3—4.)

Cf. art. « *Sociétés secrètes Catholiques* », par Yves de la Brière, dans l'« *Univers* » (n. du dimanche 21 Déc. 1913), art. blibliographique sur les travaux inspirés par le ms. n. *14.489* du Fonds français de la Bibl. Nat., in-4. de 161 fol., intitulé: « *Annales de la Compagnie du St. Smt.* » par le *Comte René II de Voyer d'Argenson* (1694—1695), document publié pour la première fois par le P. *Charles Clair*, S. J., en 1888—1889, dans les « *Etudes* », exploité par *Felix Rabbe*, en 1899, dans la « *Revue Historique* », et dont une édition critique parut en 1900, due aux soins de Dom *Beauchet-Filleau*, O. B, (in-8 de XV—319 p., Marseille).

Mme Arvède Barine, M. Mariéjols et *M. l'Abbé Fernand Mourret*, entre autres, ont traité de la Cie du St. Smt. Cf. aussi: « *La Cabale des Dévots* », par *Raoul Allier*, 1902 ; — « *Ce que fut la Cabale des Dévots* », 1905 (brochure de la collection « *Science et Religion* »).

M. *l'Abbé Aulagne* a étudié la « Cie du St. Smt. » à *Limoges*; M. *Maurice Souriau*, l'histoire de la « Cie » à *Caën*. M. *Alfred Rébelliau* lui a consacré 5 articles dans la « *Revue des Deux Mondes* », en 1903, 1905 et 1909. S'en sont encore occupés: — le P. *Joseph Brucker*, S. J., en 1905 et 1909, dans les « *Etudes* »; — *Mgr. Prunel*, en 1910 (cf. « *Sébastien Zamet, Evêque-Duc de Langres, Pair de France*

enregistrer dans l'histoire interne de l'Eglise, — mais à la possibilité et
à la grande vraisemblance d'une association plus ou moins vague et défi-
nie d' « *Amis de Dieu* » au XIV⁰ siècle, vivant dans les contrées du Rhin
surtout, sans autre règle que les aspirations intenses de leurs âmes vers
l'union avec Dieu, la plus intime qui se puisse réaliser ici-bas. Ce cercle
d'amis de la perfection comptait à sa tête des âmes éminentes par leur
sainteté, Ruysbroek, le Bienheureux Suso, Jean Tauler; et c'est assez pour
qu'il mérite tout notre respect.

Pour ce qui est de *Tauler,* presque tout ce que l'on savait de sa vie
reposait sur cette légende de la « Conversion du Maître de la Sainte-
Ecriture ».

On séparait sa vie par le milieu, en deux phases distinctes : avant,
après sa conversion.

Il n'y a pas eu de conversion dans l'existence de Tauler. Le grand
Dominicain, si hautement vénéré dès avant 1340 par l'Italien Venturini
de Bergame, par ses amis de Souabe et de Bavière, Henri de Nördlingen,
Christine et Marguerite Ebner, n'avait nullement besoin de se convertir.

Il faut se résigner désormais, bon gré mal gré, à supprimer cette
légende de l'histoire de sa vie. L'Histoire de la Littérature, les introductions aux Oeuvres de Tauler doivent impitoyablement la supprimer.

Le « Livre du Maître » a pu, à cause de ses anecdotes merveilleuses
précisément, contribuer à augmenter la renommée de Tauler pendant
quatre siècles et lui gagner certaines sympathies, auprès d'un certain
public toujours en quête de mystère. On s'était habitué à le considérer
comme le héros absolument authentique de cette Histoire, comme « le
Maître illuminé par la grâce d'En-Haut » qui « répandit en Alsace tant
et de si bons enseignements » *), comme ce « Grand Maître de la Sainte-

---

(1588—1655). Sa Vie et ses Oeuvres. Les Origines du Jansénisme », Thèse pour le
Doctorat ès-Lettres, Paris (Picard), 1912; — et M. *Geoffroy de Grandmaison*, en
1911, dans le « *Correspondant* ».

Cf. enfin les études connexes de: — M. *l'Abbé Alphonse Auguste*: « *Notes
et Documents sur la Compagnie du St. Smt. à Toulouse* », Paris (Picard), 1913; —
« *Contribution à l'Histoire de la Compagnie du St. Smt. de l'Autel. — Les Sociétés
secrètes catholiques du XVII⁰ s. et H.-M. Boudon, grand Archidiacre d'Evreux* ». Paris
(Picard), 1913; — M. *le Comte Begouen*: « *Une Société secrète émule de la Compagnie
du St. Smt. L'AA' de Toulouse aux XVII⁰ et XVIII⁰ s. d'après des documents
inédits* », Paris (Picard), 1913.

*) Cf. Séb. Mueg, l. c., «*Collect.*» fol. 77 b.

Ecriture connu au loin » et que l'Ami de Dieu venait entendre de trente lieues de distance, parce qu'il était le grand favori du peuple, consulté dans toutes les affaires spirituelles et séculières, et toujours obéi.

Si le « Meisterbuch » perd, à cette conclusion négative, Tauler y gagne, et la vérité aussi. Sa vie n'a plus à être scindée en deux phases opposées : son caractère retrouve l'harmonieuse et constante égalité que suffirait, d'ailleurs, à lui faire attribuer l'étude attentive de ses sermons authentiques.

Ce travail éliminatoire et préliminaire s'imposait à la base d'une étude de fond sur la personnalité si captivante de Tauler. Il n'est possible de construire ou de reconstruire qu'à la condition d'écarter d'abord les matériaux apocryphes et les apports de la fable..

Dans la vie de Tauler, quand on a rejeté encore ces deux autres légendes, qui sont, en réalité, les conséquences immédiates de la légende fondamentale de sa conversion : celle de son attitude hostile à l'Eglise pendant l'interdit (Speckle), celle de ses six années en Purgatoire (ms. de Colmar), il reste plusieurs coins obscurs à mettre en lumière, si possible.

Tauler étudia-t-il ou non à Paris? Vint-il au Collège St-Jacques?

Où et quand donna-t-il ceux de ses sermons qui nous sont conservés? A Strasbourg? A Cologne? A Bâle?

Et si l'on aborde ses œuvres, une question primordiale se pose : a-t-il écrit ou reproduit lui-même ses sermons? Sinon, qui les a rédigés? Et quel est leur degré d'authenticité? Jusqu'à quel point nous rapportent-ils l'enseignement de l'éminent prédicateur?

Comment, dans une même édition, parfois dans un même manuscrit, faire le départ entre ses discours et ceux qui reviennent à d'autres orateurs de son temps ou de son école?

Les différents *traités mystiques* attribués successivement à Tauler à partir de Surius ont été reconnus comme apocryphes. Peut-on assurer que les sermons allemands certainement authentiques que nous possédons de lui, ceux de l'édition critique de F. Vetter, représentent toute l'œuvre de Tauler? Ne se pourrait-il pas qu'un jour quelque érudit vînt à découvrir, sous la vague rubrique *« Ascetica, Mystica »* de tant de nos anciennes bibliothèques, une série d'œuvres *latines* authentiques provenant de Tauler, comme Denifle découvrit à Erfurt en 1881, puis à Cues en 1885, les écrits latins de Maître Eckhart?[1]).

Le système théologique, mystique et moral, tenu jusqu'alors pour la somme de la doctrine de Tauler, ne devrait-il pas, le cas échéant, subir une notable revision?

La plus grande attention s'impose dans l'étude des documents littéraires du XIVe siècle, et en particulier sur le domaine de la Mystique. Il est indispensable de recourir sans cesse et avec une extrême prudence aux renseignements offerts par les manuscrits, de remonter toujours jusqu'aux sources[2]). Il s'agit, à chaque instant, de discerner les remaniements successifs qu'ont fait subir à un document primitif parfois toute une lignée de copistes, inconscients, malhabiles ou au contraire intéressés[3]).

Ces leçons de prudence sont un peu le fruit de cette étude sur le « Meisterbuch ».

Cette « Merveilleuse Histoire », purement romanesque, pour avoir été dépouillée, par une analyse sans pitié, du charme mystérieux qu'elle exerça si longtemps, n'en perd pas pour autant tout intérêt historique.

Il était utile de constater que Merswin en fut bien l'auteur et que le « secret Ami de Dieu de l'Oberland » fut bien la création du banquier strasbourgeois. On a pu reconnaître aussi avec satisfaction l'accent de religiosité sincère et enthousiaste avec lequel le fondateur de l'Ile Verte fit parler les personnages de sa fiction.

Le « Meisterbuch » peut être considéré comme l'exemplaire le plus approprié de ce genre de littérature étrange et mystique pour laquelle les esprits au Moyen Age éprouvèrent tant d'attrait.

Le littérateur et l'historien qui s'intéressent aux manifestations de la vie religieuse en Allemagne, en Alsace particulièrement, au XIVe siècle, avant d'aborder l'étude des grands Mystiques, d'Eckhart, de Tauler, de Suso, qui tous ont passé par le Couvent Dominicain de Strasbourg, y

---

[1]) Cf. H. Denifle, « *Meister Eckeharts Lateinische Schriften und die Grundanschauung seiner Lehre* » (« Archiv für Litteratur u. Kirchengesch. des Mittelalters », II, 1886. p. 417—652. 673—687). — Cf. Ph. Strauch. « *Zu Taulers Predigten* » (*Beiträge zur Geschichte der deutschen Sprache und Literatur*), 44. Bd., Halle a. S., 1920. 1—26).

[2]) Cf. Prof. Bresslau. « *Aufgabe Mittelalterlicher Quellenforschung* », Rektoratsrede, Strassburg, 1904.

[3]) Cf. « *Meister Eckhart Probleme* », Rektoratsrede, Halle-Wittenberg. von Ph. Strauch, Halle, 1912.

ont enseigné et prêché, ne pourrait se dispenser de lire les plus importants des écrits anonymes qui constituent le fonds de Saint-Jean.

Au point de vue de l'histoire intime de la vie religieuse dans le petit cercle des « Amis de Dieu » à Strasbourg, il n'en est pas de plus représentatif, parmi ces écrits, que cette « Histoire de la Conversion d'un Maître de la Sainte-Ecriture ».

Appendice.

———

Documents inédits. Bulles pontificales et Brefs relatifs à *l'Interdit* et aux Privilèges accordés par les Papes à la Ville et aux Communautés religieuses de *Strasbourg.*

(*Archives de la Ville de Strasbourg* : « Fonds de St-Thomas — *Thom. Arch. Hist. Eccl. I, II* ».)

———

1.

« *Hist. Eccl., I, 5.* · « *Dominicains.* »

Bulle de *Grégoire IX,* du Latran, 15 novembre 1227, accordant aux Dominicains de Strasbourg le privilège de célébrer, durant les temps d'interdit, le service divin dans leurs oratoires, « *clausis januis, non pulsatis campanis, submissa voce* ».

« Gregorius episcopus servus servorum Dei, Dilectis filiis, Magistro et Fratribus Ordinis Predicatorum, sal. et aplicam ben. Precibus vestris benignum impertientes assensum auctoritate vobis Presentium indulgemus, ut cum *generale fuerit terre interdictum* — liceat vobis — in oratoriis vestris — clausis januis — excommunicatis et interdictis exclusis — non pulsatis campanis — submissa voce — diuina officia celebrare, dummodo causam non dederitis interdicto. Nulli ergo hominum liceat hanc paginam nostre concessionnis infringere, vel ex ausu temerario contraire. Si quis autem hoc attemptare presumpserit, indignationem omnipotentis Dei et beatorum petri et pauli apostolorum se noverit incursurum.

Datum Laterani VII cal. Decembr. Pontificatus nostri anno primo. »

(Sceau de plomb de *Grég. VIIII*, cordons de soie rouges) ').

2.

« Hist. Eccl., I, 28. »   « Dominicains. »

Bulle d'*Innocent IV*, du Latran, 3 février 1244, renouvelant le précédent privilège.

« Innocentius eps. servus servorum dei, Dilectis filiis, magistro et prioribus ac fratribus ordinis predicatorum, salutem et aplicam ben. Vobis assidue regnum dei querentibus, id a sede apostolica digne conceditur, per quod spirituale gaudium vestris cordibus oriatur. Nos ita vestre precibus devocionis inducti presentium vobis auctoritate concedimus, ut cum ad loca perueneritis ecclesiastico supposita interdicto, divina in ecclesiis in quibus illa ex indulto sedis apostolice celebrantur, excommunicatis et interdictis exclusis, non pulsatis campanis, clausis ianuis, voce suppressa, celebrare possitis, nisi contingat id vobis specialiter interdici. Nulli erge hominum...

Datum Laterani III Non. Februarii, Pontificatus nostri anno primo. »

(Bulle de plomb d'*Innoc. IIII*, cordons de soie rouges).

3.

« Hist. Eccl., I, 33, Dominicains. »

Bulle d'*Innoncent IV*, du Latran, 1er mars 1244, confirmant le précédent privilège accordé déjà par Grégoire IX.

« Innocentius esp. servus servorum dei, Dilectis filiis magro et fratribus ordinis predicatorum, sal. et aplicam ben. Precibus vestris

---

') Bulles identiques de Grégoire IX datées: du Latran, le 12 Févr. 1228; et de Pérouse, le 31 Décembre 1234. L'autographe en est conservé à Rome, aux Archives de l'Ordre. — Cf. *Bullarium Ordinis F. F. Praedicatorum ... opera F. Th. Ripoll, Magistri Generalis, editum*, t. I, (1215—1280), Romae, 1729, p. 25.

benignum impertientes assensum auctoritate vobis presentium indulgemus, ut cum generale terre fuerit interdictum liceat vobis *in ecclesiis et oratoriis* vestris, clausis ianuis, excommunicatis et interdictis exclusis, non pulsatis campanis, submissa voce, divina officia celebrare, dummodo causam non dederitis interdicto. Nulli ergo hominum...

Datum Laterani 8o. id. Martii Pontificatus nostri anno primo. »
(Bulle de plomb d'*Innoc. IIII,* cordons de soie rouges) ⁸).

4.

« *Hist. Eccl., I, 105, Dominicains.* »

Bulle de *Clément IV,* de Pérouse, 5 juin 1265, énumérant et confirmant les privilèges accordés par ses prédécesseurs aux Dominicains de Strasbourg.

On lit, au sujet de l'interdit:

« Clemens eps. servus servorum dei, Dilectis filijs Magistro. prioribus ac fratribus universis ordinis predicatorum sal. et aplicam ben. ...... Cum autem generale interdictum terre fuerit, in ecclesiis et oratoriis vestris *et aliis quibuscumque,* cum ad loca perveneritis ecclesiastico sup

---

⁸) Deux Bulles identiques d'Innocent IV, datées également du Latran, l'une le 4 Février, et l'autre le 1ᵉʳ Mars 1244, sont conservées aux Archives de l'Ordre, à Rome, et avaient été toutes deux déjà relevées par Fr. Etienne Usodimare, 46ᵉ. Maître Général de l'Ordre (1553-1557), dans son Bullaire intitulé: « *Privilegia per complures summos Pontifices ordini F. F. Praedicatorum concessa et communicata, non quidem omnia, sed ea tantum quae ex archetypis aut eorum authenticis transumptis haberi potuerunt...,* et per *R. D. Auditorem Apostolicae Camerae authenticata* », *Romae,* 1555, p. 16. Après le Bullaire restreint de Fr. Albert Castellano (1506, 1508), Maître Usodimare, premier codificateur sérieux des bases juridiques de l'Ordre, avait entendu, avant tout, faire œuvre critique, en n'admettant dans son Bullaire que les diplômes dont il avait eu les originaux en mains ou les copies authentiques ou réputées telles par la Chancellerie apostolique (Cf. R. P. Mortier, « *Histoire des Maîtres Généraux de l'Ordre des Frères Prêcheurs* », t. v., 1487—1589, Paris, 1911, Etienne Usodimare, p. 452—469, sp. 455—457).

La 1ʳᵉ de ces deux Bulles se trouve dans son autographe au *Livre A* des *Archives de l'Ordre,* fol. 553; la 2ᵉ, fol. 556, l'une et l'autre avec leurs cordons de soie rouges. Il existait encore, au temps de Ripoll, un autographe également de la 1ʳᵉ au couvent de Toulouse; et un autographe de la seconde, aux couvents de Toulouse, de Clermont et de Sienne. (Cf. Ripoll, loc. cit. p. 131, 133).

posita interdicto, clausis ianuis, interdictis et excommunicatis exclusis, non pulsatis campanis et submissa voce *liceat vobis celebrare divina et ecclesiastica recipere sacramenta,* dummodo causam non dederitis interdicto nec contingat id vobis specialiter interdici, neque ecclesie et oratoria eadem fuerint specialiter interdicta. Hiys omnibus qui vestris immorantur obsequiys cuncta libere possitis ecclesiastica ministrare sacramenta et ipsos cum decesserint *in vestris cimiteriys sepelire.* Si quando autem iu terris in quibus residetis excommunicacionis seu interdicti sententias contigerit promulgari, pueri vestris servitiys deputati, negotiorum quoque vestrorum procuratores et operariy qui in vestris locis eorum laboribus personaliter continuo institerunt huiusmodi sententiys obnoxii minime habeantur, ibique possint audire divina, juxta formam que locis ipsis in eo casu a sede apostolica est concessa, nisi eisdem causam dederint vel excommunicari specialiter seu interdici contingat eosdem.

Datum Perugiae III Non. iunii pontificatus nostri anno primo. »
(Sceau de plomb de *Clém. IIII,* cordons de soie rouges) *).

5.

« Hist. Eccl. I, 125, Dominicains. »

« Vidimus » des Bulles d'*Alexandre IV,* du Latran, 13 mai 1255, et d'Anagni, 23 juin 1255, accordant aux Frères et aux Sœurs de la Pénitence de pouvoir entendre la Messe et recevoir les Sacrements dans les lieux frappés d'interdit (de n'être pas tenus d'accepter des fonctions publiques ou privées, et les plaçant sous la protection des archevêques et évêques).

« Judex curiae Argentinensis omnibus presentem paginam inspecturis, salutem in Domño sempiternam. Nos sub sigillo venerabilis p̃ficis dm̃ni episc̃pi Argentinensis... presentibus intimamus, quod nos litteras domini Alexandri pp. quarti integras, in nulla sui proprietate viciatas publicamus... »

Datum anno Dmni **M. CC LXXX** quarto, Argentine. »

---

*) Cf. *Ripoll,* Bulle « *Virtute Conspicuos* » de *Clément IV*, dite encore « *Mare magnum* », op. c. I, 452—453, confirmant les Privilèges de l'Ordre (autographe aux *Archives de l'Ordre*: copie authentique au Couvent de Raguse).

(Sceau de la cour épiscopale de Strasbourg, cordons de soie rouges) [10]).

6.

« *Hist. Eccl., I, 138, Dominicains.* »

Lettre du Légat pontifical Jean, évêque de Tusculum, datée de Neufchâteau, 6 septembre 1287, autorisant les Dominicains à recevoir à leurs offices les Béguines et les Pénitentes en temps d'interdit.

« Johannes, miseratione divina Tusculanus eps. aplice Sedis Legatus, Religiosis viris dilectis nobis in Chro. Priori provinciali ceterisque prioribus et conventibus fratrum ordinis predicatorum provincie Theutonie salt. in domino. Inducti vestre dilectionis meritis pro quibus nobis competit exhibitio gratie specialis libenter de paterna benignitate concedimus que cordibus vestris specialiter paritura letitiam et animabus speramus deo auspice profutura. Hinc est quod nos vestris supplicationibus inclinati ut tempore *generalis interdicti* per ordinarios locorum positi sorores que *Beguine* alio noïe nuncupantur et personas de penitentia beati Dmnici que secularem mutaverunt habitum ad divina recipere officia valeatis dummodo csam non dederint interdicto plenam et liberam nostrarum auctoritate presencium concedimus facultatem.

Datum apud novum Castrum Tullense XIII id. septembr. anno Dmni millesimo ducentesimo octogesimo septimo apostolica sede vacante. »

(Sceau de cire rouge aux armes du Légat Jean, évêque de Tusculum, cordons de soie grise) [11]).

---

[10]) Cf. *Ripoll*, ib., t. I, Bulles d'Alexandre IV (1265-1268) aux Sœurs de St-Nicolas « *in Undis* » (16 Oct. 1255), p. 288; — du même, exemptant des peines d'excommunication et d'interdit les serviteurs et familiers des Frères Prêcheurs (8 juillet 1256) p. 313; — exemptant tous les Frères de l'Ordre de l'Interdit général, (3 Août 1256, 1er Déc. 1257, 9 Juin 1259), p. 316, 356, 574; — les autorisant, en temps d'Interdit général, à administrer à « *tout fidèle* » les Sacrements dans les églises et chapelles de l'Ordre aux vigiles, aux fêtes et pendant les octaves de St-Dominique et de St-Pierre Martyr (4 Janvier 1261), p. 403.

[11]) Cf. *Ripoll*, ib., t. II, « *ab anno 1281 ad 1430* », Romae, 1730, Bulle d'Honorius IV, autorisant les Prêcheurs à célébrer et à recevoir les Sacrements en temps d'interdit (13 Sept. 1285), p. 6: — permettant aux Frères et aux Sœurs de la Pénitence, en temps d'Interdit général, d'assister à la Messe et de recevoir les Sacrements (28 Janv. 1286), p. 10: « *Congruum* existimantes, ut vos, qui sub

7.

« Hist. Eccl., 1, 181, Dominicains. »

- Bulle de *Boniface VIII*, de St-Pierre de Rome, 10 mai 1296, confirmant tous les privilèges accordés par ses prédécesseurs à l'Ordre des Dominicains.

Au sujet de l'interdit on peut lire:

« Bonifatius eps̄. serv̄. servorum dei, Dilectis filiys Magistro, prioribus ac fratribus universis ordinis predicatorum salt̄. et aplicam beñ. Inter ceteros ordines quos celestis agricole summa benignitas in orto plantavit ecclesie, sacrum vestrum ordinem, iam per orbis provincias supña grā propagante diffusum, dum minori fungeremur officio, sincera caritate dileximus... Licet igitur nonnulli Romani Pontifices predecessores nostri prefatum ordinem a prelatorum iurisdictione quorumlibet prorsus exemerint... Nos tamen ordinem ipsum ob salutis fructus innumeros qui ex ipso noscuntur animabus fidelium provenire, gereutes in visceribus. caritatis, et propterea nolentes omnino, ut quisquam cuiuscumque sit ordinis, dignitatis, condicionis aut status, vos generaliter vel specialiter, ac prefatum ordinem super exemptione ipsius, ac aliis vestris, dilectique ordinis libertatibus et immunitatibus quibuscumque, sub quavis forma vel expressione verborum vobis et eidem ordini ab apostolica sede concessis impugnare, impetere ac turbare valeat vel quomodo libet molestare, Vos et ordinem ipsum ab omnium et singulorum quorumlibet prelatorum ac personarum ecclesiasticarum omnimoda potestate ac iurisdistione prorsus eximimus, de apostolice plenitudine potestatis..., decernentes vos et ordinem supradictum immediate nulloque medio eidem sedi et soli tantummodo Romano Pontifici subiacere. Ecclesias insuper, oratoria, domos et loca que tenetis et inhabitatis ad presens ac tenebitis et inhabitabitis in futurum dum et quotiens vos illa tenere et inhabitare contigerit exempta prorsus existere nulloque medio sedi subesse decernimus... Nulli ergo omnino hominum liceat. »

----

religioso habitu gratum Deo impendere dicimini famulatum, opportuni favoris gratia prosequamur, auctoritate vobis presentium indulgemus, ut tempore generalis interdicti, liceat vobis in Ecclesiis, in quibus ex indulto Sedis Apostolicae celebratur, audire divina Officia, et Ecclesiastica recipere Sacramenta dummodo causam non dederitis interdicto, nec id vobis contingat specialiter interdici. »

Datum Rome, apud sanctum Petrum, VI id. Maiy, Pontificatus nostri anno 2º. »

(Sceau de plomb de *Bonif. VIII,* rubans de soie rouge et jaune) [12]).

8.

« Hist. Eccl., I, 186, Dominicains. »

Bulle de *Benoît XI,* renouvelant et confirmant également tous les privilèges de l'Ordre: datée du Latran, 12 mars 1304.

« *Benedictus* eps̄. serv̄. servorum dei, Dilectis filiys, magistro, prioribus ac fratribus universis ordinis predicatorum salt. et aplam beñ....... (Texte même de la Bulle précédente de Boniface VIII.)

Datum Laterani IIII Kl. ianuarii Pontificatus nostri anno primo. »

(Sceau de plomb de *Ben. XI,* rubans de soie rouge et jaune) [13]).

---

[12]) Cf. Ripoll, op. c. II., Bulle de Boniface VIII (1295—1303), renouvelant et accroissant encore les privilèges de l'Ordre, « *Mare Magnum* » (19 Juin) p. 49—51.

[13]) Cette Bulle « *Inter ceteros Ordines...* » de Benoît XI, renouvelant celle de Boniface VIII, se trouve dans Ripoll, op. c., II. p. 95, absolument identique; l'autographe en est conservé aux « *Archives de l'Ordre* », à Rome, *Livre B.* fol. 519, et a été reproduit dans le Bullaire d'Usodimare, p. 75: il en existait d'autres exemplaires authentiques aux Couvents de Mayence, de Padoue et de Raguse.

Innocent IV, Alexandre IV, Clément IV, Honorius IV, Boniface VIII, Benoît XI, par toute cette série de Privilèges, ne faisaient que confirmer la faveur générale octroyée à tout l'Ordre de St-Dominique, dès les premières années de son existence, par Honorius III (7 Mars 1222, *Ripoll.* I. p. 15), et trois fois renouvelée par Grégoire IX. (18 Déc. 1224, p. 16; 11 Févr. 1228, p. 25; 9 Avril 1228, p. 28). Telle était la teneur de cette première Bulle d'Honorius III, reproduite déjà par Usodimare, p. 7, et dont l'autographe était conservé aux *« Archives Générales de l'Ordre* », *Livre A,* fol. 263, ainsi qu'un exemplaire authentique au couvent de St-Eustorge de Milan:

« Honorius Episcopus, Servus Servorum Dei, dilectis Fratribus Ordinis Praedicatorum, Sal. et Āplicam Beñ. Cum nos, quibus incumbit specialius exaltare ac fovere Religionem, in suavi sancte vestre institutionis odore plurimum delectemur, conceptum devotionis vestre fervorem singulari quodam affectu prosequimur, et aliquid vobis libenter amplioris dilectionis et gratie impertimur. Unde Nos, dilecti in Domino filii, vestris honestis petitionibus inclinati, auctoritate vobis presentium indulgemus, ut in ecclesiis vestris, Civitatibus, et etiam locis ipsarum suppositis Interdicto, excommunicatis et interdictis. exclusis, januis clausis, non pulsatis campanis, et suppressa voce, Divina possitis officia celebrare; attentius provisuri, ne hujusmodi occasione indulgentie, aliis in scandalum existat. Nulli ergo... » — Datum Anagnie (in Campania Romana) Nonis Martii Pontificatus nostri anno 6º. »

9.

« Hist. Eccl., II, 15, Augustins. »

Lettre de Henri IV von Geroldseck, évêque de Strasbourg, invitant son clergé à laisser prêcher et confesser les Augustins malgré l'interdit publié dans le dernier synode.

« N., Dei gratia eps Argentinensis, Universis abbatibus, prioribus, Decanis, Archidiaconis et aliis ecclesiarum prelatis per nostram diœcesim constitutis salutem in domino. Universitatem vestram notam volumus per presentes que de nostra voluntate procedunt et licentia, ut fratres heremitae ordinis sancti Augustini verbum divinum populo *predicent et confessiones audiant* prout in indulto sedis apostolicae in verbis expressis continetur, *non obstante interdicto quod nuper a nobis fuit editum* in nostra synodo generali.

Datum Argentine anno dni MCCLXX· in festo s. Hilariy. »

(Sceau de cire noire de l'évêque Henri aux armes de l'évêché de Strasbourg, ruban blanc.)

10.

« Hist. Eccl., II, 16, Augustins. »

Lettre de *C. de Talmassingen.* Archidiacre de Strasbourg, sur le même objet.

« C. de Talmassingen, maioris ecclesiae Argentinensis Canonicis, Archipresbyteris, plebanis, vicariis et archidiaconibus omnino constitutis salutem in dno. Cum venerabilis domini nostri episcopi Argentinensis (non obstante interdicto quod ab ipso in synodo generali proxime celebrato editum fuerat) .... (suit l'énoncé de la faculté de prêcher et de confesser accordée aux Ermites de St-Augustin par l'évêque Henri de Geroldseck).

« Anno dmni MCCLXX mnsis januarii. »

(Manque le sceau de l'archidiacre C. de Talmassingen.)

11.

« Hist. Eccl., II, 48, Augustins. »

«Vidimus» d'une Bulle du pape *Innocent IV*, d'Avignon, 17 janvier 1353, confirmant un privilège accordé aux Augustins par *Clément VI*, mais non publié à cause de la mort de ce Pape, et portant qu'ils peuvent donner les Sacrements à leurs serviteurs en temps d'interdit, les enterrer dans leurs cimetières et les admettre à leurs offices.

« Noverint universi presentium inspectores, quod nos, Judex curie Argentinensis, feria quarta, prima post diem beati Valentini, sub anno d̄ni millesimo trecentesimo quinquagesimo quarto litteras subscriptas vidimus, easque de verbo ad verbum perlegimus, tenorem qui sequitur continentes.

« *Innocentius*, eps. servus servorum dei, Dilectis filiis Generali et aliis prioribus ac fratribus ordinis Heremitarum sancti Augustini salutem et aplicam ben. Religionis favor sub quo virtutem mente vigili deservitis et devocionis vestre merita vos inducunt, ut vos illa gratia prosequamur que vobis et ordini vestro fuerit oportuna. Dudum siquidem felicis recordacionis *Clemens pp. VI*, predecessor noster apostolica sua auctoritate concessit ut hiys qui vestris immorarent obsequiys *cuncta ecclesiastica sacramenta* libere ministrare ac ipsos cum decederent in vestris cymiteriys sepelire possitis. Et insuper si quando in terris in quibus resideretis vel eas personas interdicti vel excommunicacionis sententias contingeret promulgari familiares serviciis vestris deputati huiusmodi sententiis obnoxii minime haberentur, ibique possent audire divina, iuxta formam que locis vestris in eo casu a sede apostolica est concessa, nisi causam dedissent eisdem, vel eos contingeret specialiter excommunicari, seu etiam interdici. Cum autem ipsius predecessoris litterae super hoc confecte, propter ipsius supervenientem obitum publicate non fuerint, Nos ut predicte concessionis effectu propterea non privari volentes vos in hoc predicto favore prosequi oportunis vestris supplicationibus inclinati, ut familiaribus vestris, qui vestris immorantur et immorabuntur obsequiis vestris predicta sacramenta ministrare, ac ipsos cum decesserint, in vestris cymiteriys sepelire possitis. Et insuper si quando in terris in quibus contigerit promulgari familiares ipsi huiusmodi sententiys obnoxiy minime habeantur, ibique possint audire divina iuxta formam que locis ipsis in eo casu ab eadem apostolica sede est concessa, nisi causam dederint eisdem, vel eos contigerit specialiter excommunicari seu etiam interdici, non obstantibus quibuscumque constitutionibus apostolicis contrariys etiam si de illis et totis ipsorum tenoribus de verbo ad verbum esset in presentibus specialis et expressa mencio facienda, vobis auctoritate predicta tenore presentium indulgemus. Nulli ergo hominum liceat.....

Datum Avinion. XVI Kld. febr. pontificatus nostri anno 1o.

« Et in hujus rei testimonium nostrae visionis et perlectionis sigillum curiae argentinensis presentibus est appensum, actum et datum die et anno prenotatis. »

(Sceau de la cour épiscopale de Strasbourg [14]).

---

[14] Cf. « *Bullarium Ordinis Eremitarum S. Augustini* » de Maître Fr. Laurent Empoli (Romae, 1628), Bulles d'Alexandre IV (30 Juillet 1255), p. 4, § 9, p. 6, 7—8, et d'Innocent IV, p. 183, exemptant de l'Interdit les Ermites Augustins dans les mêmes termes que les Fr. Prêcheurs; — d'Honorius IV (1286), faisant cesser pour eux et pour ceux qui fréqentent leurs offices les effets de l'Interdit la veille de la fête de St-Augustin, p. 160—161 (Cf. p. 17. 168).

Table des Matières.

Conclusion.

Appendice.